U0057312

媒體企劃

跨媒體行銷趨勢與傳播策略

陳萬達◎著

Media Planning:
Cross-Media Marketing Trend & Communication Strategy

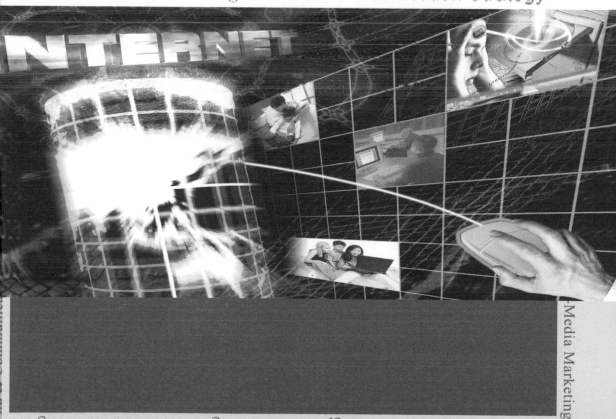

國家圖書館出版品預行編目(CIP)資料

媒體企劃：跨媒體行銷趨勢與傳播策略／陳萬達著.
-- 初版. -- 新北市：威仕曼文化, 2012.04
面；　公分（新聞傳播叢書；9）
ISBN　978-986-6035-07-4（平裝）

1.媒體企劃

541.83　　　　　　　　　　　　　100027925

新聞傳播叢書 9

媒體企劃：跨媒體行銷趨勢與傳播策略

作　　　者／陳萬達
出　版　者／威仕曼文化事業股份有限公司
發　行　人／葉忠賢
總　編　輯／閻富萍
執行編輯／吳韻如
地　　　址／222 新北市深坑區北深路三段 260 號 8 樓
電　　　話／(02)8662-6826
傳　　　真／(02)2664-7633
網　　　址／http://www.ycrc.com.tw
E-mail ／ service@ycrc.com.tw
印　　　刷／鼎易印刷事業股份有限公司
ISBN ／ 978-986-6035-07-4
初版二刷／2014 年 2 月
定　　　價／新台幣 400 元

＊本書如有缺頁、破損、裝訂錯誤，請寄回更換＊

序

　　《媒體企劃──跨媒體行銷趨勢與傳播策略》大概是我企劃最久、執行最慢的一本書了。從2004年看見平面、電子、平面和網路媒體都開始了局部或關鍵性的變化，而由於媒體的呈現方式在變，針對媒體的企劃活動，不論是內容或表達方式，都應該隨之改變，所以有了媒體企劃的構想。從開始蒐集資料到著手進行，前後經過五、六年的時間，之所以延宕，主要是因為媒體的成長與發展，在這些年來恐怕只能以「一日千里」來形容，不管是外在客觀環境變化、內在媒體本身自主的變化，更有因網路益發成熟、普及而帶來的被動式變化，這些變化都造成媒體的內容素材、業者反應、實務操作與因應上有了很大的改革。對於幾乎是日日更新的資料和全球產業快速的發展，導致資料的選材、內容的增補，就必須不斷的更新、添加和刪改，於是進行速度就變得異常緩慢。

　　正因為媒體的主觀環境不停的在進化，對於企劃內容的應用，也就產生了相對性的影響，這中間包含了平板閱讀器的熱銷、網路報紙的抬頭、媒體匯流的情況更加蓬勃興旺。這些主客觀的變化，使以往許多行銷的操作手法，變得無法全面性的應付。從另一方面來說，媒體環境本身的變異，也讓傳播學系的同學無法完全掌握進度，例如，報紙真的就這樣被淘汰了嗎？在市場的區隔上，報紙還有什麼發揮的空間；無線電視與有線電視的決戰，是平分市場了？抑或是在市場上各自找到了決勝的利基點；在廣播的天空下，隨著網路收聽習慣的普遍化，過去的中功率、小功率的電台，是不是又有了起死回生的契機？又或者在聽眾收聽習慣的改變下，分眾或小眾市場的茁壯，更帶

i

來的無窮商機；當然，更不用提網路了，網友閱讀習慣的動向，左右了網路媒體的走向，而網路媒體的內容，又被硬體牽著鼻子走，正如同從網誌到部落格，從Twitter到Facebook，再度印證我說的那句話：媒體的特性決定了媒體的內容。

本書也特別納入了筆者親身參與的幾項媒體企劃行銷案，做為同學的參考與討論的資料，透過實際材料加以解讀，相信同學對媒體企劃這門學問，會有更近距離的接觸，當然，在每一章中實務的輔助說明，會是本書的一大特色。另外，分門別類的就各種媒體及適合媒體的企劃製作，也是希望同學不只是了解，更應該用實際的態度去面對、去解決，讓自己的更有競爭力。

最後，謝謝幫助我整理資料的助理們，沒有他們此書也許還只是我的企劃而已。謝謝高捷，他頃獲碩士，也將赴柬埔寨去為期一年的社會服務工作、謝謝楊毅，在工作之餘撥冗幫我，他也是我前幾部書的助理，而今，他已經是一位優秀的國會記者。也感恩我的母親，我在2001年第一本教科書《現代新聞編輯學》問世之時，在作者序中祝她老人家八十六歲的生日快樂，在之後的幾本書《媒介管理》、《網路新聞學》、《新聞採訪與編輯：理論與實務》，我也都將自己的一點小進步，視為是她生日的壽禮，但在我為這本書如火如荼的時候，她在2010年3月離開了我。今天，在《媒體企劃——跨媒體行銷趨勢與傳播策略》付梓之前，我還是要謝謝在天上和爸爸團圓的媽媽！謝謝她在這麼多年來給了我這麼多！

陳萬達

謹識於中華民國一〇一年三月

目　錄

媒體企劃

 第二篇　媒體企劃的重要性與執行方式　121

第一篇

多元媒體特性與市場經營

在了解媒體企劃之前，最重要的一件事就是必須先了解什麼是媒體？包括媒體的種類、媒體的特性，以及媒體的內容等均為討論的範圍。由於媒體這樣一個載具，隨著不同的種類及特性而有了截然不同的呈現方式。所以，如果你不明白媒體是什麼，那談媒體企劃就有如緣木求魚，或是瞎子摸象。

因此，在本篇我們特別把媒體匯流時代的多元媒體特性，分章分節加以說明。本篇包括第一章〈平面媒體特性與市場區隔〉，主要是把屬於印刷媒體的報紙和雜誌，其產品規格、市場特性及各自的內容區隔都有詳細的解說。第二章〈電子媒體特性與受眾分析〉中詳述電視和廣播兩大電波媒體的特色，同時也把這兩種媒體不同的受眾性格與使用方式做深入的分析。第三章〈網路媒體特性與發展趨勢〉，毋庸置疑，網路是現今使用度成長最快的媒體，簡單來說，以臉書（Facebook）而言，這樣一個小小的網路媒體平台，全球就有五億人在使用，其影響力不可謂不大。本章將對網路媒體的特性和自We b2.0以後的發展，乃至部落格、微博都有最新的解析。

第四章是〈戶外媒體特性與行銷效應〉，除了我們平常熟稔的傳統媒體外，戶外媒體可說是既傳統又有現代感，當然也不能忽略，包括其類別與地理空間的討論，同時我們也有個案的研究與反思，提供同學更多的思考面向。第五章是〈新媒體的產生與影響〉，從Blog、Twitter、PTT還有YouTube的操作模式與特性，甚至最時髦的智慧手機、平板電腦和電子書，也都有全面的檢視與討論。

在全面了解各種媒體的特性與發展歷程後，我們才有可能去探討該如何利用媒體的特性與市場需要，做出有效的媒體企劃。

第一章

平面媒體特性與市場區隔

- 報紙媒體
- 雜誌媒體

本章導讀

　　從歷史演進的角度來看，人類的傳播與溝通方式，早期係以人際傳播和口語傳播方式為主，以文字為載具的傳播方式在早期並不盛行。然而，自造紙術及印刷術的發明和技術大幅提升後，「文字」開始成為人類最為倚重的傳播方式之一。而以文字作為訊息符號的印刷媒體，也因其傳播的「便利性」之故，逐漸成為人類社會中最重要的傳播媒體，也是最早出現的媒體形式。

　　平面媒體也可稱為印刷媒體，主要是以報紙與雜誌為主。平面媒體的表現方式多以文字和圖像呈現，相較於電子媒體而言，讀者接觸的內容或廣告訊息較具有主動權，他們可以選擇略過或仔細閱讀，而這亦是平面媒體的雙面刃，廣告訊息的效果可能不是一就是零。

　　而報紙與雜誌也各有不同的媒體屬性。以報紙來說，報紙的讀者群較廣，接收訊息的時效性也較高，比較適合做短期促銷的廣告；而在雜誌方面，雜誌的讀者群較特定與分眾化，訊息時效性也相對較低，而兩者的傳閱率都偏高。

　　因此本章節將以報紙和雜誌作為探討對象，在報紙方面，除了介紹報紙的媒體特性，也將從其分類著手，包括日報、晚報等各類型報紙去做了解；另外報紙的受眾分析也是本章節重點，如年輕人在報紙受眾上是相對較弱的一環。而受到網路和各種新媒體科技的影響，近幾年報紙的銷售量和生存環境也大受影響，因此希望透過報紙特性和受眾的分析討論，找出報紙可能發展的空間，創造出報紙獨特的生存空間，在充分發揮媒體企劃的效應下，以期能在競爭激烈的市場環境得以生存或發展。

　　平面媒體另一主軸為雜誌媒體，雜誌雖不像報紙般競爭激烈且

受新媒體影響大，但並不是完全不受影響，只是因為雜誌本身的受眾較為固定，相較於報紙所受衝擊較小。雖然如此，但由於電子書的出現或是e-Reading的風行，雜誌市場也開始出現一些變化，且因為各類型雜誌分眾明顯，也是雜誌較為特別的一個層面。

由於報紙和雜誌屬印刷媒體，故在紙張價格上漲、各類經營成本上升的環境下，單靠賣雜誌、賣報紙是不足以賺錢的，是以廣告收入成為平面媒體最重要的財務來源；而為避免成本增加，電子版的報紙和雜誌也相繼出現，從開源與節流兩個方向開始進行。廣告既然是平面媒體的收入來源，如何運用有限的版面和空間，企劃出符合顧客需求的廣告、提供其需要的內容，就成為平面媒體一個重要的考量，除了對閱聽人負責，提供其需要的資訊，現在的平面媒體更要思考如何企劃出有效且吸引顧客的計畫，為媒體本身創造盈收。

因此，本章節的著重點除針對新聞、媒體本身的特質外，也將從企劃、管理、行銷等層面去做思考，因為唯有在市場上生存，才能善盡媒體應盡的責任。

報紙媒體

一、報紙的特性

近年來，台灣新興媒體不斷發展，網際網路及各種行動通訊設備分散了閱聽受眾的注意力，由於科技進步，影音設備的聲光效果日

趨完美，加上有線電視台日益增加，使得新聞變成全天候的賽跑，報紙不但要和聲光兼具的電視新聞、網路媒體競爭，也要面對對報紙興趣缺缺、忙碌的現代人，努力讓他們恢復興趣。《動腦》雜誌編輯部（1999）指出，美國報紙協會為了提倡小朋友閱讀報紙，曾經刊登八頁的報紙廣告，文案中重複強調：「所有教育都從報紙開始。」由此可知報紙對閱聽人的重要性（朱郁欣，2008）。

閱聽人每天接觸媒體，不論是報紙、雜誌、電視或廣播，都應充分地明瞭該媒介的特性。針對平面媒體的特性，有學者曾經研究指出，平面媒體與電視和網路媒體相較，在感官特性上只具備視覺的效果，而且在資訊傳送的速度上較慢；此外，平面媒體的訊息控制效果比較小，讀者通常能夠自行處理接收資訊的速度和順序；最後，在消費者涉入程度方面，因為平面媒體的讀者擁有處理資訊的自主權，所以其較不能夠影響低涉入程度的讀者（Dijkstra, Buijtels, & Raaij, 2005；林心慧，2008）。

以報紙媒體而言，我們從呈現方式、紙張特質、產業特性等層面，整理出以下幾個特性（Fill, 2002；現代管理月刊編輯部，1988；張宏源、蔡念中，2005a）：

1. **價格低廉、購買方便**：由於一份報紙只需10元到15元，社會各階層的人們便可輕易獲得一份兼具深度的訊息，使得讀者眾多與高普及率，幾乎涵蓋各階層的人口。

2. **攜帶方便、不易損壞**：報紙媒體具有攜帶方便的優勢，走到哪，看到哪，即使摔到地上也不會損毀。此外，有此一說，由於人有與生俱來的親土性，而報紙是由紙張印製而成的，這種由木材產製的紙張，對於讀者而言，比看電視或電腦螢幕多一份親切感，這恐怕也是報紙媒體迄今仍在市場上存活的心理因素吧（陳萬達，2001）！

3.不受時空限制，可隨時重複閱讀：由於報紙輕巧、方便取得，不需要特地開電腦或電視就能觀看新聞，因此讀者可以自由選擇自己的興趣，自行決定什麼時間，什麼地點，隨時翻閱。

4.報導訊息深入、完整且多樣化：報紙媒體在電子媒體出現後，新聞的即時性受到嚴重的挑戰。為了與電視及廣播媒體在新聞報導上有所區別，報紙媒體轉而提供讀者較為深入、完整和全面性的新聞專題報導及議題分析，例如：特稿、整版或半版的專題報導、人物專訪或調查報導等。但由於報紙新聞的內容豐富、敘述詳盡，涉及層面也較為廣泛，因此可以迎合不同口味的讀者；讀者也可視時間與興趣，自行選擇訊息。由於適合仔細閱讀，所以記憶度較深刻持久。

5.較重視文字的呈現方式：受到早期文人辦報的傳統影響，以及紙張僅能承載靜態的文字和圖片訊息，而無法呈現動態的聲音和影像訊息的特質。因此，報紙媒體與其他媒體如電視與廣播等最大的不同，便是報紙的版面在視覺上，總是由密密麻麻的文字加上圖片或繪圖所組成，不如電視給予閱聽大眾豐富且聲光效果十足的新聞報導吸引人。

6.版面與廣告的關聯性高：報紙媒體還有另一項特色，那就是廣告和新聞版面的關聯性較高，由於報紙媒體以分版的方式來區分各類型路線的新聞，因此廣告內容屬性，往往也和新聞版面的屬性較為類似，例如：財經版面下常會看到產業刊登的廣告、政治面下常搭配選舉候選人的廣告文宣等。這樣的特性，意味著報紙媒體在分類版面的同時，也已替廣告主分類了目標閱聽大眾，使得報紙的廣告業務可以省力不少。

我們除了了解報紙的特性外，也須了解報紙的劣勢，才能針對報紙訂定一個完美的企劃行銷案：

1. 普及率仍比不上電視媒體的使用率：雖然報紙價格低廉，但是在現今社會中，每個家庭都有一台以上的電視機或電腦，相較於報紙來說，只要轉開電視、打開電腦，不必特地訂閱報紙或跑到便利商店購買報紙，就可知道今日發生的事。

2. 報紙新聞壽命短：報紙經由印刷成為白紙黑字之後，新聞訊息就不可能更動，因此訊息時效壽命短，不像電視或網路新聞能隨時更新，造成讀者對報紙反覆閱讀的可能性不大。

3. 目標群眾不易掌握：一般而言，除了專業性報紙之外，報紙的讀者階層範圍較廣，接受訊息的對象不一定都是鎖定的目標群眾，即使在全國性報紙刊登，也難保傳播溝通有效果。

4. 閱讀方式為線性編排：報紙的新聞閱讀方式採用線性編排，也就是愈重要的新聞被安排在愈前面的版面，以及各個版面愈上方的位置，例如頭版新聞、各版頭條新聞等。因此，讀者閱讀新聞時要按照編輯的安排，以線性方式逐一翻閱各個報紙版面，才能找到自己想要看的新聞，不像網路媒體具有的非線性、超文本及超連結的閱讀方式。

5. 印刷質感較粗糙：報紙的紙質與印刷品質感較粗糙，且以文字敘述為主，不如雜誌圖文並茂，且欠缺突出的視覺效果，無法給人高品質的感覺。

6. 版面的承載量有限：雖然報紙在報導的訊息上較為深入和完整，但是受限於報紙的版面大小和紙張成本的先天條件限制，因此訊息的承載量相對於網路媒體是較為局限的。儘管當天有多麼重大的新聞議題，報紙頂多只能提供二至三個版面來說明事件，不如網路媒體的資訊儲存量如此龐大，甚至還能結合多媒體的方式來報導新聞。

綜合上述，報紙是種攜帶方便、價格便宜、內容豐富、重量較

輕、閱讀平民化的出版品。新聞內容以文字為主，圖片為輔，資訊實體化；且世界報業協會（World Association of Newspapers, WAN）在2008年針對全球報紙的銷售統計，仍較前年微幅成長，這與媒體評論者宣稱報紙將會消失、讓位給網路媒體的預測剛好相反，主要是非洲、拉丁美洲及亞洲銷售量的成長，彌補了歐洲與北美下滑的銷量（中央社，2009）。反觀台灣，週休二日實行後直接影響報紙的編輯，在週末假日加重相關休閒軟性報導的分量。但儘管受到景氣衝擊與經營上的挑戰，台灣的報紙每天仍吸引相當多的民眾閱讀，除報紙不受時地限制，方便閱讀外，尤其在爆發重大社會事件時，民眾還能詳閱報紙新聞，此時銷售數量非但不減，反而加印報份以為因應（蘇蘅，2002；劉蘊儀，2005）。可見報紙仍具有舉足輕重的地位。

二、報紙的分類

截至2007年12月底止，全國性報紙共約有30家，性質上以綜合性報紙最多（行政院新聞局，2008）。報紙上通常刊載不同主題的新聞、消息、評論，並且常附帶有商業廣告。這些不同的主題包括政治、犯罪、體育、評論、天氣等等，也包括娛樂或是其他領域的新聞、資訊，所以必須了解報紙的分類，才能「對症下藥」，找到我們要的人。

在報紙媒體的分類上，一般而言，可以按照報紙出刊時間分為「日報」和「晚報」；按新聞傳布區域可以分為「全國性報紙」和「地方性報紙」；而按照新聞內容屬性分類，又可區分為「綜合性報紙」和「專業性報紙」。

(一)按報紙出刊時間

■日報

　　顧名思義，日報的發刊時間為白天，通常報社會在凌晨等新聞降版後，新聞版面立即送印，並將剛出爐的報紙透過派報系統，送至各個派報點、零售商以及訂戶家中，是最為常見的報紙類型。因上述作業時間之故，日報的新聞內容大部分都是前一天的訊息。不過，也因為日報新聞的即時性較為落後，因此日報可以提供更完整、深入的新聞報導給閱聽大眾。

■晚報

　　相對於日報，晚報的發刊時間通常在下午三、四點左右。晚報的誕生，彌補了日報新聞即時性不足的問題。晚報可以持續更新、追蹤當天的重要新聞議題，更重要的是，晚報可以提供投資者更即時了解當日股市行情。不過，目前台灣的晚報因為股市收盤時間延後、有線電視普及和網路興起等因素，虧損慘重，因而紛紛吹起熄燈號，市場上僅存《聯合晚報》一家。

(二)按新聞傳布區域

■全國性報紙

　　指的是新聞傳布區域涵蓋全國的報紙，新聞內容多與全國民眾息息相關，例如中央政府的重大政策、國會法案、重大社會治安事件、教育議題、經濟及民生議題等，目前常見的大報皆屬之。

■地方性報紙

　　反之，地方性報紙則意指新聞聚焦於某一區域的報紙，新聞內

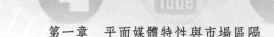
容除了涵蓋重要的全國新聞議題外，主要和當地的地方事務有關，例如地方政府的市政表現，地方上的民生、教育、藝文和奇人異事等消息。例如：花東地區的《更生日報》、台南地區的《中華日報》及澎湖的《澎湖時報》等皆屬之。

(三)按新聞內容屬性

■綜合性報紙

綜合性報紙指的是其新聞內容屬性的涵蓋範圍較廣，包羅萬象，舉凡政治、經濟、社會、教育、生活、體育、娛樂和藝文等新聞議題的報導，皆包括其中，甚至以專版方式呈現。目前我們在市面上看到的四大報《中國時報》、《自由時報》、《聯合報》及《蘋果口報》等皆屬之。

■專業性報紙

專業性報紙則指和綜合性報紙相異，其報紙賣點主要為專攻於某一類路線的新聞，像是休閒專業、財經專業和體育專業等訊息，以提供更為深入、全面性的分析和報導，來吸引讀者閱讀、購買。例如：《經濟日報》、《工商時報》，早期的《民生報》、《大成報》及《麗台運動報》等皆屬之。

此外，還有人依照報紙媒體的內容品味和編輯風格，將其區分為「質報」和「量報」。質報指的是受到傳統新聞學規範，在社會上形象及公信力較佳的媒體。質報以爭取社會影響力和民眾認同，作為報紙的核心競爭力，內容上較關注於政治、經濟、社會事務和國際環境等新聞，如美國的《紐約時報》（*The New York Times*）、英國的《泰晤士報》（*The Times*）等都是質報的代表。

以《紐約時報》為例，該報以政治新聞和國際新聞為主打，財

經新聞更鎖定高所得高消費市場，成為其他報紙無法取代的立基，因此，即使《紐約時報》銷售數量不及《今日美國》（*USA Today*）報的逾200萬份，但廣告單價卻比《今日美國》高出20%（蘇蘅，2008）。

　　與「質報」相對的名詞是「量報」。「量報」可以分成好幾種類型，如美國銷售第一、水準較高、注重運動、娛樂為主的代表報紙《今日美國》（蘇蘅，2008）。值得注意的是，「量報」不等於「小報」（tabloid），雖然《今日美國》新聞較軟性，以彩色、大型圖表和大照片編排方式新穎著稱，也重視感性及與民生切身相關的公共事務報導。

　　由於報紙媒體市場競爭激烈之故，近年來市場上還出現了所謂的「免費報」和「捷運報」。前者為報社經營者以「免費」的競爭策略，來提升報紙閱報率和發行量，後者則是以捷運族作為目標讀者，希望能夠開闢新的利基市場，以賺取更多的廣告利潤。目前台灣常見的免費報和捷運報有壹傳媒的《爽報》及聯合報系的《Upaper》等。

三、報紙媒體的受眾分析

　　根據AC尼爾森的資料顯示，維繫報社營運的兩大支柱，包括閱報率與廣告收入，近年來正面臨不斷下滑的危機。以閱報率而言，從1991年起，台灣報紙的閱讀率從七成六的高峰開始下滑，2003年還有50%，到2008年降到44%。這樣的數據對於報業而言，無疑是一大警訊，說明台灣有一半以上的人不看報紙。而廣告量在2004年原有180億元，到了2008年卻萎縮到只剩110億元，顯示報業的黃金歲月已逝，現在已經成為「艱苦產業」（孫曼蘋，2009）。

　　不過，正因為報業處於如此險惡的環境中，因此，報紙媒體更應該清楚認識自己的閱聽大眾特性，以深入了解讀者的需求，發展並調整出適合的競爭策略和產品內容。以下，我們根據尼爾森公司公布的

2007年媒體大調查資料，針對報紙媒體的受眾特性，做一清楚的描述和分析：

1. **男性讀者稍微多於女性讀者**：性別分布方面，報紙媒體的男性讀者約有50.6%，女生讀者則有49.4%，顯示出男性讀者和女性讀者人數接近，且男性讀者些微高出女性讀者。

2. **二十五至四十四歲為主要讀者群**：在讀者年齡分布方面，十二至二十四歲的讀者約有20.2%，二十五至四十四歲的讀者則占48.8%，四十五至六十五歲的讀者有31%。由此可知，二十五至四十四歲的閱聽眾，為報紙媒體的主要核心讀者。

3. **讀者的教育程度普遍較高**：教育程度部分，報紙讀者教育程度多為大專以上，讀者人數約占40.7%，高中學歷的讀者占14%，國中以下學歷的讀者占21.8%。顯示報紙讀者的教育水準和識字程度較高。

4. **讀者職業多為上班族群**：在職業分布上，工作者約占63%，學生族群有15.3%，家庭主婦占13.9%，其他職業則占7.8%。由以上數據，我們可發現報紙讀者的職業主要為上班族，這和上述所提到的讀者年齡教育程度相似。

從上述的讀者輪廓描述可知，報紙媒體的傳統讀者，男性和女性各占一半，讀者多為成年人、中等以上的教育程度，他們通常還是習慣於文字和報紙媒體的閱讀及編排方式，雖然這樣看似好像失去了年輕讀者的支持，但是，我們可以這麼想，在社會的中堅分子，仍是報紙的忠實讀者（陳萬達，2001）。

為了進一步深入探究為何報紙的閱報率持續下降，並且失去年輕讀者的支持，我們從以下幾個層面來觀察，報紙讀者的特性有了什麼樣的改變（谷玲玲，2006）：

1. **年輕人不看報**：年輕人不看報的現象主要有兩個原因：一是外在環境的變遷。亦即，網際網路和各種行動通訊設備分散了年輕讀者的注意力，多媒體的影音感官效果，使得年輕人對靜態、純文字的報紙媒體缺乏興趣。二是資訊來源的多樣化，使得年輕人對傳統文字媒體的依賴性降低。此外，年輕人喜歡追求與眾不同的個人風格，因此也自然而然地轉向具有個人風格的網路媒體。最後，年輕人閱讀能力的下降也是普遍的現象，使得他們轉向以多媒體為主的媒體。

2. **讀報習慣改變**：現在的報紙讀者即使仍然有看報，但是他們對特定報紙的忠誠度降低，從訂閱戶數的下降和零售數字的上升，兩者此消彼長的情形便可看出。再者，網路提供讀者多樣化的資訊，讀者獲取新聞資訊的來源也逐漸轉向網路媒體，而非來自傳統媒體；加上讀者觀看網路新聞時，新聞網站並非首選，而是點選入口網站來連結新聞觀看。而且，行動通訊設備，像是手機、PDA、podcasting、vodcasting和iPad 等，也都已經開始提供新聞資訊。讀者閱讀偏好也在改變，年輕人即使會看報，但他們通常還是較專注於特定類型的新聞，他們喜愛短小輕薄、標題式的內容。

3. **閱讀動機改變**：新世代的讀者強調「主動性」及「互動性」。在主動性方面，閱讀並不限於被動的或習慣性的接收資訊，還包括主動地生產資訊，因此，靜態閱讀已經不能滿足讀者需求，許多讀者開始使用部落格（Blog）來發表個人觀點，甚至產製新聞報導。在互動性方面，新世代的讀者喜愛透過互動機制，像是部落格、聊天室、即時通等，與他人交換資訊，進而在這個過程中強化個人的社交網絡，這些都是傳統報紙媒體所不能提供給讀者的閱讀經驗。

4. **讀者對特定資訊需求增加**：由於資訊快速累積與傳布，使得讀

者會傾向於尋找特定的資訊，對媒體的期望也相對地提高。閱聽人會主動去尋找合適的媒體，例如從傳統報紙轉至電子報，而電子報上所提供的各種線上搜尋、線上資料庫、線上論壇等，能夠適時滿足閱聽人對特定資訊的需求。

雜誌媒體

　　雜誌對現代人來說，是除了報紙媒體之外，另一項重要的平面印刷媒體。在各大書店的陳列架中，都可以看到洋洋灑灑各式各類的雜誌，五光十色地鋪列在書架上，吸引著讀者的目光。這其中，有些用透明膠套封住，有些則可以讓讀者隨手翻閱；為了爭奪市場占有率，大多數的雜誌幾乎都會採取一些促銷手段，例如：降價、送贈品，有的甚至還可以抽獎送機票，其目的都是希望讀者能在上百種雜誌中，把它挑出來買了帶回家或是長期訂閱。

　　目前台灣共有6,007家雜誌社，除了商業性雜誌外，亦包含為數眾多的非商業性雜誌（行政院新聞局，2008）。根據台灣尼爾森媒體研究2009年1月公布的「媒體廣告量監播服務調查」顯示，2008年台灣電視、報紙、雜誌、廣播和戶外媒體五大媒體廣告量為新台幣423.7億元，比2007年的453.8億減少了30億元，降幅達6.6%。其中，以報紙媒體遽跌的18.9%降幅最大，足足少了25.9億元廣告營收，僅雜誌均維持14%，這顯示出廣告主在有限的媒體預算分配下，雜誌目標讀者精準，仍受廣告主青睞。企劃人員不應忽視雜誌的力量，如何精確掌握雜誌的效果是企劃人員的一大挑戰。因此我們必須注意雜誌與報紙的不同處。

一、雜誌的特性

「雜誌」是一種介於「報紙」與「書籍」的淺型深度閱讀型態，由於它的報導快速及抓住讀者的胃口，儼然成為讀者取得資訊情報的重要來源（行政院新聞局，2001）。雜誌業至今仍能繼續發展，且不斷有新面貌、新產品問世的原因，正是因為它與報紙特性不同。

以雜誌特性而言，我們從呈現方式、紙張特性、產業特性等層面，整理出以下幾點特性（現代管理月刊編輯部，1988；Fill, 2002；劉美琪，2004；行政院新聞局，2005a；朱郁欣，2008；吳伊卿，2008）：

1. **區隔準確**：雜誌是市場中區隔最精確的，雜誌的名稱大致就能決定該雜誌的讀者。由於市場區隔精確，且市場又小，雜誌的廣告效益以CPM（每千人成本）來看，廣告效益是最高的。

2. **個人化的文化產品**：雜誌算是小眾媒體，現今有愈來愈多專業性雜誌走分眾化路線，因此讀者可選擇自己喜愛的內容型態做為休閒雜誌，或是讀自己需要的工具雜誌。因此各個雜誌的消費族群將依其定位而有截然不同的讀者群。

3. **廣告創意空間大**：雜誌的廣告創意比報紙大的多，版面有一般的標準全頁、半頁、封底之外，還有三分之一頁、六分之一頁，另外拉頁、蝴蝶頁、拆頁及特殊版面，都可配合廣告主的需求。

4. **可以重複閱讀**：雜誌有保存價值，過期的雜誌可被收藏，因此重複閱讀的機率很高。

5. **讀者群消費力較高**：雜誌屬於較精緻、階層較高的媒體。因此讀者群傾向高中以上的學歷、對訊息反應較敏感、消費能力較強的階層，年輕與高國民所得、高社經地位的人口，是最主要

的使用族群。通常教育程度愈高，閱讀雜誌的比例愈高。

6.印刷品質佳：台灣的雜誌印刷都相當精美，如果需要特別處理，雜誌社大多也能配合辦理。

我們除了了解雜誌的特性外，也須了解雜誌的限制，才能針對雜誌訂定一個完美的企劃案（現代管理月刊編輯部，1988；Fill, 2002；郭久蓁，2005）：

1.讀者層面狹窄：無法涵蓋所有階層的人口。

2.機動性差：雜誌非按日出刊，因此無法即時報導緊急事件。

3.前置時間長（long lead times）：雜誌從設計、企劃、編輯至印出成品，時間較報紙長，往往「新」聞已成「舊」聞，因此雜誌內容應不同於報紙內容，要給讀者更深入、更完整、更專業的報導。

4.新聞雷同性多，且時效性較差：台灣目前在世界排名上，算得上是高教育水準與高收入的國家。但是台灣閱讀雜誌的比例並不高，台灣買雜誌的人不多，經常看雜誌的人也不多，原因是雜誌太貴，且媒體的重複率太高，新聞的雷同性高，等到雜誌報導出刊，早已不是新聞。例如星期四才出刊的《壹週刊》，其頭條常常是星期三電視新聞的主要報導。

二、雜誌的分類

在五大媒體中（報紙、雜誌、電視、廣播、網路），最分眾化的媒體莫過於雜誌媒體，雜誌可說是最具深度的媒體，其專業性的報導、精美的印刷及便於攜帶的特性，至今仍是其他媒體無法取代的（吳伊卿，2008）。

2007年可說是出版業最複雜、艱鉅的一年，雜誌出版業者在2007

年面臨上游紙商要漲價以及便利商店的通路風波。雖然艱鉅，但仍有業者找到新的市場，投入雜誌的創辦，包括投資理財的《Money+理財家》，以及隨著單車風行而出現的單車類型雜誌。不過也有部分雜誌退出市場，包括電腦資訊類的《PC Office》、娛樂類的《錢櫃》、《Look》等，顯示了雜誌出版市場的機會與挑戰（行政院新聞局，2008）。

整體來說，雜誌出版產業漸有M型化趨勢。大型集團如城邦控股集團（旗下有電腦家庭出版集團、城邦出版集團、商周媒體集團、儂儂國際集團和尖端出版集團）、壹傳媒集團、天下雜誌群、青文出版社集團，和甫於2007年整合的財信集團等，都在台灣雜誌出版產業扮演指標角色（行政院新聞局，2008）。

雜誌是種定期發行的連續性出版品，是介於書籍和報紙之間的出版物。報導的內容與資訊較報紙完整深入、針對性強、可信度高、具一定權威、傳閱率高，但製作成本相對也較為龐大。期刊雜誌都具有一固定的名稱，用卷、期或者年、月順序編號出版；各個雜誌以自己的ISSN（International Standard Serial Number，國際標準期刊號）分別進行出版動作。雜誌依出刊週期，以時間長短由小到大分為：週刊、雙週刊、半月刊、旬刊、月刊、雙月刊、季刊、年刊。其中以月刊為主要產品，雜誌的種類也最多；週刊則是最具時效性的產品型態，針對財經資訊及新聞性題材可提供較即時的報導。

而「2000年台灣圖書雜誌出版市場研究報告」中，將雜誌區分為以下二十二類：時事法政、企管行銷、財經、教育、語言學習、國防軍事、藝術美學、建築與室內設計、體育休閒、汽機車與單車、婦女與家庭、宗教與社會生活、文學與歷史與哲學、電子與電機、科學技術、廣播影視娛樂、健康與醫學、兒童與青少年、漫畫、綜合類及其他類（行政院新聞局，2005b）。

雜誌依其出刊時間及性質的不同而有所區分，一般而言，雜誌可

以分成以下幾類：

(一)依性質來區分

1.政治、財經類雜誌：這類型的雜誌主要以關注政治、財經方面的時事議題，並且針對這些議題做出深入的評論、專題報導及調查指標，如「微笑319鄉鎮」、「標竿企業排名」、「全球競爭力排名」、「台灣民心指數」等。此外，這類雜誌常會向讀者提倡一些創新的觀點和剖析國際潮流趨勢，如「綠色經濟」、「金磚四國」等。其意見和批判，也往往成為社會輿論和推動新文化運動的一股重要力量。例如：《新新聞》週刊、《商業周刊》、《天下雜誌》、《遠見雜誌》等皆屬之。

2.行銷管理類雜誌：主要聚焦於行銷和管理方面的議題，並提出行銷、管理上的新觀念、創見及介紹企業管理典範，其目標讀者鎖定企業管理階層人事，屬於較專業的雜誌。例如：《管理雜誌》、《哈佛商業評論》、《經理人月刊》均屬之。

3.投資理財類雜誌：經濟愈不景氣，投資理財愈顯重要，這類雜誌便是提供讀者投資、理財方面的資訊及專業意見，像是股市的基本分析、技術分析、全球經濟趨勢、投資工具配置、正確理財觀念及風險評估等，協助讀者在進行投資理財時，能夠有所參考依據。例如：《錢》雜誌、《今周刊》、《非凡商業周刊》均屬之。

4.休閒娛樂類雜誌：主要報導較為聳動、娛樂性較強的新聞話題，像是藝人緋聞、公眾人物隱私、社會治安事件等軟性、花絮的新聞。例如：《時報周刊》、《獨家報導》、《壹週刊》均屬之。

5.生活風格類雜誌：提供與讀者生活上息息相關的訊息，包括旅

遊資訊、居家設計、吃喝玩樂的指南等。例如：《HERE》、《Taipei Walker》、《食尚玩家》均屬之。

6. 科技資訊類雜誌：主要專注於科學和電腦資訊方面的議題，像是教導讀者如何選電腦、介紹新資訊科技產品、科學新知、網路新趨勢等。例如：《PC home電腦家庭》、《科學人》、《電腦王月刊》、《數位時代》均屬之。

7. 文史藝術類雜誌：其多探討文化、歷史、藝術方面的內容，像是人物傳記、哲學思想、文學作品等消息，例如：《皇冠》、《講義》、《讀者文摘》、《當代》均屬之。

8. 流行時尚雜誌：其在雜誌市場上可說是非常多元及暢銷的一種雜誌類型，內容關心當前流行趨勢和時尚文化的消息，像是教讀者穿出個人風格、化妝、髮型、挑選名牌等，例如：《女人我最大》、《ELLE》、《VOGUE》、《美人誌》均屬之。此類雜誌深受上班族及年輕少女的喜愛，並在年輕族群追求流行的潮流帶動之下，銷售量一直都有不錯的表現。

9. 醫療保健類雜誌：由於現代人注重養生，加上銀髮族也是一股不容小覷的商機，因此市場上出現了一些關於醫療、保健的雜誌，包括正確用藥觀念、怎麼吃才健康、疾病介紹等內容。例如：《長春》、《康健》等雜誌。

10. 語文學習雜誌：以提供語文學習內容為主，深受學生與上班族喜愛，其內容配合廣播或光碟，教導讀者循序漸進地學習語言的聽說讀寫能力，例如：《空中英語教室》、《常春藤生活英語雜誌》等。

11. 體育專業類雜誌：運動族群也是相當龐大的一塊市場商機，因此體育專業類雜誌便是在於提供國內各式各樣體育賽事，像是美國職棒大聯盟、NBA、SBL等資訊，包括球隊戰績、球員戰力分析、體育明星專訪等，例如：《美國職籃聯盟雜誌》、

《美國職棒》等。

12.科普與知識雜誌：以提供專業的科學知識爲主，包括考古、動植物、生命科學及世界每一個角落的變化都收錄在內。例如：《牛頓》、《國家地理雜誌》等。

(二)依出刊時間來區分

1.週刊：每星期出刊一次。

2.雙週刊：每兩星期出刊一次。

3.月刊：每個月出刊一次。

4.季刊：每三個月出刊一次。

5.半年刊：每半年出刊一次。

6.年刊：每年出刊一次。

一般而言，爲了市場占有率，加強與讀者接觸，雜誌在政論、娛樂、理財投資等方面，以週刊形式居多。由於這類新聞題材有其時效性，而且屬議題性的新聞，若不能及時快速出刊，往往會因錯過時效而乏人問津。另外生活、學習、資訊、行銷管理、醫藥保健、藝文類等以知識性爲主的雜誌，則以月刊爲主。

依據調查統計，就個別雜誌閱讀率來看，週刊部分，以《壹週刊》表現最爲亮眼，它自推出以來，一直爲閱讀率最高的雜誌。在不景氣的2008年，其閱讀率仍呈現成長的態勢。雖然《壹週刊》不是發行量最多的雜誌，但閱讀人數卻是最多，其傳閱率高達10.15，高於次高的《天下》雜誌及《商業周刊》傳閱率將近一倍（見**表1-1**）。

除了上述所說的雜誌分類外，另外有一股新科技的勢力也值得我們注意。因網際網路和手機的普及率，讀者不只在書店及便利商店實體通路買得到雜誌，也可透過電子雜誌服務平台與讀者接觸，如宏碁Zinio、udn聯合線上、MagV、摩客資訊銀行。

表1-1 2008年主要雜誌發行量及傳閱率

刊名	發行量	閱讀人數	傳閱率
大家說英語	209,000	209,000	0.72
空中英語	210,000	249,000	1.19
商業周刊	180,000	1,024,000	5.69
Beauty	180,000	144,000	0.80
壹週刊	160,000	1,624,000	10.15
女人我最大	160,000	276,000	1.73
讀者文摘	140,000	178,000	1.27
時報周刊	120,000	620,000	5.17
天下	120,000	423,000	3.53
電腦家庭	120,000	238,000	1.98
TVBS周刊	110,000	224,000	2.04
財訊	100,000	173,000	1.73
食尚玩家	100,000	223,000	2.23
智富月刊	95,000	266,000	2.80
遠見	92,000	392,000	4.26

資料來源：浩騰媒體（2009）。

　　除此之外，亦有很多業者發展資料庫，包括《天下》、《商業周刊》、《尖端科技軍事》等；或與數位內容業者結合，例如聯合線上的聯合知識庫收錄《遠見》、《動腦》、《科學人》、《天下》雜誌群、《商業周刊》的雜誌內容，空中英語教室則推出「手機學英語」服務；而口袋書店也與雜誌社合作，提供手機就可翻閱雜誌的服務，目前合作的雜誌約有二十幾本，將雜誌的內容延伸至手機平台（行政院新聞局，2008）。

　　為了爭取更多的廣告收入，雜誌出版業者紛紛整合和創造各項資源，以吸引廣告主的青睞。諸如增加刊物或製作專刊、特刊，增加廣告頁面；又如異業結合，整合廣電媒體和網站，為廣告主企劃製作完整的廣告方案。

問題與討論

1.何謂「廣編稿」？

2.報紙與雜誌既然都是紙張、平面媒體，你認為兩者是否有合併或結合的需要？

3.你認為報紙未來會消失嗎？或是轉型？

4.你有看過電子書或電子雜誌嗎？其和紙本雜誌有何不同？

5.除了廣告，報紙和雜誌是否有其他增加收入的機會？

參考書目

一、中文部分

中央社（2009）。〈Pollster波仕特線上市調：男性看報先看頭版〉。取自 http://dasdadd.pixnet.net/blog/post/25636585。

朱郁欣（2008）。《企業新科技採用行為對其全球化之影響》。國立中山 大學傳播管理研究所碩士論文。

行政院新聞局（2001）。《90年出版年鑑》。台北：行政院新聞局。

行政院新聞局（2005a）。《台灣雜誌出版產業調查研究報告》。台北： 行政院新聞局。取自http://epaper.pchome.com.tw/archive/last.htm?s_ date=old&s_dir=20050330&s_code=0092&s_cat=。

行政院新聞局（2005b）。〈2000年台灣圖書雜誌出版市場研究報告〉， 《94年出版年鑑》。台北：行政院新聞局。

行政院新聞局（2008）。《97年出版年鑑》。台北：行政院新聞局。

吳伊卿（2008）。《台灣民眾雜誌使用行為之研究──以2007年世新傳播 資料庫為例》。世新大學傳播管理研究所碩士論文。

谷玲玲（2006）。〈傳統報業及電子報發展前景〉，行政院新聞局 （編），《2006出版年鑑》。上網日期：2008年8月31日，取自http:// info.gio.gov.tw/Yearbook/95/02-05.htm。

林心慧（2008）。〈比較電視、平面印刷與網路廣告媒體之行銷溝通效果 與綜效〉，《中華管理評論國際學報》，11（2）。

浩騰媒體（2009）。〈2009年主要媒體總覽〉。

孫曼蘋（2009）。〈蘋果日報對台灣主流報業的衝擊〉，兩岸報業經研討 會。取自http://www.docin.com/p_19621409.html。

張宏源、蔡念中（2005a）。《媒體識讀：從認識媒體產業、媒體教育，到 解讀媒體文本》。台北：亞太。

張宏源、蔡念中（2005b）。《Mass Media Under Convergence 匯流中的傳 播媒介：以美國與台灣為例》。台北：亞太。

郭久蓁（2005）。《應用資料探勘技術於媒體使用行為之研究──以2004 年世新傳播資料庫為例》。世新大學傳播管理研究所碩士論文。

現代管理月刊編輯部（1988）。〈利用哪一種媒體好？〉，《現代管理月

　　刊》，140，55。

陳萬達（2001）。《現代新聞編輯學》。台北：揚智。

劉美琪（2004）。《行銷傳播概論》。台北：雙葉。

劉蘊儀（2005）。《報紙報導電視新聞主播形象研究——以中國時報、聯
　　合報、自由時報為例》。銘傳大學傳播管理研究所碩士論文。

蘇蘅（2002）。《競爭時代的報紙：理論與實務》。台北：時英。

蘇蘅（2008）。〈量報一枝獨秀，質報其實才是制衡力量？〉，《97年出
　　版年鑑》。取自http://info.gio. gov.tw/yearbook/97/2-3.html。

二、英文部分

Dijkstra, M., Buijtels, E. J. J. M., & Raaij, W. F. (2005). Separate and joint effects
　　of medium type on consumer responses: A comparison of television, print,
　　and Internet. *Journal of Business Research*, 58, 377-386.

Fill, C. (2002). *CIM coursebook: Integrated marketing communications*. MA: S.
　　Butterworth-Heinemann Ltd

第二章
電子媒體特性與受眾分析

- 廣播媒體
- 電視媒體

本章導讀

電子媒體包括廣播及電視等大眾媒體，而這類媒體較具多元感官經驗，以影像、音像的型式為主，資訊呈現方式也較為生動、具時效性。電子媒體功能包括：提供娛樂、傳播資訊、教育社會、協調意見及鼓勵參與，尤其電視已成為閱聽人生活中的一部分，並且加速社會化過程、促成大眾文化的發展、刺激社會經濟活動（黃新生，1992）。

而本章節探討的電子媒體包括廣播與電視，兩者雖然都是大眾電子媒體，但其特性卻完全不同，廣播出現時間比電視早，是以聲音表現為主，而電視除了聲音還增加了畫面的傳送，呈現更為豐富生動。即使廣播在特性上比電視單調，但電視的出現並沒有讓廣播消失。從本章節對廣播的介紹可以看出，廣播有其方便性、參與感、成本低的特色，同時讓民眾可以迅速接觸，也因此能培養出其特有的收聽群眾；再加上廣播的成本低、頻道數量也多，在分眾需求上也能清楚做出區隔，所以，一直以來廣播媒體都有其基本的聽眾數量。雖然如此，在網路和電信媒體的發展下，許多廣播的功能已漸漸被取代；但有趣的是，不少廣播電台開始窮則變，變則通，廣播也開始和網路、電信合作，產生新的經營和獲利模式，這樣一來網路成了助力，反而突破傳統需要收音機來接收的限制，因此廣播的發展空間仍有許多值得期待的地方。

自從電視問世之後，很快的就成為大眾傳播媒體的主流。在現代生活中，我們幾乎和電視密不可分，各類資訊、宣導等都來自電視，以此推論電視應該是非常容易賺錢的媒體。但在台灣電視台多如牛毛，且各種類型都有，同一類型的節目內容又充斥各台，例如光是新聞台就有將近六、七台，因此反而分散了閱聽大眾，讓市

場更為競爭。有線電視和衛星電視是目前台灣電視產業的主體，電視因為長期占據我們生活的一部分，是人民最習慣收看的媒體，加上方便、使用容易，也是現在最普遍的大眾媒體，有線電視普及超過八成以上，所以對於如網路等新媒體的出現，電視受衝擊較小。但雖然如此，電視和網路、電信的結合卻也正在蔓延，包括手機電視、網路電視、MOD（Multimedia on Demand）等等，可以說是把電視的功能和需求再走向客製化和精緻化。但台灣的電視生態非常特別，雖然台數、節目密度很高，但重播、購買的節目比例卻也非常高，常被人批評節目內容太過低俗且千篇一律，這也和電視長久的生態環境有很密切的關係，本章節將會一一介紹。

　　無線廣播和無線電視因為利用公眾資源，因此在法規上，有較多的限制和管理，包括無線電頻譜的開放、無線電視台的設立等，在我國都有一些歷史進程，本章節也會對此做一介紹，希望能從歷史的脈絡中了解相關法規的內容和因素，了解我國無線電視、廣播產業的成因和現況。

廣播媒體

一、廣播的特性

　　廣播媒體主要有以下幾點特性（Fill, 2002；馮小龍，1996；趙庭輝譯，2002；陳惠芳，2003；劉美琪，2004；張宏源、蔡念中，2005a）：

1. 透過電波傳遞內容，較不受空間影響，可觸及未接觸到書籍、報紙等平面媒體的閱聽人。

2. 工具簡便，易於收聽：現代人賴以生活的媒介幾乎都是以電視為主，然而當電視遇到停電、水患或地震等災難而無法提供收視功能時，收音機只需要電池便可收聽，因此廣播也成為人類唯一對外求援的系統。而隨著科技的發展，廣播的收聽設備也日益豐富，除了收音機和車上收聽外，還有手機、MP3等數位產品以及網路廣播，新的收聽設備擴大了收聽節目的人群。

3. 可立即傳送，時效性高：廣播除了提供來自地球遠方的即時新聞，也能立即知曉發生在鄰近街道的新聞事件，對聽眾來說，更具實際意義與重要性，當開車族開車上班時，便可從廣播的交通路況得知交通是否順暢。

4. 超越語言障礙：廣播是透過聲音來傳送資訊，使文盲也可透過其熟悉的語言獲得資訊。

5. 廣播讓聽眾較有參與感，並具個人化，可藉由call in表達自己意見，更明顯直接反映廣告效果。

6. 節目、廣告製作簡單：由於廣播主要靠聲音來進行傳播，同時結合音樂、音響和特效來體現臨場感。廣播廣告製作不及報刊、電視複雜，不僅製作週期最短，安排播出和調整時段也比較容易，可隨時插播。

7. 節目製作成本較低廉，接觸成本並不高，所以有不錯的普及率。

8. 具有「享用非獨占性」，可一邊聽廣播，一邊從事其他事情。例如開車時，可在車上邊聽廣播邊開車。

9. 明確市場區隔，聽眾忠誠度高：電台趨向類型化，各以自己的特色對特定的聽眾製作節目，廣播已成「窄播」。

10. 廣告時不易轉台：廣播對聽眾而言可能只是一種伴隨性收聽，

因此廣播廣告對聽眾而言，擁有較小的抗拒性。雖然電視最大的魅力在於有即時性傳遞的精彩畫面、吸引人的動作與亮麗的色彩，但電視卻有嚴重的轉台問題，這種情形是廣播沒有的。根據2005年尼爾森（AC Nielsen）的調查結果顯示，大約有60%的聽眾遇到廣告不換台，30%換台後還會換回來，這項數據表示廣播廣告的到達率，效果較電視為佳。

廣播媒體的幾項優點，它可以讓廣告主用較電視少的費用，向目標群眾傳達密集的資訊，且廣播節目的分類屬性鮮明，容易培養一群忠誠的閱聽眾，增加廣告行銷的效益。但因為廣播和電視一樣，稍縱即逝，無法保存、可聽不能看，聽眾容易分心，傳播方式單一、內容創新少，變化不多，因此在節目內容及廣告編排上仍有局限。

二、廣播的分類

廣播電台的類型，由節目內容多樣的綜合性電台，漸漸走向內容特定的類型電台，而類型電台大致可分為音樂類型、資訊類型與特定導向三大類（張宏源、蔡念中，2005a），在市場分眾的情形下，目前較受歡迎的電台幾乎都是類型電台。

所謂類型電台的種類，在台灣廣播領域中最常見的則有以節目單一性為主的新聞台（中廣新聞網即為「全新聞」類型電台）、教育電台、古典音樂電台（台北愛樂）、傳統賣藥電台（微笑聯播網、台南古都）及包含評論、娛樂和音樂的綜合台（飛碟電台）、資訊類型電台（台北健康電台）和受年輕學子喜愛的當代流行音樂類型電台（HitFM）等。針對國內電台節目類型，可以歸納出下列幾種類型電台（洪賢智，2006）：

(一)音樂類型電台

所謂「音樂電台」，除了一定的音樂比例外，在節目內容上所提供的資訊和音樂有關，最大特色在於播放音樂比例大於談話。大致分為：流行音樂電台（HitFM）、古典音樂電台（台北愛樂）、休閒或背景音樂電台、另類音樂電台等。

(二)綜合性電台

節目類型較廣泛，包含音樂、生活、資訊、新聞等，其中又可分下列兩種：

■都會型電台

以都會地區聽眾為主要訴求對象，提供都會區最新流行資訊。此類電台的最大特色在於完全與都會脈動結合，講求快速節奏與效率，發射範圍及涵蓋區域都在大都會中。例如：台北之音、高雄港都電台等均是其中代表。由於都會居民的生活步調快、對資訊訊息需求較高，因此即時新聞、流行資訊會是都會型電台所強調的重點。

■生活資訊類型電台

此類型電台與都會類型電台的節目差異性不大，不同的是，此類型電台發射涵蓋範圍及訴求聽眾並不局限在以都會區聽眾為主。一般來說，全國性電台或是聯播網較有可能以此類型電台模式經營，由於電台收聽地區聽眾的差異，為了讓大多數聽眾都能接受，因此此類型電台在節目內容方面多半朝向各地區聽眾都能接受的生活、流行資訊方向發展，將流行音樂及新聞融入生活的一部分，例如：飛碟聯播網。

(三)新聞談話台

此類型電台以新聞做定位，包括全部新聞內容及混合式新聞類型電台兩種，二十四小時都在播新聞，專為想聽新聞的人設立。例如，中廣新聞網為目前唯一的新聞電台；混合式新聞台內容則結合新聞性談話節目及訪談專題，例如：News 98。

(四)女性類型電台

在女性意識逐漸抬頭之際，有專為女性族群量身打造的女性專屬電台。例如，過去的台北女性生活廣播電台、台中天天廣播電台、雲林姊妹電台等。

(五)農業類型電台

以提供農業資訊、服務農民聽眾為主要訴求的電台。例如：雲林地區的神農電台以雲嘉地區農民為收聽對象，提供農業範圍的訊息及資訊，是融合傳統與現代的區域性農業專業電台。

(六)漁業類型電台

以服務漁民發展漁業為宗旨的台灣區漁業廣播電台AM738、AM1143，台址設於高雄市，發射台設於澎湖，民國72年成立，節目內容以漁業氣象、漁市行情、漁業新聞為主。其他漁業電台有金台灣電台。

(七)宗教類型電台

宗教電台在目前商業利益掛帥的廣播電台中，堪稱一股清流，以

淨化人心、安定社會為主要電台宗旨，例如：基督教佳音電台、天主教益世電台、佛教白雲電台等等。

(八)語言類型電台

此類電台以外語節目作為主要訴求，其最大特色在於電台外語發音節目比例大於國語發音。例如：ICRT以英語發音為主。

(九)醫療保健類型電台

健康養生逐漸受到關注，以傳遞健康資訊、關心國人身心健康為訴求的台北健康電台，其節目有醫療保健資訊、家庭與婚姻問題的探討、醫療政策報導、醫療新聞深入報導等等，讓聽眾獲取健康資訊。

(十)政治類型電台

政治類型電台在台灣廣播發展史上占有十分重要的地位，其政治屬性鮮明，與聽眾call in互動，電台節目特色以批判、討論政府某項政策或議題為主。在政府未開放頻道前，這類電台相當盛行。早期全民電台、綠色和平電台、南台灣之聲等為其代表。

(十一)勞工類型電台

以教育勞工、服務勞工為主的台北勞工教育電台FM91.3，其內容有勞工新知、空中勞動學院、投資理財、外勞時間、雇主心聲及各行各業的問題討論。

(十二)教育類型電台

以播放各類教學課程為主的教育廣播電台FM101.7。

(十三)校園類型電台

以提供學生實習研究為宗旨，電台由師生共同經營管理，節目從企劃製作到主持、錄音操作等都是由指導老師、助教、學生完成，例如：政大之聲、淡江之聲、世新之聲、銘傳之聲等。

(十四)本土文化類型電台

設立電台之目的以發揚本土人文為出發點，在地色彩較濃厚，例如：寶島客家廣播電台、中廣客語頻道、苗栗客家等。

(十五)同志類型電台

此類型電台以服務同志為主，讓男女同志在空中對話，特色是主持人多半為同志族，節目內容以表達同志心聲或創作的音樂作品為主，這類型電台全部是地下電台。

(十六)旅遊類型電台

台灣自實施週休二日後，國人愈加重視休閒娛樂，因此，南方之音廣播電台即是為此目的而設立，無論是節目資訊、音樂歌曲或新聞報導皆從休閒角度發揮，並與當地政府、觀光單位相互結合，為聽眾提供旅遊氣象、旅遊路況報導，是一個專業旅遊休閒資訊電台。

(十七)任務型電台

任務型電台是為了完成某種使命或達到某一目的而成立的電台，大多以公營電台為主。國內任務型電台有隸屬於軍方的漢聲廣播電台，為軍中服役官兵服務。

(十八)原住民電台

讓原住民有媒體作為發表意見管道、保存原住民文化,有蘭嶼、山明水秀高屏原住民電台。

三、廣播的受眾分析

廣播最迷人之處是大多數聽眾都會忠實地收聽兩至三家風格不同的電台節目,而這正意味著廣告主可以用廣播電台與消費者或其他利益關係者建立親密而直接的關係,同時更使廣播成了一種理想的整合行銷傳播媒介(馮素蘭,2007)。

究竟廣播的吸引力有多大?行動通訊在這幾年相當熱門,這同時也表示,人們愈來愈少定點收看電視,他們可能利用通勤或是上班時聽廣播,所以藉由廣播特性,廠商可以利用廣播,掌握收聽族群輪廓以及收聽時間,播放適合收聽情境的廣告,有時候能產生立即的銷售行為。以超商為例,接近中午時分就播放便當廣告,自然有助於消費者的購買行為。再者,廣播只有傳達聲音,沒有影像,成本較低,相信這也是吸引廣告客戶的因素之一(陳瑩真,2007)。因此媒體企劃人員須了解廣播的受眾群。

廣播和電視受眾群的消費資訊習慣不同。電視觀眾的收視行為集中在晚上,主要為下午六點半至晚上十一點,也就是下班後的時間;而廣播聽眾的收聽行為主要集中在白天九點至十二點(28.5%)和下午兩點至傍晚五點(30.2%)為收聽的高峰時段(潤利艾克曼,2008),也就是每天的上、下班時間。

根據廣電基金會2002年所做的廣播大調查發現,廣播收聽者的年齡約在五十歲以下,其中又以二十至四十歲(60%),高中/職專科

及大學教育程度（77.1%），老闆、私人公司上班族、專業人員及公教人員（60.6%），月收入在三萬元以上（50.5%）的族群為主（馮素蘭，2007）。

此外，根據尼爾森調查公司2005年所做的廣播調查發現，廣播聽眾中的男性比例都高於女性，全國比例8：7。聽眾年齡層以三十五至三十九歲最多，三十至三十四歲次之，二十五至二十九歲第三，四十至四十四歲第四；在教育程度部分，以大學大專學歷最高，其次是高中（馮素蘭，2007）。

四、我國廣播進程與頻道開放

解嚴之前，在反共的政治環境下，台灣廣播的性質和內容多為黨政軍宣傳，其也受政府所控制。到了1987（民國76）年解嚴之後，廣播電台的開放，出現了網路這一新興媒體以及許多的類型電台，廣播也開始走向一個新的時代（見**表2-1**）（莊克仁，1998）。

開放民間申設廣播電台後，也造成了聯播網的出現、策略聯盟式的競爭，各類現場節目的增加，在政治民主自由下，call in節目也開始盛行。綜合而言，廣播電台在頻率開放申請之後，廣播市場即將從低度競爭的特許行業走入高度競爭的市場（關尚仁，1996）。至於在網際網路出現後，閱聽人可以利用網路收聽，甚至收看廣播，資訊更加豐富多元，因此市場競爭情勢又比之前變得更加劇烈（蔡念中等，2008）。

在頻道開放之後，廣播市場也開始產生重大變化。關尚仁（1996）認為，台灣的廣播事業在電波頻率開放後產生了四種現象：其一為調頻廣播市場主要是民營電台，開啟了廣播市場的主要競爭和整合場域；其二為廣播以地區和地方性為主要考量，使得廣播成為地方性再造媒體；其三為類型化電台出現，使廣播開始走向市場區隔和定位，呈

表2-1　台灣廣播史表

時間	事件	備註
1949年（民國38年）	國民政府遷移來台，將中廣、空軍、民本等電台遷移來台	民本是唯一一家民營電台
1959年（民國48年）	行政院以電波干擾為理由，禁止民營電台的申設	
1968年（民國57年）	台灣第一座調頻電台中廣台北調頻台成立，台灣進入調頻廣播時代	頻率只核發給公營電台
1976年（民國65年）	廣播電視法頒布施行	
1987年（民國76年）	解除戒嚴	
1993年（民國82年）	公告開放調頻廣播頻率供民間各界申請，同時政府聘請第一屆廣播電台審議委員，開始辦理開放頻道作業	此次開放均為中小功率的電台。此後一共開放十梯次的頻率申請，目前正規劃第十一梯次的頻率開放
1996年（民國85年）	廣播電台開始架設網站	
1998年（民國87年）	第一家原生網路電台銀河網路電台成立	
2000年（民國89年）	交通部電信總局核准試播數位廣播（DAB）	
2004年（民國93年）	無線廣播頻譜重整作業	

資料來源：本書整理自黃雅琴（2005）、張玉山（2005）、莊克仁（1998）及關尚仁（1996）。

現頻道多元化的情形；最後則是廣播電台開始走向企業化經營，注重效率和效能的運作。而在網路出現後，廣播產業也開始結合網路做播送，讓閱聽眾隨時都能收聽節目，而不再受限於傳統廣播的時間限制，而閱聽人亦可自由選擇自己想要收聽的節目和段落，隨選的概念也出現於網路廣播。

　　近年來，我國廣播紛紛成立網路收聽與網站服務大眾，網路廣播電台是透過網路方式播放聲音的節目內容，特色是非同步、互動性、可重複播放、資料庫豐富等（黃雅琴，2005）。目前台灣以網路作為

廣播平台的有兩種方式：一為傳統實體廣播的延伸或附屬，另一為只在網路上播送節目的原生廣播（許佩雯，2001b）。而網路廣播的形式又可分為即時播音與隨選播音，前者與目前傳統廣播方式相同，後者則是將節目存放於網站讓聽眾可以隨選隨聽（鄭嫺慧，1997）。

電視媒體

廣告雜誌編輯部（2005）指出，電視是全球規模最大的媒體，同時也是2004年成長第二快的媒體，成長率為12.1%，廣告量高達14.3億美元。至今，根據尼爾森研究調查（2009）發現，2008年電視、報紙、雜誌、廣播、戶外媒體等五大媒體廣告量為新台幣423.7億元，較2007年453.8億元大幅減少30億元，降幅達6.6%。在報紙和雜誌媒體廣告營收下降下，無線電視卻是異軍突起，無線電視四台於2008年在整體收視率大幅提升的帶動下（收視率2007年成長10.5%），得以在廣告市場大幅萎縮時逆勢成長了8.7%。

電視是最普及、現代人接觸最多的媒體，電視具有強大的聲光效果，對現代人的生活產生巨大的影響，就連新聞、商業廣告、國際宣傳或是娛樂等方面大量採用電視作為傳遞的媒體，因此電視被認為是二十世紀以來不可忽視的強勢媒體（李麗君，1988；郭久蓁，2005）。

一、電視的特性

以電視媒體而言，我們從呈現方式、產業特性等層面，整理出以下幾個特性：

1.普及率、傳布性及社會性高：電視具有傳布性。所謂電視傳布性，指的是電視傳播的涵蓋範圍。根據行政院主計處的統計，至2003年，彩色電視普及率高達99.5%。Bates（1982）指出電視具有社會性，因為電視深入每一個家庭，一般人觀賞電視是一件既方便又自然的事情，其所帶來的影響可謂非正式教育。

2.可一次傳達給數量眾多的閱聽人：因為電視具有非獨占性，只要一人開電視，全部的人都能同時收看，相較於報紙、網路的排他性，電視訊息可一次傳達給數量眾多的閱聽人。

3.話題性強：電視具有聲音和動作等效果，十分容易吸收，高收視率的節目會成為茶餘飯後的話題，表現手法新穎的廣告也會帶動年輕人的流行語。最明顯的例子，便是電玩廣告中，一名身材姣好的女子喊著「殺很大」的廣告詞，一時蔚為風潮。

4.品質穩定：電視的聲、光、音效相較於網路都具備一定的品質，也不像網路易受到頻寬限制，對畫質造成影響。

5.聲音影像並存，具有高度真實性：電視畫面音質幾乎能做到原音原貌的表現，或起碼在人類的視聽感官上活靈活現、栩栩如生（林欣誼，2008）。

6.聲光效果佳，具吸引力，能引起觀眾情緒反應，給予觀眾高度參與感：直播衛星的運用，可以讓觀眾立即收看球類轉播，即使不必親臨現場，也能為喜歡的球員或球隊加油打氣。

7.傳輸快，時效佳：由於直播衛星的運用，可以讓觀眾立即收看新聞事件，不須再等隔天報紙出刊。

雖然電視相較平面媒體具有以上的特性和優點，但仍有以下幾點限制，值得媒體企劃人員注意：

1.無法重複閱讀：從閱聽人的觀點來看，廣電媒體和平面媒體最大的不同，在於廣電媒體陳述資訊的方式呈一種直線性的

發展。當報紙讀者閱讀到不太了解的新聞時，他們會以重複閱讀的方式補充新聞故事的細節，直到完全了解，但是廣電媒體的訊息是不可立即重複的（雖然一天之內可能重複多次同樣的訊息）。這就是為什麼廣電媒體傳遞的訊息更為注重簡單、明瞭、口語化的特色，而平面媒體則允許新聞稿的撰寫者在文筆上多做發揮（劉美琪，2004）。不過數位時代中，業者推出隨選視訊的服務，如：MOD等，則解決了此問題，閱聽眾可以儲存節目、隨時播放、倒帶、收看節目，也可收看節目。

2.高成本：電視廣告刊播費用所費不貲，尤其是黃金時段與收視高的節目，容易讓廣告主望之怯步。另外，一個節目的廣告時段，往往會擠進十多則廣告，一則廣告的時間只有短短幾分鐘，若不密集播送，很容易讓閱聽人眾產生資訊泛濫。

3.近用性及互動性受限：身為電視觀眾僅能處於單向接收，雖然現今不少電視節目及電視新聞讓觀眾傳簡訊，表達自我意見，或自己拍攝新聞影片寄給電視台，但仍須經過電視台的守門，才能見其呈現。反觀網路，2006年7月以色列和黎巴嫩的戰爭報導，則是由民眾拍攝畫面，透過Google Video傳送，讓全世界立即看到該事件的真實面貌。

二、電視的分類

1987年，台灣政治宣布解嚴之前，台灣電視事業只有三台，台視、中視、華視。1993年7月，有線電視法通過，自此之後台灣的電視進入百家爭鳴的局面（郭久蓁，2005）。回顧國內媒體產業結構發展，電視媒體在有線電視普及率近八成的情況，有線電視接收了無線電視的收視人口，也搶占了無線電視廣告營收。而有線電視系統與頻道業者間，彼此為維護各自的利益而爭得你死我活，互不相讓。

　　表2-2為我國目前有線電視產業的現況，值得注意的是，普及率部分為六成多，但這個數字並不包括為數眾多的私接戶。因此根據許多學者推測，我國有線電視普及率應該已超過八成，而在經營上，一區一家系統約三十五個區，而約有十二個區是一區兩家以上的經營者，部分經營區內名義上雖有兩家以上，不過可能只是有兩張經營執照，其實係已遭併購或換股，還是屬同一集團所擁有。

　　無論有線電視或無線電視，電視節目類型主要分為以下幾種（張宏源，2005）：

(一)新聞報導

　　每天新聞事件的報導，如整點、晨間、午間、晚間、夜間新聞等各節新聞，其類型與報紙新聞相當。

(二)新聞專題探討

　　針對新聞事件以及特殊事件進行深度探討，例如「華視新聞雜誌」、「民視異言堂」、「三立消失的國界」等。

表2-2　台灣有線電視系統現況

	數量	備註
有線系統	63（包含三家播送系統）	
總訂戶數	4,980,251戶	截至2009年12月之統計
普及率	63.80%	以全國總戶數7,805,834做計算
經營區	51（其中金門縣、連江縣及台東縣成功區、關山區暫時畫離經營區，故目前僅47區擁有有線電視系統）	

資料來源：國家通訊傳播委員會（2010）。

(三)call in民意

節目邀請專家學者或新聞人物，探討即時新聞事件，並允許觀眾直接以電話、網路進行立即意見反映，例如「2100全民開講」、「大話新聞」等。

(四)戲劇

種類眾多，有鄉土劇、武俠劇、偶像劇、社會寫實劇等。

(五)綜藝

以多種形式或多樣組合內容提供觀眾逗趣、娛樂與休閒的節目內容，包括純粹歌唱的綜藝節目（如：「星光大道」、「超級偶像」）、主持人與藝人共同進行遊戲的綜藝節目（如：「我猜我猜我猜猜猜」）、益智型綜藝節目（如：「挑戰101」）等。

(六)新知

傳遞新知、探索未來，如Discovery、國家地理頻道、動物星球頻道中所播放節目。

(七)休閒娛樂

介紹休閒活動為主，如「食尚玩家」、「世界那麼大」、「世界正美麗」等。

(八)卡通

根據卡通故事背景、情節及角色，將其大致分為生活寫實（故事

情節以日常生活爲主，如「櫻桃小丸子」）、俠義偵探（行俠仗義之士維持社會秩序、拯救受欺侮弱勢的情節，如「名偵探科南」）、科幻打鬥（以高科技作爲打鬥工具來爭權奪利，如「幽遊白書」）、特異功能（主角具有特殊法術、超能力，如「月光仙子」）等。

(九)教學

包括遠距教學節目（如：空中大學電視教學）、幼兒教學、語言教學（如：空中英語教室）、其他項目的教學節目（如：電腦教學）等。

(十)廣告

多以公益廣告亦或是商業性廣告等方式呈現。目前電視媒體也有以「置入性行銷」方式置入廣告訊息。例如「廣告節目化」，便是將廣告製作包裝成推廣新知的座談節目，其中直接或間接地推銷產品，使消費者相信產品的好處。而「廣告新聞化」則是將廣告訊息設計成主播播報該產品訊息一般，使得消費者難以分辨其爲新聞或廣告，並利用大眾對新聞公正客觀中立的印象之便，間接提升該則廣告的可靠性。

三、電視的受眾分析

現代人花在傳播媒介的時間相當長，且有漸行增加的趨勢，Austin Ranney在對一般美國人接觸媒介做研究時，發現大眾傳播媒體深入個人生活。統計結果顯示，一個人完成高中教育時，花在課業的時間不到一萬兩千小時，花在看電視的時間卻高達兩千兩百小時，其中又以晚間七點至十點爲主要收視時段，此種情形在其他大眾傳播發

達的國家亦然 （Ranney, 1996; Nielsen, 2008）。

　　大眾媒體是現代社會中相當重要的社會公器，傳統的學習過程是「家庭教育－學校教育－社會教育」，然而電視普及後的現代學習過程則是「電視教育－家庭教育－學校教育－社會教育」（蔡美瑛，1992）。可見電視在現代人生活中占有重要的一席之地。

　　根據尼爾森（2008）的研究調查發現，報紙的接觸率從1991年的76.3%，每年持續下降，至2007年已降到45.5%。相較於報紙的接觸率，電視的接觸率變動不大，從1991年的85.9%增至2007年的94.5%，維持了高接觸率。各媒體使用者性別分布為男性（50.4%）多於女性（49.4%），但其比例非常接近；年齡分布情形，與其他媒體一樣，都是以二十五至四十四歲為主要收視群；就教育程度來說，電視的收視族群和其他媒體相比教育程度較低，國中程度以下為最主要的收視族群，占了34%，大專程度以上的收視群僅占31.8%，反觀雜誌和網路，大專程度以上的讀者各占52.6%和49.6%。整理眾多研究結果發現，電視是普及率且收視率最高的媒體，年齡大、收入低及教育程度低則收看電視的頻率最高（郭久蓁，2005）。

四、我國有線電視與無線電視進程

　　在無線電視產業方面，自從台視、中視、華視等無線三台在1962年陸續成立之後，無線電視所使用的頻率即不再開放，此後三十多年，台灣電視產業長期維持三台壟斷寡占的市場結構，直到1990年代這種壟斷局面才被打破。而改變台灣電視市場結構的主要因素，包括1993年「有線電視法」的通過，傳統的「第四台」經營合法化，以及新無線電視台也就是民間企業的全民電視股份有限公司（民視）取得第四家無線電視台的經營權，並在1997年開播。鑑於商業電視的缺失及各界對電視節目多元化的需求，1997年5月31日「公共電視法」在立

法院完成三讀，並經總統於同年6月18日公布實施。1998年7月1日，財團法人「公共電視基金會」正式成立，並在同日開播，為全民提供以人為本、多元的高品質節目，履踐公共電視服務公眾的責任。

　　除了民視和公視之外，台視、中視、華視三台早期都為政府或政黨、軍隊所屬或投資之媒體，在2003年黨政軍（政府、政黨、軍隊）退出廣電媒體條款通過，即此三者不得投資或經營媒體，在此法通過的前提下，中視賣給中國時報集團，最後中時集團則轉移至旺旺集團，並成立旺旺中時媒體集團；台視亦走向民營化，最後由非凡國際科技取得25.77%的股權；而華視則走向公共化，並在2006年和公視組成台灣公共廣播電視集團（Taiwan Broadcasting System，簡稱TBS，即公廣集團），2007年並加入客家電視台、原住民電視台、台灣宏觀衛視。

　　根據我國有線電視法，有線電視是指「以鋪設纜線方式傳播影像、聲音，供公眾直接收視收聽」，而無線電視則是以無線電波頻率做傳送，因此有有線、無線之稱。台灣最早的有線電視服務（稱作「第四台」）出現在1970年代，但一直都是非法經營，其間歷經十餘年的立法過程。而自從出現俗稱「第四台」的有線播送系統之後，有線電視發展快速，1993年8月及11月「有線電視法」及「有線電視節目播送系統暫行管理辦法」相繼發布施行。1999年有線廣播電視法三讀通過並頒布，而申設通過的有線電視系統也開始進入競爭激烈的時代，產生所謂的多系統經營者（MSO, Multiple System Operator）集團。

　　國家通訊傳播委員會（NCC）於2008年制定有線電視數位化的發展策略方案，積極推動數位匯流、數位化政策，各有線電視系統也開始進入數位化時代，雖然在國外如歐美、日本等國家數位化已是趨勢，且回收類比頻道也相繼達成，但在我國由於國人對於隨選、互動科技不甚了解，且早已習慣有線電視長期以來的收看方式，是以數位

化推動並不順利，回收類比頻道的時程目標也未順利達成，未來仍有賴政府（NCC）和業者再加強推動。

 問題與討論

1. 為何無線廣播和無線電視需要這麼多法規限制和政府核定頻譜的開放？
2. 你認為NCC的成立和管理是否有其必要性和存在性？
3. 台灣有線電視生態豐富，但常被批評內容低俗、重複，你認為該如何解決？
4. 你會聽廣播嗎？你認為廣播會不會消失？
5. 你認為公廣集團有沒有存在的必要？台灣的環境適合公廣集團存在嗎？

參考書目

尼爾森（2009）。〈尼爾森研究調查〉。取自http://tw.nielsen.com/news/index.shtml。

李麗君（1988）。〈從電視特性談電視教學節目應具備之要素〉，《隔空教育論叢》，1：143-162。

林欣誼（2008）。《共構生存與成功的敘事：從語藝觀點看實境節目『誰是接班人』的故事敘說》。世新大學口語傳播研究所碩士論文。

洪賢智（2006）。《廣播學新論》。台北：五南。

張玉山（2005）。〈台灣廣播發展歷程〉，《中華民國廣播年鑑2003-2004》，24-29。台北：行政院新聞局。

張宏源（2005）。〈中華電視公司策略聯盟之研究〉，《管理與教育研究學報》，3：53-81。

張宏源、蔡念中（2005a）。《媒體識讀：從認識媒體產業、媒體教育，到解讀媒體文本》。台北：亞太。

張宏源、蔡念中（2005b）。《Mass Media Under Convergence 匯流中的傳播媒介：以美國與台灣為例》。台北：亞太。

郭久蓁（2005）。〈應用資料探勘技術於媒體使用行為之研究──以2004世新傳播資料庫為例〉。世新大學傳播管理學系碩士論文。

莊克仁（1998）。《電台管理學：ICRT 電台策略性管理模式》。台北：正中。

許佩雯（2001a）。〈寬頻對廣播及電視的影響〉，《廣電人》，73：28-29。

許佩雯（2001b）。〈網路廣播電台的經營與組織〉，《廣電人》，78：52-57。

陳惠芳（2003）。《台灣國際傳播機構整合之初探研究──以中央社，中央廣播電台，宏觀電視為例》。國立政治大學廣播電視研究所碩士論文。

陳瑩真（2007）。〈無線平面媒體跌幅最大 廣播成長迅速〉，《廣告Adm》雜誌，197。

馮小龍（1996）。《廣播新聞原理與製作》。台北：正中。

馮素蘭（2007）。《廣播主持人利用情境塑造進行商品銷售之研究》。國立中山大學傳播管理研究所碩士論文。

黃新生（1992）。《廣播與電視》。台北：空大。

黃雅琴（2005）。〈台灣廣播產業環境概況〉，《中華民國廣播年鑑2003-2004》，55-58。台北：行政院新聞局。

趙庭輝譯（2002）。《廣播概論》。台北：亞太。〔原書 Crisell, Andres(1994). *Understanding Radio,* 2nd Edition. London: Routledge.〕

劉美琪（2004）。《行銷傳播概論》。台北：雙葉。

廣告雜誌編輯部（2005）。〈網路是成長率最高的媒體：極致傳媒全球性報告指出，2006廣告量可望取代戶外媒體〉。取自http://epaper.pchome.com.tw/archive/last.htm?s_date=old&s_dir=20050330&s_code=0092&s_cat=。

潤利艾克曼（2008）。〈2008年9月廣播／報紙／雜誌調查〉。台北：潤利艾克曼國際事業有限公司。

蔡念中等（2008）。《96年廣播產業調查研究》。台灣經濟研究院。上網日期：2010年4月3日，取自新聞局網頁http://info.gio.gov.tw/ct.asp?xItem=17970&ctNode=4131。

蔡美瑛（1992）。《青少年傳播行為、自我認同與其消費行為關聯性之研究——自我表達消費動機與衝動性購物之探究》。國立政治大學新聞傳播研究所碩士論文。

鄭嫻慧（1997）。〈多功能的網際網路——網路廣播新興媒體〉，《資訊與電腦》，202：133-134。

關尚仁（1996）。〈台灣地區廣播事業之現況及未來展望〉，《廣電人月刊》，15：9-13。

第三章
網路媒體特性與發展趨勢

- 網路媒體的特性與行銷效果

- 網路媒體的趨勢：**Web 2.0**及微網誌的興起

本章導讀

根據資策會FIND（2010）統計，截至2009年12月底止，台灣有線寬頻網路的用戶數為496萬人，商用網際網路帳號總數達2,377萬戶，加上行動用戶數的增加，使得台灣商用網際網路帳號數仍持續成長中。而eMarketer執行長Geoff Ramsey則預測，2010年美國廣告預算會加速移轉，有59%的行銷計畫將由傳統媒體轉移至數位媒體（數位時代，2009）；美國全國範圍內的報紙受到廣告營收下降的困擾，並逐步削減發行量，將讀者向免費的網路新聞轉移。2010年，美國報業公司經歷了一波破產、裁員和停刊的衝擊，例如論壇報公司申請破產，歷史長達百年的《基督教科學箴言報》（*The Christian Science Monitor*）和《西雅圖郵訊報》（*Seattle Post-Intelligencer*）宣布完全轉向網路，而《落磯山新聞》（*Rocky Mountain News*）等報紙則宣布徹底關閉。也難怪1998年5月，在聯合國新聞委員會年會上，正式把網際網路定為繼報紙、廣播、電視之後的第四大傳播媒體。

網際網路之所以得以迅速發展，主要可歸納於以下幾個原因：

1. 電腦網路通訊技術、網路互連技術和電信工程的發展奠定了必要的技術基礎。
2. 以促進訊息共享作為普遍的用戶需求，成為一股強大的驅動力量。
3. 網際網路在建立和發展過程中始終堅持非常開放的策略，對開發者和用戶都不施加不必要的限制。
4. 網際網路在為人們提供電腦網路通訊技術設施的同時，還為廣大用戶提供了非常簡單的運用方式，幾乎所有領域、所有使用的人都可以掌握它、利用它。

5.以網際網路作為平台的各種服務開發，使網際網路日益深入人們的日常生活中，人們對於網路的利用也日漸普遍。

　　從以上各種統計數據及現象來看，網際網路是一種新興的傳播媒體，它幾乎改變人類的歷史。現今網路已打破時間與空間的隔閡，進入另一層面的互動過程。網路新媒體的特性，將改變人們接受與傳播資訊的方式，呈現多樣的媒體內容與媒體接觸形式。電子傳播或稱為網路傳播，代表資訊社會的來臨，它創造了無限可能（陳怡安、陳俞霖，2002）。以現代科技來看，網路作為新興的媒體，網路廣告不只在方式、內容和企劃上，與傳統大眾媒體大相逕庭，包括了各種跳閱式或點選式廣告，更與傳統媒體完全不同，網路媒體除了互動性加強，內容和層面上也更為多元，也讓使用者有更多的選擇，並能夠方便的得到比傳統媒體更豐富的資訊，這方面本章節都會再做介紹。

　　另一方面，網路的出現也帶來許多負面影響，包括各種犯罪和青少年問題，同時也帶來了更深的數位落差，它雖然方便了許多人，但也讓更多人因為沒有網路而失去競爭力，這些後續的問題也都值得、也必須去被探討和了解。

 # 網路媒體的特性與行銷效果

一、網路的特性

　　網路是什麼？網路，指流量網路（flow network），又稱為網路

（network），是一個多媒體的媒介（結合影、音、文字）。網路媒體的興起讓「虛」、「實」的界線消失。網路使電腦由模擬媒體變成傳播媒體，將所有的媒介訊息吸納爲其內容加以整理傳播。

《南方電子報》的負責人陳豐偉曾經以「紙張」來比喻過，這應該已經是個相當接近的比喻了。但是更精確的說法，應該是「訊息／資料的電子媒介」，其中所謂的訊息或資料，可以涵蓋各種型態，不論是一篇文字稿、一幅圖畫、一段音樂，或者是一筆金錢。

一般認爲網路特質包括豐富性、即時性、方便性、隱密性、匿名性、互動性、個別化、超媒體、超文本等多項特質（林東泰，2002）。具體來說，網路傳播的基本特徵就是數位化的傳播。這種傳播方式具有訊息容量大、使用方便快速、可對訊息進行各種處理，同時檢索快速便捷、圖文聲音並茂、互動性強；訊息通過電腦網路的高速傳播，讓訊息獲取、傳播、更新快速等特性將更爲明顯；並且其電腦檢索功能和超文本功能，使網際網路成爲一種具有強大生命的傳播媒體，給人類社會帶來了相當巨大的影響。

網路傳播允許讀者與作者之間不但可以進行網路上交流，同時還能即時回應，因此，我們可以說，這種傳播模式，改變了以往傳統的傳播方式。網路傳播的特性茲說明於下：

(一)傳播即時，更新速度快

網路是一種數位化傳播。它將一定的訊息轉成數據化，經過網際網路的轉播，數據在操作平台上還原爲一定的訊息。這和我們的傳播原理是一樣的，同樣是由訊息的發送者（sender），將文本以文字、圖片、聲音、影像或其他，透過媒體介面（media），將以上的訊息傳遞給特定或不特定的訊息接收者（receiver），再將接收到的符碼（code）經過解碼（decode）後加以視聽或閱讀。

　　由於網路傳播可以通過網際網路高速傳播和即時更新，也可以像廣播電台、電視台一樣進行實況報導，顯然這種傳播模式優於傳統的傳播方式，因此也被愈來愈多的閱聽者樂於使用。隨著網路傳播速度快、時效性強，不受印刷、運輸、發行等因素的限制，訊息上網的瞬間便可同步發送到所有用戶手中，使全球的網路使用者正以加倍複製的狀況下，網路人口每天每月都在不斷的上揚。

　　而網路傳播與傳統媒介的生產發行相比，網路訊息的製作與傳播沒有太多中間環節，自然使傳播的產製速度要比一般傳統媒體要快得多。在新聞製播如同與時間競爭的媒體來說，對於一些時效性要求高的突發事件，可以充分運用網路特性，在事件發生的同時立即將訊息傳播出去。網路的快速特性與蓬勃發展，使新聞的「即時性」標準不斷攀升，以往是「幾個小時前的新聞」到「幾分鐘前的新聞」，也造成了從「幾秒前的新聞」，最終變成了「即時性」新聞的競爭。

　　此外，對網路的經營者而言，網路的更新速度快，更新成本低，也是經營者最為計較的成本問題，由於更新成本低，因此也造成媒體的競爭力增強。網路傳播的更新週期可以用分秒計算，而電視、廣播的週期可以用小時計算，報紙的出版週期更是以天計算，期刊與圖書的更新速度則更長。以新浪網為例，當1999年3月25日凌晨三時，北約空襲的爆炸聲音響起之際，幾乎同時在新浪網上就出現了相關的快訊。而且，在往後的戰爭過程中，新浪網以各種圖像、文字訊息的方式呈現，幾乎每隔兩三分鐘就更新一次。

(二)內容豐富，資訊儲量大

　　網際網路被譽為「數位化圖書館」，其訊息資源的豐富性是任何傳播媒介所無法比擬的。古今中外的所有訊息，只要輕輕按一下滑鼠即可獲得，這是目前其他所有媒體所無法做到的。例如：電子郵件

（E-mail）、全球資訊網（WWW）、電子布告欄（BBS）、新聞討論組（Usenet News）、文件傳送（FTP）。由於這些功能在訊息傳播中處於一種複合使用的狀態，故可使傳播的範圍和影響力，在極短時間內擴張到最大。

　　網際網路容量大的優勢，還可以具體地呈現在網路傳播的專題報導和數據資料庫中。網路傳播可以不限時、不限量地儲存和傳播訊息，運行各種訊息數據資料庫，使得讀者可以隨時對歷史文件進行檢索。對新聞傳播來說，網路傳播的這一重要功能，確實開拓了實施「深度報導」的新的縱深，它能夠讓讀者對新聞發生的廣闊背景及其影響進行通盤的觀察，進而更準確地判斷與實際環境中所發生的真實變化。

(三)即時互動，訊息個人化

　　一個媒體是否能夠讓資訊和使用人進行互動，這是區別網路傳播和傳統傳播方式的一個重要分水嶺。網路用戶可以對網路訊息進行加工、處理、修改、放大和重新組合，成為訊息操作的另一個主體；反觀傳統的報紙、廣播、電視，主要還是以傳播者為主體；用戶（即受眾）只能在有限的範圍內進行選擇，或者只能單向式的接收，而且訊息回應的途徑少、反應的時間慢，無法真正實現與閱聽人（受眾）相互交流的目標。反過來說，大多數的網路媒體都有設置「用戶論壇」、「快速回應」、「電子公告」、「留言版」等，提供讀者或用戶發表意見，同時可以閱讀其他人的意見，或就某個議題相互激盪。這樣的溝通或傳播方式，使受眾在接收訊息時，較以往擁有更多的自主性。

　　網路傳播即時更新的特點，提高了新聞的時效性，也就是說，資訊的本身可以很方便地讓受眾隨時隨地接收；同時接收的方便性，更

可使受眾不須受媒體傳播時間的限制，可以完全按照自己的需要，隨時進行訊息的接收。因而受眾可以更自由地、更方便地、更適合自己需要地選擇自己需要的訊息，當然同時也包括了選擇訊息的內容及接收訊息的時間與方式。從一定的意義上看，這將改變目前人們依照媒體播放或印行的時間，來安排自己生活的習慣。

因此，從這些誘人的條件而言，訊息傳播的個人化、互動性和回應的及時性，是網際網路最具吸引力的特點。

(四)多媒體傳播，實現聲音、畫面和文字的一體性

傳統媒介傳播訊息的形式，總是或多或少受到許多主觀、客觀條件的限制，但網際網路則可以在技術層面上，實現多媒體傳播的理想。

一般來說，多媒體被定義為「將相互分離的各種訊息傳播形式（語言、文字、聲音、圖像和影像等）有機地融合起來，並進行各種訊息的處理傳輸和顯示。」所以多媒體不僅能向用戶顯示文本，還能同時顯示圖形、活動圖像和聲音。由於網際網路具備了電視影音合一的特點，另一方面同時又具備了報紙的可保存性，因此從媒介特質來看，網際網路實在得天獨厚，兼具了電視、廣播和報紙三大媒介的特長。

(五)超文本與超連結

我們在網路的應用中，常常會聽到超文本（hypertext）的字眼。那什麼是超文本？所謂超文本，是一種非線性的訊息組織方式。超文本設計成模擬人類思維方式的文本，即在數據中又包含有與其他數據的連結。用戶在文本中加以標注的一些特殊關鍵字和圖像，就能打開另一個文本。而超媒體又進一步拓展了超文本所連結的訊息類型，用

戶不僅能從一個文本跳轉到另一個文本，而且可以聽到一段聲音，顯示一個圖形，或播放一段視頻圖像。網路以超文本、超連結方式組織新聞訊息，用戶接受新聞內容時可方便地聯想和跳轉，更加符合人們的閱讀和思維規律與習慣。

我們可以很清楚的知道，網路改變了訊息方式，它的魅力之一即在於將分布全世界圖文並茂的多媒體訊息，可以用超連結方式組織在一起，因此用戶只要連接到一個網頁，在超連結的關鍵字上按一下滑鼠，就可以看到相關的其他網頁。這種方式恰恰適應了人類的思維方式，改變了我們傳統的閱讀方式，使讀者更加便利。

網際網路之所以能在1990年代得到迅速發展，在相當大程度上必須要歸功於全球資訊網的出現。WWW的超文本、超連結思維，改變了網路訊息的結構方式，使訊息之間的聯繫與關係，不再是線性的、一元的，而是網狀的、多元的。因此，超連結不僅大大方便了人們上網獲取訊息，還給我們提供了一個前所未有的超大資料庫，在這個超大資料庫中有著取之不盡的訊息資源，而且這無數的訊息之間，又可形成另一種多向式的聯繫。

(六)全球性和跨文化性

網路傳播不但突破原有的地域限制，讓資訊之間沒有任何疆界和藩籬，更重要的是，在跨國傳播的成本上與傳統的媒體相較，真的可以說是相當低廉。這樣低廉的成本使目前幾乎所有國家和地區都可以與網際網路連接，因此網路傳播可以稱得上是真正具有全球性和跨文化性的特色。

因此，在二十一世紀的今天，我們可以說網路傳播已經完全打破了傳統的或者物理上的空間概念，讓網路訊息傳播實現了無阻礙化，也讓資訊透過網路傳播，實現了世界成為地球村的理想。因此，真實

的地理距離已經不存在了，國界等限制也不再是阻礙了，網路上的新聞傳播，真正做到了不是單一文化，而是跨文化的傳播，這樣的網際網路傳播方式，為不同國家之間的跨文化傳播，提供前所未有的方便和迅速的交流管道。但是我們也必須說明，並非每個網站都能吸引到全球的網友，即使一個網站擁有廣泛的用戶，這個網站的內容也應該針對不同區域、不同文化背景下的用戶，提供具有特定性的服務。

　　總結地說，由於網路傳播的全球性，使得網友可以用很低的成本，在世界範圍內便捷地選擇其喜愛的新聞網站，主動獲取所需要的各類訊息，增加了政治的開放性和透明度。

　　水可載舟也可覆舟，由於網際網路是個自由開放但身分隱密的地方，因此網路犯罪的隱密性非一般犯罪可比，這些實例可以由近些年層出不窮的網路詐騙案件上得到證明。雖然我們知道網路有這麼多的好處，但是在網路的發展過程中，對網路傳播的開發者而言，前面的道路還有許多障礙需要突破。

二、網路廣告的分類與效益

　　Cap Gemini Ernst & Young研究發現，美國、英國、德國、法國、義大利、瑞典、比荷盧及日本受眾，表示網際網路是他們未來購車時重要資訊來源的比例，從2000年的27%上升達38%；以平面廣告、電視廣告為資訊來源者分別只占29%、19%。網際網路超越平面及電視廣告，已然成為消費者購買時主要資訊媒介。

　　另一方面，從網站的經營來說，維持網站生存的命脈仍然和其他傳統媒體的生存方式一致，至少到目前為止仍是如此。因此，我們知道維持網站的生存還是必須依賴廣告。與傳統媒體計算方式相差不多的是，網路廣告的收費方式，一般基於廣告的實際顯示次數來定，一般通用的模式是CPM（cost per thousand impressions）。網路廣告〔通

常形式是人撐旗幟或圖標廣告（banner）〕每出現1,000次，依台灣目前的新聞網站來說，一般收費的訂價是在新台幣150至300元之間。

而在印刷媒體這部分，通常根據發行量來確定廣告的價格。從某種角度可以說，報紙根據其所印刷的報紙報份多少來進行訂價，發行的數量多，讀者的接觸率大，影響層面大，廣告的價格自然就會比較高，這個小小的區別，導致了兩者在財務上的不同命運。我們以一個例子來加以說明。以《洛杉磯時報》（*Los Angeles Times*）為例，假設你在這個發行量達100萬份的報紙體育版刊登了一個廣告版面。那天可能只有一半的人閱讀體育板，那些讀者中可能只有一半的人事實上打開了刊有你廣告的那個版面。但是，你將不得不為100萬份的總發行量付費。以《洛杉磯時報》作為對比，網站的經營就比較實惠便宜了。想像一下你在《洛杉磯時報》網站登了一個廣告，那一天網站不重複訪問者（按不重複IP地址計算）為100萬人。如果這100萬人中只有一半的人去看體育版，並且只有一半的人進入有你廣告的那個網頁，你只需要向網站支付基於25萬實際顯示次數的費用，而不是為整個網站的100萬訪問者付費。印刷出版物與網站的廣告費率即使相同，閱讀率相當，網站也只能賺印刷出版物收入的幾分之一。就網路廣告可分為以下幾種方式（許順富，2000）：

(一)橫幅廣告

網際媒體的icon廣告，在有限版面內設計圖像或動畫吸引訪客點選，可分為固定式（hardwired）與輪替式（rotation）兩類，前者係指在特定網頁、固定位置放置廣告，每次與該網頁同時下載；後者則是以隨機、輪替，甚至可按特定條件播送廣告，讓不同訪客在同一網頁上看到不同則廣告，或同一則廣告在多個網頁上出現，此為網路廣告的主要形式。

(二)贊助式廣告（sponsorship）

廣告主與網站長期合作，除支付廣告費用外，亦提供該公司其他資源為網站所用。

(三)電子郵件式廣告

以合法方式，透過電子郵件發送廣告，如會員主動訂閱之電子報廣告，但不包括以非法手段取得電子郵件名單寄送之垃圾郵件。

(四)插播式廣告（interstital）

在推送科技的幫助下，強制將廣告內容傳送給用戶，強迫用戶非注意不可的一種方式。

網路媒體以多樣姿態呈現資訊，也以多樣姿態傳播各類資訊，上述僅略述大樣，還有更新穎的網路新興傳播方式不斷發展，較完整的呈現方式如下：

1. 頁面連結：各種訊息、各類資訊整合、發表和經營於獨立性或系列性的網頁（例如各個網頁介面的網路連結）。
2. 橫幅廣告：各網路廣告刊登在各搜尋引擎首頁、各個連結頁面等吸引消費群點擊（例如搜尋引擎介面上的廣告）。
3. 新聞報導：將新聞報導電子化刊載在網路，設立網路電子報（例如中時電子報、聯合udn等）。
4. 票選：各大小網站所設的虛擬投票系統（例如奇摩網路新聞觀後感投票活動等）。
5. 徵文：各營利、非營利網站網頁所舉辦的線上徵文比賽、徵文活動，亦或是報社報業提供民眾作者線上投稿（例如公視PeoPo

公民新聞等）。

6.關鍵字：在搜尋引擎輸入關鍵字搜尋資訊，較有效率；部分
業者也將關鍵字融入廣告行銷，效果驚人（例如關鍵字廣告
商）。

7.部落格製作：通常由個人管理、不定期張貼新的文章、圖片、
影片或是其他類型資訊的網站，近期蔚為主流風潮（例如無名
小站、Yam天空部落等）。

8.flash game：此種電腦遊戲大多免費，因此十分受歡迎，不僅富
娛樂性，有時還具有宣傳或諷刺性的作用（例如貪污犯吃錢遊
戲等）。

9.電子書：使文字資訊無紙化，不再依賴於紙張，消耗空間的占
用，添加多種媒體元素，如圖像、聲音，以磁性儲存介質取而
代之（例如各電子書網站等）。

以上這麼多種網路訊息形式，哪種較受廣告主青睞？根據美國互
動廣告局（Interactive Advertising Bureau, IAB, 2009）統計發現，關鍵
字搜尋（search）是最主要的廣告收入形式，占2009年第二季網路廣告
收入的47%，也較去年同季成長3%；其次為橫幅廣告，占2009年第二
季網路廣告收入的22%，但與第一名的關鍵字搜尋相較則相差甚遠。

三、了解網路受眾的特性

從各種統計數據顯示網路使用率持續上升，根據財團法人台灣網
路資訊中心（TWNIC）公布的2009年「台灣寬頻網路使用調查」報
告，截至2009年1月3日為止，台灣地區上網人口已突破1,580萬，共計
有15,818,907人曾上網（整體人口零至一百歲）；十二歲以上之上網人
口有14,188,292人，上網比例為70.95%，比2008年增加了2.44%。

1. **男性使用率高於女性**：就個人上網率部分來看（十二歲以上民眾），男性（73.03%）與女性（68.86%）之間還是存有些微差距。

2. **十五至十九歲為主要上網族群**：十二至三十四歲民眾上網比例皆高於九成，其中以十五至十九歲者上網的比例最高（99.45%），而五十五歲以上民眾上網比例則僅有二成二（22.77%），上網比例最低。

3. **台北市寬頻上網最普及**：台灣各地區之個人寬頻上網比例則以台北市最高（83.85%），其次依序為高雄市（78.16%）；再其次為北部地區（不含台北市74.46%），而以東部地區比例最低（60.87%）。個人上網目的主要以搜尋資訊（59.90%）、瀏覽資訊與網頁（48.45%）為多數。

4. **晚上七點到十一點是上網高峰時間**：調查結果顯示，其中個人平日最高峰的上網時段為晚上七點到十一點以前（有26至38%的民眾會在此時段上網），而在早上九點到下午六點以前及晚上十一點至十二點之間上網者約各有一成二至一成七之間；最常使用之功能依序是「搜尋資訊」（59.90%）、瀏覽資訊、網頁（48.45%）、收發電子郵件（33.21%）、網路遊戲（21.92%）、聊天交友（16.90%）、看新聞氣象（15.19%）以及網路購物（13.42%）等等。

四、網路與科技匯流現象與負面影響

網路和電信在全球和台灣地區已經成為國人不可或缺，甚至是生活的一部分，雖然偏遠地區的網路使用度不高，但在近幾年政府積極推動「村村有寬頻」、「部落有寬頻」的政策下，台灣偏遠地區網路使用狀況正逐漸成長。網路使用者倍增，除了最早使用網路找資訊，

現在更結合手機電信，在近幾年已形成了幾個重大現象：

1. 廣告：在平面、雜誌、電視等媒體，近幾年廣告量都連年下降，但網路廣告有連年上升的趨勢，原因除了網路使用者的量，其在質上，網路廣告有其互動性，可以有效的以點閱率或互動功能，讓廣告主達到其想要的顧客群。

2. 社群：從PTT到Facebook、各論壇，網路興起了許多的社群和交友，志同道合者或各種關係串連起來的社群如雨後春筍般出現，而Facebook於2009年才在台灣造成熱潮，短短數個月內就增加了數十萬使用者，其中的「開心農場」更成為一時最熱門的遊戲。而如Plurk和Facebook也結合手機，讓使用者可以無時無刻在任何地方都能使用。

3. 言論：從Blog的部落客，到相關的論壇、PTT，網路上逐漸出現許多意見領袖，而每個人也都能透過網路傳達自己的聲音，以PTT為主的BBS使用更是台灣特有現象，其中使用者多為大學生、上班族，年齡約在二十至三十歲左右。

4. 購物：不論是B2B或是B2C，網路購物都是現今購物的一大選擇，從團購到個人的購買，網路方便、便宜的優勢已吸引不少年輕人，而許多店家也透過網路做銷售，甚至有專門在網路銷售而無實體店鋪的店家。

5. 匯流：網路最大的優勢在於其載體受限小，從桌上電腦到筆記型電腦、PDA、手機；尤其透過手機上網可以隨時隨地使用網路資源，是以在資訊傳達上更為即時且迅速。

6. 影音：網路和電信最大的結合和應用在於影音部分，可以常見素人用手機自拍的照片或是短片馬上使用網路上傳到某些網站。例如八八水災就有許多民眾用手機拍下珍貴的第一手畫面，並被主流媒體廣泛加以引用。而這樣的應用除了即時性，

就是草根性，讓所有人都可以用自己的載具馬上發表自己的作品或聲音，而其發表的範圍不再只受限於電視、報紙，而是沒有距離限制的網路。

但是，在網路使用人數不斷增加的狀況下，負面的影響也隨之而來，其中財團法人中華民國國家資訊基本建設產業發展協進會（NII, National Information Infrastructure Enterprise Promotion Association）在2007年底針對台灣網路安全信心做調查，結果只有34%民眾對網路安全有信心。進一步分析顯示，民眾對業者保護個人資料的能力最沒信心，高達63.1%都不相信業者能確實保護個資。其中對政府的信任度也不高，有45.2%民眾並不信任政府的保護措施，相關數據比起歐美各國都較低。另外資料顯示，29.8%的受訪民眾認為，提升網路安全最有效的方式為「嚴懲不法行為」，而認為應強化全民網路安全教育的民眾則占24.9%。

2008年行政院在對數位落差的相關調查中，網路族的使用壓力並不少，78.4%擔心個人資料外流，77.6%怕電腦病毒入侵，73.6%對於常收到垃圾郵件、廣告信件感到困擾等，皆是民眾在使用網路時最常碰到的困擾。

綜合上述來看，網路相關產業雖然在應用範圍上相當多元且廣泛，但風險也相當高，主要的應用如入口網站、網路拍賣、購物等都已被Google、YAHOO等大企業所占據，且在大者恆大的市場效應下，使用者也多半習慣使用某些網站或工具，是以新進市場者不僅難和市場上的第一、第二名競爭，連生存的機會都相當難。

 # 網路媒體的趨勢：Web 2.0及微網誌的興起

一、Web 2.0興起

進入新世紀之後，網際網路世界出現了真正的資訊傳播平民化浪潮，一般將其稱為Web 2.0浪潮；亦即基於部落格、RSS、維基（wiki）技術的、由普通大眾主導的資訊傳播活動，它有別於網際網路出現初期，由專業媒體機構主導的網路資訊傳播（Web 1.0）。

Web 2.0這個名詞被用來統稱第二代網際網路技術和服務。Web 2.0最先是由 O'Reilly Media創辦人暨執行長奧萊禮（Tim O'Reilly）提出，其揭示了自2001年網路泡沫化後，產業版圖中逐漸浮現的網站新模式。

自從1990年代末期泡沫結束之後，網路產業開始出現新的網站模式，幾個過去沒有的網路調性開始受到重視：去中心化、集體創造、可重混性、突現式系統。這些新的網路特色泛稱為Web 2.0概念。這四項特性，某種程度上標幟出了網路業者再創網路高峰的三個關鍵引爆點：社會網絡、集體創作以及部落格。

Tim O'Reilly分別對Web 1.0和Web 2.0時代的代表性企業進行了對比，如Netscape和Google、DoubleClick和Overture與AdSense、Akamai和BitTorrent等。他總結了七大特點說明Web 2.0的概念：

1.視Web為一個平台（the web as a platform）。

2.借力集體智慧（harnessing collective intelligence）。

3.資料將成為下一個Intel Inside （data is the next Intel Inside）。

4.軟體發行週期的終結（end of the software release cycle）。

5.羽量級編程模式（lightweight programming models）。

6.超越單一設備層次的軟體（software above the level of a single device）

7.豐富用戶體驗（rich user experiences）。

他進而提出了八項**Web 2.0**設計範式：長尾（the long tail）、資料成為下一個Intel Inside、用戶增添價值、網路作用作為預設值、保留部分權利、永遠的Beta、合作而不是控制、軟體超越單一設備層次。

此概念在2005年首度被提出，替現今的網路新高峰做了相當精闢的註解，目前北美當紅的Myspace社群網站、Flickr相片網站、Wikipedia維基百科等都屬於Web 2.0概念網站。Web 2.0的觀念在美國相當熱門，預計將會延燒到網路密度最高的亞洲和其他地區。由於部落格發展已趨成熟，聲音和影像播客（video podcast）也正隨著線上影音以及多媒體播放器兩個市場的成長而起步，一般預測網路上的文字和影音創作需求將會有巨幅的成長，也因此會有愈來愈多的Web 2.0網站和服務誕生。

這些網站主要在幾方面有別於傳統網站：首先，他們想的再也不是如何賣「軟體」，而是「服務」，也就是把網站視為一個平台；其次，「使用者」的角色將被置於最核心的位置，這些網站經營者開始學習「信任」，將生產、掌控資料的權力交還給使用者，「由底層發聲」的部落格是最明顯的例子。

如果說網際網路是透過大幅度降低資訊獲取的門檻，發掘出傳統經濟中被忽視的價值的話，那麼Web 2.0則是借助「使用者參與」體系，將上一代網路公司忽視的長尾的價值發掘出來。Tim O'Reilly指出，借助消費者自服務和基於演算法的資料管理，服務延伸至整個Web——抵達邊緣而不僅僅是中心，抵達長尾而不僅僅是頭部。

　　Web 2.0的原則之一就是，與其相信自己的所謂優勢，不如相信你的用戶。本質上，這也是自由軟體運動的原則之一；相信集體智慧，相信開放的開發模式，相信參與者愈多品質愈好等等，這些Web 2.0的原則，恰好也都是自由軟體所崇尚的。因此，Web 2.0如果也算是一股潮流的話，那麼它應該是自由Web潮流，或者叫Web的開放原始碼。

二、部落格與微網誌

　　部落格是一種通過註冊就可以擁有的個人網頁，與以往不同的是，這種傳播方式為個體提供了資訊生產、累積、共用、傳播的獨立空間，可以從事多數人面向的、內容兼具私密性和公開性的資訊傳播，因而又被稱為「個人媒體」。

　　影音及相片分享的風氣，帶動了新的網路文化，結合網路使用者的群體智慧與作品的網站愈來愈多，以使用者為中心，個人化的媒體平台造就了更多的影音網站成立。國內影音網站可分為兩種類型：一類是以提供使用者影音分享空間為主，作為使用者影音作品交流平台，多為入口網站經營，例如：YouTube；第二類為個人影音部落格，利用影音動態作品或相片來分享，例如：Xuite、YouTube、無名，使用者可以撰寫個人日記，亦可依自己的喜好更改網站外觀，設定文章分類，又有留言與搜尋等功能（葉建伸，2007）。

　　這種以使用者為中心，個人化的媒體平台造就了許多名人，成為部落格的新主流，如部落格女孩蔻比凱蕾（Colbie Caillat）即是一例。若沒有部落格，讓蔻比的音樂先被六千兩百四十個創作歌手部落格串聯推薦，之後如滾雪球般的變成13萬名網友加為好友名單，讓蔻比的單曲"Bubbly"前後被點播超過2,000萬次，在出唱片前就已打響自己的知名度了，難怪唱片公司大老闆，接受《告示牌》（*Billboard*）雜誌訪問時說：「我們什麼都沒做，蔻比就把一切都做好了。」

　　或許是現代人太忙碌，抑或手機上網的盛行，微網誌（micro-blog）可說是目前炙手可熱的新興網路應用之一，配合手機使用而發展出的140字字元限制，就字面定義上是小型的網誌，它即時性強、參與者多、互動性強，整合網際網路與行動網路，是具備Web 3.0概念之先趨應用。微網誌兼具了廣播與人際傳播的能力，提供個別使用者向世界發聲的簡便管道，是個人媒體、我群媒體的一類，同時也具備與他人聯繫情感、交換意見等社交功能（方盈潔，2008）。

　　「你今天『噗』了嗎？」2008年上線的Plurk，在不到一年的時間，成為台灣最受歡迎的微網誌，而這句話也成了網友間的問候語。半年間，來自加拿大的微網誌服務Plurk，吸引台灣超過30萬網友使用。它的介面簡單、符合直覺。順著時間軸不斷向前捲，就可以看到跟「噗友」們的對話紀錄。這股風潮不但在年輕人中延燒，最近連民進黨中「四大天王」呂秀蓮、蘇貞昌、游錫堃、謝長廷都開設噗浪網誌，一起「追噗」（許瓊文，2009）。

　　網誌（或稱部落格）跟微網誌究竟有什麼不同？一開始網誌主要著重在log（記錄）功能，然而隨著部落客（blogger）愈來愈多，內容愈來愈充實，公民媒體逐漸興起，改變了人們「隨見隨po」的網誌習慣。但很多部落客寫部落格的並不想要每篇都言之鑿鑿。正巧，網路在手機上找到一條出路，使用簡訊發表文章，或直接用3G上網服務的人愈來愈多，微網誌就順勢而生。所謂的「微」是展現在單篇文章的字數上，它有140個限定字數限定的要求，因為「手機簡訊有140字的發送限制」，可見微網誌的訴求很明確：回去以往「行動力強、無壓力」的網誌發表環境。除此之外呢？微網誌和網誌有什麼異同？（見**表3-1**）

　　除了部落格有成功的行銷案例外，2010年在台灣爆紅的「敗犬女王」也是台灣第一部以噗浪行銷的偶像劇。在電視劇未上檔前先在噗浪推出第一波單身配對活動，邀集網友上官方噗浪「敗犬俱樂部」參

表3-1　網誌與微網誌

	網誌	微網誌
文章分類	可（時間、主題、標籤）	可（*時間）
留言回應	可（單則不限字數）	可（單則限制140字）
引用	可	否
訂閱	可	可（follow）

※目前只有Plurk有使用者自行開的噗浪歷史查詢器，勉強算有「依時間分類」的
　功能。
資料來源：噗浪台灣非官方部落格，http://plurker.pixnet.net/blog/post/27373131。

加配對，活動開始兩小時就有200人加入，一週後已有1,000名敗犬會員，且多半是為此活動才加入噗浪的用戶。

　　根據電視台的資料顯示，制式新聞稿已不是網友最愛看的東西，也不會只滿足於劇情討論，且較少人會看了電視劇後在部落格寫一篇長文，有時候大家只是心有所感想說「一句」，而噗浪呈現大家此一句彼一句的即時反應，使網友產生「真的有人正在跟我討論」的心情。因此「敗犬女王」在播出後，劇組團隊化身虛擬噗浪客「敗犬」做劇情的延伸，每天在噗浪丟出敗犬相關話題，例如穿著、髮型、感情觀等敗犬有經驗的生活話題。噗友回應瞬間排山倒海而來，熱度從網路世界延燒至傳統媒體，「敗犬女王」不但屢屢見報，敗犬話題甚至還能夠掌握版面的走向。

　　微網誌熱潮，來得急，去得更快。很多人跟隨潮流，開了微網誌帳號後，卻後繼無力去維持微網誌的熱度。「你只要一天沒有動作，馬上人氣就掉下來。」柏睿數位整合服務股份有限公司副總經理羅韋翰提出警告，一旦建立社群，就不能想要「休假一天」。擁有三百萬台灣國中小學生會員的「優學網」，之前協助偶像團體棒棒堂在優學網設部落格，短短兩週，就有5,000多名會員加入，三千張演唱會的門票，也一個下午就賣光光。但是，「他們的行銷團隊疏於經營，最後

卻乏人問津」（江逸之，2009）。

　　「企業要用微網誌行銷，必須評估是否有能力持續經營微網誌，否則不要盲目追潮流。」奧美互動關係行銷董事總經理張志浩提出忠告（江逸之，2009）。

　　由以上例子來看，企劃應打破傳統思維，媒體平台不再局限於電視、報紙、雜誌、廣播，新興的網路平台更能吸引受眾及傳統媒體的注意，帶來意想不到的效果；且不管是在任何平台呈現，最重要的還是「好的創意」以及維持熱度，才能帶動源源不絕的商機。

問題與討論

1. 你每天使用多久的網路？你認為網路對你的影響有多大？沒有網路你認為會有什麼改變？

2. 你看過網路廣告嗎？他和電視、報紙廣告有什麼不同？會更吸引你嗎？

3. 最近有什麼新興或流行的網路軟體、網站？你認為它有什麼特色？

4. 你認為網路是大眾媒體還是分眾媒體？或是有其他定位？

5. 網路會取代電視、報紙或其他傳統大眾媒體嗎？

參考書目

一、中文部分

方盈潔（2008）。《微網誌使用行為研究：以Plurk使用者為例》。國立政治大學廣播電視研究所碩士論文。

江逸之（2009）。〈微網誌四大禁忌〉，《天下雜誌》，429。

林東泰（2002）。《大眾傳播理論》。台北：師大書苑。

許順富（2000）。《網路廣告特性類型與廣告效果之探討》。國立台灣大學商學研究所碩士論文。

陳怡安、陳俞霖（2002）。〈「網路文化特性」討論脈絡與內容摘要〉，《網路社會學通訊期刊》，21。

葉建伸（2007）。《影音網站服務品質與滿意度之研究——以YouTube及無名小站為例》。中國文化大學資訊傳播研究所碩士論文。

資策會（2010）。〈2009年12月底止台灣上網人口〉。取自http://www.find.org.tw/find/home.aspx?page=many&id=251。

二、網站

噗浪台灣非官方部落格，http://plurker.pixnet.net/blog/post/27373131。

第四章
戶外媒體特性與行銷效應

- 戶外媒體的特性、類別和行銷效益
- 戶外媒體的地理空間影響
- 戶外媒體的個案和反思

本章導讀

「戶外媒體」又稱為「家外媒體」（out of home），在全球總媒體的市占率已達8%，廣告量約26億美元。戶外媒體在國外結合了數位科技，成為城市美化公共空間的元素。英國的捷運站、飛機場等角落，隨處都可見到戶外媒體的影子，倫敦機場興建第五航廈時，就事先預留空間，讓戶外媒體的架構設計入建築內，成為美化環境的一環。

戶外媒體是指在戶外場所提供視覺傳達溝通的載具，從傳統的大型看板，到科技化的LED燈箱，再到可移動的交通工具上，戶外廣告所包含的種類和形式相當多樣，能發揮的創意更是無限。不過，由於戶外廣告也有限制，因為只要經過戶外廣告的人，都可算是閱聽大眾，因此其接觸群眾太廣，往往無法針對目標市場有效傳遞訊息，而且戶外廣告的內容通常較為簡單，所以能傳達的訊息量有限，表現方式也易受限制，因此較適合作為企業產品的形象廣告，而不適合做促銷，也容易破壞景觀，甚至有安全問題。而台灣早期的戶外廣告最常見的便是牆壁噴畫；但在1990年代捷運開通後，看準大眾運輸市場龐大商機，戶外媒體已隨之興起，例如車廂廣告、燈箱廣告等，都是常見的戶外廣告形式。

戶外媒體可算是最古老的大眾媒體之一，因為在平面媒體和電子媒體出現前，舉凡牆壁噴畫或路上招牌，都可算是一種戶外媒體的形式。在人類生活水準提高之下，人們走出戶外休閒娛樂的機會增加，同時在繁忙的工作生活中，也有許多人每天都利用大眾運輸工具或是各種交通工具來往於公司、家庭、客戶等等之間，也因此人們在戶外接觸到媒體的時間與頻率，並不亞於傳統上我們認知的大眾媒體。尤其對許多常在外跑業務，或在戶外工作的人來說，

戶外媒體的接觸機會更是遠大於電視、報紙等。

根據媒體預測公司觀察，測量消費者戶外行為的技術愈來愈成熟，以尼爾森戶外部門為例，它能為消費者提供手機般大小、稱為Npod的衛星定位（GPS）裝置，提供消費者帶著走或開車。而工作人員透過這類裝置，取得旅行紀錄資料，再和交通評估連結，就能判定可能見到廣告的路人人數，這類GPS裝置甚至還能指出某人所在位置，這個人來自何方，以及看到戶外廣告時的行進速度如何，這讓廣告商和投資者願意將預算用在戶外廣告上。

而在科技的進步與匯流之下，戶外媒體的形式和內容也更加多元，同時也趕上了分眾市場、分眾媒體的時代，可以在不同地點、不同時間替廣告客戶製作其想要的內容，相當彈性，並精準的達到其目標受眾，而本章節將針對戶外媒體的特性、各種類別做一介紹和探討。

 ## 戶外媒體的特性、類別和行銷效益

一、戶外媒體的特性

戶外媒體無孔不入、鋪天蓋地，幾乎在任何戶外的地方，都可見大小或形式不一的廣告。您不妨可試著計算，從您出門上班到回家的路上，一天中會遇到幾個戶外廣告？這代表著戶外廣告的接觸頻率有先天優勢；加上戶外媒體的廣告費也較傳統大眾媒體低廉，並且可在二十四小時刊登，讓閱聽大眾重複接觸，完全不受時間限制；此外，也

可針對目標群眾選擇刊登地點，像是火車站、精華商圈或娛樂場所等。

　　戶外媒體不只是一種媒介，多數戶外媒體本身就是街道傢俱或景觀小品。富有創意、變換靈動、光彩斑斕的戶外媒體，點綴、豐富、亮化著城市建築、道路、廣場等的外立面和內空間，生動、通透、信息化候車亭、燈箱、閱報欄、指示牌等各種街道設施，公車、地鐵、計程車等公共交通平台，引領都市時尚生活脈搏（黃淘，2010）。2002年，福特汽車推出Escape，其訴求是指車子能到達平常到達不了的地方（**圖4-1**）（包括照片上的標語convention drives us on the wall），為了強調廣告效果而把真實的一台車掛在台北金融中心大樓牆上，後來因為法令的關係只維持幾天就被迫拆除，但確實吸引不少人的目光。

　　簡單的說，戶外媒體可以分成在途和店頭兩種。所謂在途，就是受眾在途中遇見的媒體，此類媒體多以交通工具為多，其他也包括戶

圖4-1　福特汽車Escape廣告

資料來源：http://yes.nctu.edu.tw/WWW/Exchange/AfterHour/FunPic/Escape/白天
　　　　1.jpg。

外看板、燈箱；另外也有一種可以被叫作是等待類媒體，也就是受眾除了是在某些途中，也是在一個等待過程，例如等電梯時，有些地方會設計螢幕、電視來播放內容，其他像進台北捷運等車時，也有螢幕會播放宣傳影片，此類媒體除了廣告訊息，也會設計一些簡短、輕鬆的內容來讓受眾在等待時間有所注意。

而所謂的店頭媒體，就是店家、商家設置的媒體，如商店外的螢幕、大型立板、海報等等；此外也包括一些展覽或活動，在某些展場或宣傳活動可以看到許多宣傳物。但像這類的展覽活動，店家的特點在於其都有特定的目的或主題，例如店家的媒體內容會符合店家的服務、商品，展場或活動的內容則符合其主題，不像某些戶外螢幕或看板是各種內容都有。

以台北市為例，台北小巨蛋採用的是巨大圓弧型LCD螢幕，以多視野角度讓龐大的車潮、人潮可以注意，並用高分貝的音響效果來吸引聽覺注意，可說以視覺和聽覺的壯觀與浩大來吸引民眾。由於戶外媒體無孔不入，因此效果到達率也相當高，任何戶外地方都可以發布大小、形式不一的廣告；而戶外媒體還有一個特色是，能夠綜合平面和電子媒體，運用各類形狀、大小、媒體形式、色彩等元素，來為訊息創作提供一個非常具有彈性而靈活的內容，同時在高科技的幫助下，更能生動的表現主題，並以感官去衝擊刺激受眾。

但戶外媒體宣傳區域有限，只局限於存在的區域，範圍可能最多數公里，小一點的數公尺也有可能，也不適合太過複雜的訊息，若沒有太過獨特或吸引人的內容，大多數的媒體訊息或廣告很容易被忽略。同時現代社會大多數民眾都相當繁忙，戶外媒體的數量愈多，愈無法吸引人去停留觀看，走在路上隨時隨地都可看見五花八門的訊息，但真正能被注意到，甚至是記憶、有印象的訊息可能不多，因此要能脫穎而出，勢必也需要具有創意或豐富兼質感的內容。

二、戶外媒體的類別與特質

過往我們所提到的傳統媒體，包括電視、雜誌、報紙、廣播，也就是傳統大眾傳播媒體，根據Barker和Gronne（1996）所提，傳統媒體有幾點特質：

1. **單向溝通**：傳統媒體的受眾較難和傳播者溝通，多半是傳播者主動傳達訊息，接收者被動接收，難有雙向互動。
2. **傳達時間短**：傳統媒體的廣告費用高，因此廣告或訊息的傳達就自然講求效率，用最短的時間送出最有效或最多的訊息。
3. **標準化**：傳統媒體的訊息內容大多製作好後再大量印製、複製，無法隨時更改或因受眾而改。
4. **強迫接收**：雖然受眾可以選擇轉台或不看，但某種程度上他們已先被迫接收了一些訊息，才決定是否要繼續看。

而戶外媒體雖然也有其缺點，但戶外媒體的優勢在於種類多，內容也多元，且可以分散在各地。例如以交通工具來說，公車、計程車、宣傳車長時間在路上行駛，其可以宣傳的對象就不限於某個時間或地點，而可以大範圍且長時間的做宣傳，傳達訊息，較具彈性；而像一些固定的地方如捷運站、公車站，廣告主可以明確的知道受眾，因為會坐公車、捷運的族群有其特性，比起用記錄器記載閱聽人收視並算出收視率的方式，戶外廣告能讓廣告主更明確清楚的達到其目標，而並非以少數人的抽樣代表多數。戶外媒體的特性尚有以下幾點：

1. **話題性**：戶外媒體若有特別的外觀或內容，容易引起民眾的注意，產生話題。例如：造型特別的裝飾品廣告。
2. **網路**：像戶外螢幕等，若連結上網路，可以隨時更換其內容，

更可以依某些特性去搭配。例如：早上播放早餐店廣告，晚上可以播放其他飲食廣告。

3. 地緣與空間：戶外媒體由於占據一定空間，且和周圍建築、物體結合，因此某種程度來說其不只是媒體，也是空間的一部分，除了傳達訊息，也可以融入環境創造獨特性。

4. 獨占：某些戶外媒體是有獨占性的，例如某個路線公車的廣告，搭乘這個路線的受眾就只會看到這則廣告，不像電視某個時段有多則廣告。

5. 分眾化：某個地區某個時段會出現的受眾有其特性，像是捷運通勤族、計程車族等，依照這些特性可以設計獨特的訊息去達到目標，使訊息更有效率，而非盲目的訴求所有人。

6. 彈性化：因為出現在某些地方的受眾有其特性，就可以依此設計符合他們的訊息，有彈性的做調整，而不是先設計訊息再看受眾反應如何。

三、戶外媒體的分類與行銷效應

多項新興媒體蓬勃發展，其中以戶外媒體最受人注目。其廣告傳播的形式擺脫種種的規範，不再受到地點或時間的限制，可在公眾、人潮眾多的場所，進行廣告的宣傳。呈現多元、多樣、多型態的效果吸引閱聽人和消費者的目光、好奇心。

戶外媒體的傳播方式各式各樣，經過招標、合約得以刊登廣告、傳播訊息。戶外媒體廣告可分為「建築物、硬體架構」和「交通相關設施」兩大類，前者包括大樓外牆、大樓LED電子看板、電視牆、霓虹燈塔、廣告看板、T-BAR（T霸）、飛行船、汽球等；後者包括車站或機場之行李車、牆面燈箱、公共看板、交通工具如飛機、船、捷運、火車、巴士之外觀、交通工具內之壁體、椅背等（鄭紹成，

2006），目前大多以下列方式呈現：

(一)戶外看板

　　戶外看板顧名思義是設計在戶外，其形式類似於大型海報張貼於大樓外牆或路邊的廣告看板上，其標示要顯眼，不能被其他建築物擋住，其廣告內容最好具有獨特的視覺效果才能吸引消費者的注意，通常是在繁忙街道旁，如台北車站的NOVA大樓外牆（圖4-2）。

圖4-2　台北車站NOVA大樓外牆看板

資料來源：創意廣告招牌設計，http://www.signboardserve.com/。

(二)燈箱廣告

　　大型燈箱的主要構件為鋼、塑結構，底座及邊框採用鋼或不鏽鋼結構焊接構成，圖案外罩採用玻璃板、有機玻璃板、燈箱布等，其應用場所分布於道路、街道兩旁，以及影（劇）院、展覽（銷）會、商業鬧市

圖4-3　燈箱廣告

資料來源：奇威洛克國際有限公司，http://www.kiwirock.com/taipeimainAD/AD-02.html。

區、車站、機場、碼頭、公園等公共場所（**圖4-3**）。

(三)車廂廣告

　　車廂廣告即是選擇我們日常生活中最常接觸的交通工具——公車的外側最醒目的位置來傳遞訊息。車廂廣告在歐美等先進國家早已行之有年，台灣直到1981年後才被廣告業界採用，1988年2月由台北市率先開放車廂廣告後，即以優異的強勢效果，特立於戶外廣告媒體與戶內媒體。

　　計程車隊的盛行及捷運的通車，也使得車廂廣告不再局限於公車，連捷運和計程車也加入車體廣告搶食大餅。

　　車廂廣告一直是廣告行銷常見的手法，只可惜在台灣似乎普遍是「制式化」的版面安排，鮮少出現令人驚豔或是印象深刻的作品，附上國外有趣的車體廣告供讀者參考（**圖4-4**）。

圖4-4　車體廣告

資料來源：老爹孔雀魚水族交流網，http://blog.guppytaiwan.com/space-9038-do-album-picid-37423-goto-up.html。

(四)車內海報

　　與車廂廣告相較，車內海報顧名思義指的是在公車、捷運或火車等大眾運輸工具車廂內部張貼海報宣傳，包括車廂內（**圖4-5**）、椅背，甚至可用點巧思，依據產品的特色，利用把手做出創意廣告（**圖4-6**）。

圖4-5　車廂內的海報

資料來源：日本幸福株式會社，http://melissakai.pixnet.net/blog/category/628541。

圖4-6　車廂把手的創意廣告

資料來源：Dawnkings Marketing Inc., http://www.dawnkings.com/2009/03/blog-post_09.html。

(五)路燈旗幟

路燈旗幟即將廣告訊息以點陣式排列，設置於車潮及人潮不斷的道路上，大量且密集的豎立在目標路段，以吸引過路人的目光，但這類路燈旗幟媒體，通常均須向政府單位申請後才能懸掛（**圖4-7**）。

圖4-7　台北街頭的路燈旗幟

資料來源：久勝旗幟公司，http://jsflag.web66.com.tw/web/UPT?UPID=41801。

(六)氣球廣告

以氣球做成造型來傳達訊息，較容易吸引小朋友注意（**圖4-8**）。

圖4-8　氣球廣告

資料來源：Inflatables limited，http://www.abcinflatables.co.uk/。

(七)霓虹燈

霓虹燈招牌是最容易吸引目光的廣告種類，可讓客戶在遠處就注意到，尤其是在夜間，大多由霓虹燈組成或僅有外框是由霓虹燈裝飾（圖4-9）。

圖4-9　霓虹燈招牌

資料來源：創意廣告招牌設計，http://www.signboardserve.com/neonsigns.html。

(八)宣傳車

在貨車架上宣傳板，幾乎都會設置大聲公宣傳廣告事宜（圖4-10）。選舉期間，候選人常運用宣傳車繞境拉票，但要注意宣傳車所發出的噪音，過大時，可能會造成反效果，不僅拉不到票，反而會吃上罰單。

圖4-10　選舉宣傳車廣告

資料來源：法務部行政執行署宜蘭行政執行處，http://www.ily.moj.gov.tw/ct.asp?xItem=111049&ctNode=14077&mp=042。

圖4-11　高速公路旁的大型廣告

資料來源：創意廣告招牌設計，http://www.signboardserve.com/。

(九)T- BAR（T霸）

多設置於高速公路兩旁的大型廣告，主要為吸引經常往返高速公路的消費者（**圖4-11**）。

(十)多媒體數位看板

在網路、電信、傳播等科技的進步下，戶外媒體的形式和種類也在進步中，過往的戶外媒體多為單一、紙張或固定內容，且沒有太多變化，即使是燈箱、霓虹燈，雖然色彩較鮮明，但內容上仍然有相當的限制，無法有更多樣的變化。

而多媒體數位看板，也就是液晶電子看板，在現今的都市、戶外是相當常見的看板（董佳永，2007）。以台北來說，小巨蛋外的大型螢幕、許多店家外的液晶螢幕都屬此類；尤其在一些大賣場、便利商店，更常看到這類螢幕出現在店門外，介紹店家或是與店家相關產品的廣告。而在某些機關單位或企業單位，其服務窗口或部門也常有類

似的看板，以學校來說，某些行政單位會在門口放置液晶螢幕，播放內容包括單位的一些最新公告、相關事項告知或部門介紹等等。在近幾年的學校單位較常出現，其取代了傳統的布告欄，不用再印製大量紙張或海報，也不用再占用許多空間去張貼，以一個螢幕就可以放置無限的內容，並讓其隨時播放、轉換，節省了空間和資源。

而互動式、使用者點選式的看板，則是在互動媒體、雙向溝通的概念下出現；換言之，使用者可以點擊或選擇自己想要的資訊，過去的觸控式螢幕，成本高且較昂貴，同時技術不夠成熟，資訊承載量和互動性都有限。但現今的觸控螢幕已大大超越過往，以便利商店（如ibon）來說，使用者可以在上面購票（包括車票、門票、電影票）、查詢各類資訊、影印、娛樂等等，功能相當多元。尤其許多售票單位或網路和便利商店通路結合，民眾可以在網路或其他地方購買相關票券，再到便利商店取票。這種戶外媒體結合網路、娛樂、商務，已經成為新一代的媒體趨勢。

此外，某些地方或單位的觸控螢幕，則設計成可以讓民眾、使用者自行點選想要了解的內容，不再是單一的傳播、強迫接收，使用者只須對自己有興趣的部分去了解，而不需要多花費時間去看不想看的內容。Raymond（2005）則對這類數位看板有相關建議：

1.內容為關鍵：不論何種媒體，內容是永遠的關鍵所在，製作吸引人或民眾需要的內容、功能、服務絕對是不變的道理，同時業者還要懂得不斷推陳出新。

2.位置能見度和整體美感：數位看板若在太陽強烈的地方，不但設備容易損壞，也會因為強光而難以看見其內容，所以位置的選擇就很重要，要讓受眾看得舒服、愉快；同時看板的設置也要考慮整體美感，尤其是在店家，要能凸顯看板的特色。

3.傳達的時間空間：在人來人往或上下班的忙碌時間，或許就不

太適合傳達太長的訊息，最好能簡短而有力，若是在離峰時刻或吃飯時刻或是等待（如等車）時刻，則可以提供民眾一些較長的訊息，讓民眾不會無聊。總而言之，時間和空間的配合相當重要。

4.設備：畫質不佳、常故障的設備，會讓使用者感到不滿，因此設備的穩定性和品質也會影響其效果。

5.成本考量：數位看板比起一般的看板成本要高，也有事後維護、維修的問題，因此設置前也要考慮成本因素。

(十一)其他戶外媒體

包括海報、街板、橫額、視訊牆、街頭招牌等，甚至連「人體」也都能變成戶外媒體。2005年有家零嘴食品公司，透過人力銀行在網路徵求「人體廣告模特兒」，在當時造成轟動，並吸引電視新聞報導。

此外，2009年紐西蘭航空舉辦一場活動，也找來三十位美國人，要他們把頭髮剃光，頭殼後面刻上：「想改變生活嗎？來去紐西蘭！」後面還附上紐西蘭航空的網址。紐西蘭航空直接稱這些活動為「頭部廣告看板」（cranial billboards）（圖4-12）。至於這些「活看板」的酬勞？有兩個選項：一是紐航所提供的價值1,200美元的來回機票，一是777美元的現金。後來大約有一半的人拿了機票，一半拿現金，大家都很happy。這樣計算下來，紐航也只花了大約3萬美元（新台幣100萬元）執行了這麼漂亮的一個行銷專案，並吸引《紐約時報》的報導（劉威麟，2009）。

戶外媒體的傳播形式、宣傳手法範圍廣、樣式多，是一種強迫性、被動式接觸的媒體，消費者在沒有選擇的情況下，都會觀看到的一種媒體，廣告效益良好，加上成本較低，頗受廣告主以及閱聽大眾

圖4-12　紐西蘭航空公司的頭部廣告

資料來源：當代科技，http://www.technow.com.hk/body-advertising。

及消費者的喜愛，幾呈正向態度，發展空間大。特別是一些具有創意的戶外廣告，如果能在消費者間形成話題，或引發媒體爭相報導，其廣告效益將遠大於實際的媒體投資。

四、戶外媒體受眾的特性

以美國爲例，2004年時，戶外媒體的廣告量僅占美國境內廣告開支總額的2.3%，但2005年時，這個數字已成長5.5%。而到了2006年，戶外媒體的廣告金額更高達60多億美元，2008年則上看71億美元。

事實證明，廣告主只須支付相當於黃金時段電視廣告約五分之一的預算，就能透過戶外媒體取得同樣的收視效果。此外，由於我們的社會機動性愈來愈高，也推升了戶外媒體的興盛，我們花在戶外的時間愈來愈多，加上拜科技所賜，戶外媒體已不再是單調、無趣的廣告形式。

根據統計，2008年戶外數位廣告量爲24.3億美元，比2007年增

加11％，並且呈現逐年穩定成長趨勢。人們將花更多時間在戶外、並花更長時間通勤，而年輕人也會更常在戶外一心多用（朱灼文，2009）。

　　至於究竟是誰最常接觸戶外媒體？根據尼爾森「2005年戶外媒體調查」資料顯示，三十五至四十五歲男性最常接觸戶外媒體，而收入較高、擁有全職工作的人，其接觸戶外媒體的機會也較其他來得大。一般成年人每天所接觸到的戶外媒體訊息達40次，相對電子媒體來說較少。對消費者而言，尤其是經常在街道上行走的忙碌通勤族，戶外媒體所傳遞的訊息較不雜亂，也較容易被消費者看到，甚至吸收廣告內容。

　　就地區而言，學者研究北中南接觸廣告媒體習慣發現，戶外廣告在台中與高雄呈現與台北大異其趣的現象。如果就量化數據結果來看，戶外廣告在中南部似乎沒有太大的驚喜，尤其公車及捷運等交通類戶外媒體，因為使用率不高，相對的接觸率就低。

　　但在深入探討後發現，由於中南部民眾自用交通工具較為普遍，多數人是騎車或開車來通勤，加上主要路口紅綠燈時間長，受訪者表示等候期間多會東看西看，因此大型看板、LED電子螢幕、公車車體等醒目的戶外廣告都會被留意（尤其下班時段，心情更為輕鬆時）；此外店家門口的布條、路邊旗幟，甚至高速公路T霸，都有被民眾提到，他們不時會注意戶外廣告上有什麼樣的新資訊（陳昭伶，2010）。

戶外媒體的地理空間影響

　　戶外媒體除了具有傳統媒體應具備的特點，如內容播放、資訊傳達，其也從另一個部分創造出其特色，就是景觀的融合。本節以紐約

和北京為例來做介紹。

一、紐約時代廣場

　　紐約時代廣場作為戶外媒體的代表城市再適合不過，也是現今世界各地都市的模範對象，象徵著現代化與富裕化的社會。而都市中的戶外媒體、戶外螢幕，也走向與建築物融為一體的概念，時代廣場各種五光十色的螢幕形成了獨特的都市景觀，為這裡的人帶來一種科技時尚感，也為紐約帶來一種令人嚮往的氛圍，時代廣場只是紐約市的一小部分，但已成為電影、媒體、都市的焦點與代表，而其他都市的建築在建設時也要開始考慮加裝戶外螢幕、看板或是燈光。換言之，建築與設計不再只需要考慮其外觀的實體建物，一個城市的面貌將不再是由固定不動的建物、植物、裝飾藝術來構成，可以播放各式內容的戶外媒體展現了其多元且多彩的樣貌，為城市或是空間的地區景觀帶來新的概念（**圖4-13**）。

圖4-13　紐約時代廣場

資料來源：途風網，http://cn.toursforfun.com/images/new-year-countdown-NYLL-NY8.jpg。

時代廣場即時影像（Time Square Cam，http://www.earthcam.com/usa/newyork/timessquare/）是紐約時代廣場的Live播出，透過網路，可以看到遠在美國紐約時代廣場的即時狀況，包括行走的路人、建築體上播放的內容、來往的車輛，其錄影機設置的地點很多，各個角落都有，把紐約時代廣場的各種面貌呈現在全球所有人的眼前。

二、北京天階

北京世貿天階是亞洲第一大、世界第二大的戶外液晶螢幕，天幕長250米，寬30米，耗資2.5億元建造。「全北京，向上看！」不僅僅是一個理念，一個口號，也詮釋了世貿天階的精神內涵與生活真諦。「人們在仰頭享受聲光帶給我們的現代氣息，更是在冥想，在思索，怎樣還能不斷向上，怎樣追求更加和諧健康的新生活。」

北京天階的出現，除了是科技技術的一大突破，並成為一個娛樂

圖4-14　北京世貿天階

資料來源：flickr，http://www.flickr.com/photos/jiuwanli-angela/3384551870/。

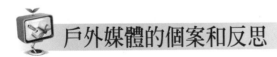

的場所，也代表北京成為世界頂端的城市，展現出古都的時尚，不再是清朝受列強欺壓時的北京城。中國的崛起使得北京成為世界一流的城市，在這裡更舉辦過奧運，其留下的鳥巢、水立方也成為北京新地標，而天階則象徵共產政府也能融入資本主義、商業娛樂在其中，把北京打造成結合東方傳統與西方科技的都市。

而天階的戶外螢幕，卻打破戶外媒體過度商業化的現象，並不強調播放廣告、宣傳，而是從傍晚便開始播放系列短片，約半小時放一部，內容包羅萬象，從海底世界到太空景象，多為自然景觀。雖然天階的廣告費用也相當昂貴，十分鐘宣傳費可高達50多萬台幣，但作為東方的大城，天階不只把自己當成利益、收入的工具，而是可以給居民、大眾一個更有趣且豐富的娛樂景觀。

Mirjam（2006）曾指出，城市中的螢幕可以反映出一個城市的特色，因此城市中的螢幕需要被放在一個當地城市的特色才能去了解，北京的天階和北京所代表的中國傳統看似不符，但它象徵著北京政府對於城市進步和國家形象的提升，尤其是外觀巨大、突出、特別，和鳥巢、國家劇院、央視大樓一樣，都具有這些特點，並有自己獨特的風格，這就是北京的空間、北京的景觀。

戶外媒體的個案和反思

一、相關個案實例

由於戶外媒體強調吸引受眾注意，因此話題性、特殊性往往是此類宣傳常用的手法，其未必運用上述的種類如看板、螢幕，有許多都是設計者的創意，本節將舉數個曾引發大眾及新聞媒體強烈注意、報

導的案例（戶外廣告網摘：外星人看廣告）：

(一)曉玲，嫁給我吧

台北銀行大樂透宣傳廣告，以無主求婚的方式來宣傳，訴求是大樂透也可以很浪漫。這支廣告當時在各地都有巨幅看板、海報等等，並且在電子、電視、報紙等媒體大加宣傳，因而引發話題，除了宣傳效果充足，也讓許多人對此故事或廣告產生好奇。

(二)Pepsi隨插即聽

多倫多的黃禾國際廣告公司（BBDO）幫Pepsi做的一個電車戶外宣傳。此電車來往於多倫多與溫哥華，近一百張的海報貼在電車上，只要將耳機插入海報上的插座裝置，就可以聽到Gnarls Barkley唱的Crazy（demo版）。海報突破了紙張的限制，讓民眾經過或等待電車時，可以在路旁聽音樂打發時間，新奇的程度遠超過其宣傳效果。

(三)大漢堡

世界知名的速食店麥當勞，發現在瑞士地區，麥當勞的產品很難銷售，有些民眾也不知道麥當勞或是漢堡，更不用說了解漢堡有多好吃，因此他們打造了一個非常大的大麥克漢堡看板放在地鐵站，將近一個車箱大小，希望吸引民眾注意。

(四)15,000支香菸

秘魯癌症聯盟找了一群自願者，請他們從戶外的任何地方任何角落去收集雪茄（大部分都是菸蒂），接著再由藝術家把這近15,000支香菸拼湊成一幅圖，這當然不是為了賣菸，秘魯癌症聯盟除了要強調吸菸有害健康，也希望透過這次宣傳來達到一天不抽菸的運動。

(五)和狗互動

　　寶路（Pedigree）在澳洲推出一個戶外廣告裝置，這個廣告除了觀賞、提供資訊，也可以讓路人和狗互動，他提供了各種和狗互動的選項，路人可以選擇丟球或是餵食，當然狗的畫面也會出現在螢幕上；此外，此裝置會連上其網站，提供你寵物訓練的資訊。

(六)車子開上牆

　　Escape推出某款車型時，訴求是車子能夠到達平常去不了的地方，於是在台北金融中心大樓，Escape把整台車搬到牆上去，看起來就像是它即將從牆上開上頂樓，其宣傳標語就是 "convention drives us on the wall"。

(七)滿地都是鞋子

　　愛爾蘭的都柏林，因為口香糖隨處可見，亂吐口香糖也是許多人的習慣，因此市政府希望能改善這種現象，以重罰的方式比較不符合人性，於是市政府希望以口耳相傳的方式，並和城市環境結合，在熱鬧的購物街上擺了數百雙鞋，創造出一條鞋子大街，並有宣傳文案，引發注意。

(八)可口可樂

　　土耳其的可口可樂公司做了一個大型的可口可樂專屬候車站牌，除了是一個戶外看板、戶外裝飾藝術，其也暗藏玄機，在候車站牌的旁邊暗藏了一個冰箱，從外表看不出來，但打開就可以取得冰涼的可口可樂，但這個裝置只有少數幾個，而不是全土耳其都有。

(九)保險套廣告

義大利的一個小鎮，Cevis基金會在其廣場上設計了一個超大尺寸的保險套，可以容納上百人，讓路人深入體驗防愛滋（AIDS）的活動，由於尺寸極大，並透過隨機拉路人參與，也形成話題，引來媒體報導。

(十)極限運動

極限運動品牌廠商，藉由在飛機翼上畫一個立體人像來製造噱頭，讓人誤以為真有人在飛機上玩極限運動（**圖4-15**）。

二、戶外媒體的另類反思

媒體的力量和影響之大，已是眾所皆知的事實，也因此愈方便、

圖4-15　飛機上玩極限運動

資料來源：外星人看廣告，http://www.iloveclick.com.tw/。

愈有效、愈新的媒體、科技出現時，也象徵其力量更為強大，在這樣的情形下，我們利用或接觸媒體時，也勢必要有所反思。

(一)視覺化的衝擊

在現代的媒體特性中，除了電視本身就有豐富的內容和視覺、感官刺激，報紙也開始利用圖像化、照片等多元內容來加強其視覺上的特色。當今文化對「視覺影像」的依賴遠勝過其他的內容，如文字、聲音，圖像化或影像化似乎已經成為現代社會的一種趨勢，影像的力量正深入的影響文化的各個層面，再加上傳輸速度的成長，全球性的視覺傳達符號語言更容易被流傳，也更強化了影像的力量（王素梅，2003）。

這樣的現象在戶外媒體的表現上更為強烈，以北京為例，其地鐵現在已在車廂或車站出現螢幕，而其螢幕內容除了新聞、政策宣導，還有一種就是動畫（或卡通），以簡單的漫畫、動畫方式給搭車的人愉快的體驗，其內容少有文字敘述，而是強調短時間的影像內容。像這樣的影像內容也在世界各地出現，尤其我們在戶外所看的海報、廣告等等，圖像影像的吸引力都遠大於文字，而人們往往也先注意圖像或影像，有時間再看文字，這種現象像是電影海報最為明顯。電影海報往往只須強調其演員、導演，或用簡單的文字敘述其劇情、特色，但一部電影是一個藝術、創意的結晶，豈能只用簡單的文字和單一圖像去展現其特色或內涵，但民眾早以習慣這種模式，也就是不需要思考，只在乎當下的感官刺激，才是真正能吸引人的。

(二)是媒體或是宣傳工具

在大眾交通運輸工具上，像是台北市公車之前的Bee TV、捷運月台上方的螢幕，以商業利益的角度來說，根據研究，這些螢幕所呈

現的是藉由環境所呈現的「封閉性」，利用重複放送和無所不在的行銷方式，吸引乘客的目光；其次，這些螢幕內容多由廣告商、電視台等提供，電視螢幕在此的作用反而偏重「宣傳」效果，宣傳電影、宣傳活動等等，大多著重於宣傳性和娛樂性，不管乘客喜歡與否（陳柏佑，2008）。

當媒體從家中、私人空間走出戶外，看似應該是更為多元、豐富，但實際上只是變成另一種更為可怕的宣傳工具。我們看報紙、雜誌或是電視時，往往還會注意其內容，優質內容或是好看的內容也才會被支持，在這樣的前提下，廣告商提供的廣告、宣傳才能名正言順的進到媒體；但戶外媒體似乎不再需要有好的或優質的內容，其存在有時似乎就只是為了廣告與宣傳，作為一種媒體；其卻又漸漸失去媒體應該扮演的角色像是資訊傳達、溝通等等，而淪為商業利益的打手。

問題與討論

1. 除了本章節介紹的，你還看過哪種戶外媒體類型？
2. 你有看過你覺得很有創意的戶外媒體廣告嗎？
3. 你認為戶外媒體有沒有存在的必要？其是否真能吸引到目光或可以直接命中目標消費者？
4. 戶外媒體會和環境、城市接觸、融合，你認為其應該如何進入我們的環境？或在都市中扮演什麼角色？
5. 你認為戶外媒體是一種藝術嗎？或者只是廣告的一個形式？

參考書目

一、中文部分

王素梅（2003）。《國中學生解讀視覺影像意義之研究──以蘋果日報廣告影像為例》。國立彰化師範大學藝術教育研究所碩士論文。

朱灼文（2009）。〈美國哪些產業擁有業績成長優勢？〉。取自http://tw.myblog.yahoo.com/yuwen701219/article?mid=704&prev=705&l=a&fid=21。

陳柏佑（2008）。〈大眾運輸系統車上行動電視之競爭策略分析──以Dimo TV與Bee TV為例〉，《中華傳播學刊》，89。上網日期：2010年6月25日，取自：http://ccs.nccu.edu.tw/old_newspaper_content.php?NP_ID=32。

陳昭伶（2010）。〈2010新五都　戶外及平面廣告怎麼做？〉。取自http://www.brain.com.tw/news/RealNewsContent.aspx?ID=13675。

黃淘（2010）。〈2010數字戶外營銷發展新思維〉。亞洲戶外傳媒。

董佳永（2007）。《消費者對戶外廣告媒體態度之研究──以多媒體數位看板為例》。國立東華大學企業管理系碩士論文。

劉威麟（2009）。〈人體廣告用在「跨國線上行銷」，窮公司的原子彈？〉。取自http://mr6.cc/?p=2830。

二、英文部分

Barker, C., & Gronne, P. (1996). *Advertising on the world wide web*. From: http://www.samkurser.dk/advertising.

Mirjam, S. (2006). The social potential of urban screens. *Visual Communication*, 5.2: 173-188.

Raymond, R. B. (2005). *The Third Wave of marketing intelligence*. From: http://www.kelley.iu.edu/Retail/thirdwave.pdf.

三、網站

〈戶外廣告網摘〉。MyShare網路書籤，上網日期：2010年6月25日，取
　　自：http://myshare.url.com.tw/tag/%E6%88%B6%E5%A4%96%E5%BB%
　　A3%E5%91%8A。
〈戶外廣告〉。外星人看廣告，上網日期：2010年6月25日，取自：http://
　　www.iloveclick.com.tw/category/ads/ad_outdoors/page/4/。

四、圖片來源

Dawnkings Marketing Inc.，http://www.dawnkings.com。
Inflatables limited，http://www.abcinflatables.co.uk/.
久勝旗幟公司，http://jsflag.web66.com.tw/web/UPT?UPID=41801。
日本幸福株式會社，http://melissakai.pixnet.net/blog/category/628541。
老爹孔雀魚水族交流網，http://blog.guppytaiwan.com/space-9038-do-album-
　　picid-37423-goto-up.html。
奇威洛克國際有限公司，http://www.kiwirock.com/taipeimainAD/AD-02.
　　html。
法務部行政執行署宜蘭行政執行處，http://www.ily.moj.gov.tw/ct.asp?xItem=1
　　11049&ctNode=14077&mp=042。
途風網，http://cn.toursforfun.com/images/new-year-countdown-NYLL-NY8.jpg
創意廣告招牌設計，http://www.signboardserve.com。
當代科技，http://www.technow.com.hk/body-advertising。

第五章
新媒體的產生與影響

- Blog與Twitter、微網誌、PTT、YouTube
- 智慧手機、平板電腦、電子書
- Facebook、Google
- Web 2.0後與媒體反思

本章導讀

　　自從網路出現後，各種和網路相關的科技產品、媒體載具也逐漸出現，而網路不只是家用的Internet，網路還包括像是無線網路、電信網路等；而如今我們所稱的網路也只是一個總括的代稱，包含在網路底下的新興媒體種類非常多，而每一種都有機會成為像是電視、報紙一樣的大眾媒體，包括Blog、Facebook（臉書）或是iPhone。當然在近十年，有些媒體載具則是如曇花一現，出現後很快就消失在市場上，也有媒體載具出現後主導了新興的風潮，甚至改變使用者或是民眾的生活方式。

　　因此本章節將探討近十年來新興的媒體載具或是科技，除了了解其發展的時程，也討論其成功的因素、興起的時機與影響、功能與運用，其中包含了不只是Web 2.0的概念，甚至已經到Web 3.0-4.0。此外，單一媒體載具已經無法生存，任何一種載具或是科技運用，都超越了載具或是單一管道的限制，例如Facebook，雖然它是一種網路社群網站（或是軟體），但除了利用電腦，也可以利用手機或是其他工具去連結。而這些媒體的特性，就是其本身或許會一代一代的更新替換，例如從iPhone 3G到4G，但彼此之間卻交互影響、利用，甚至結合、同化。以電信和網路來說，在2G之前的時代，網路是網路，電信是電信，我們講手機時只會認為手機是講電話、聯絡的用途，我們用網路時也不會認為網路可以講電話，但現在兩者不僅合併，更產生了非常多樣的變化和應用，這就是新媒體科技的特色「匯流」，雖然個體是一代一代的往前進，但個體和個體之間卻也隨之合流。

　　以Facebook有將近5億的用戶來說，其影響力或普及率或許能夠追上報紙、廣播，在某些地區甚至已經超越傳統媒體，但誰能

保證Facebook是否可以歷久不衰，畢竟報紙和廣播歷經了百年的歷史，有其發展的脈絡和成因，我們可以說在現今當下，Facebook的影響力或許大於某些傳統媒體，但幾年後是否仍能有這麼大的影響力？新興媒體科技的另一項特色就是穩定性和時間性的不確定，也跟淘汰速度相關，因為新科技出現得太快太多，稍有不慎，就會在市場的洪流中消失，像是iPhone的出現，讓手機產業有了巨大變化，只能講電話跟拍照的手機已經無法生存，多功能、多媒體的智慧型手機（或許已經不能只稱手機）才是要角，也使傳統手機大廠像是NOKIA等開始思考轉變，也讓Apple、HTC從邊緣角色進入世界的核心，主導科技的發展。

　　因此，本章節的焦點除了在於介紹新興媒體科技的特色和成功要點，也會反思這些科技帶來的影響，以及其未來的可能，或許在不久之後，這些科技就會成為歷史名詞，也或許這些科技能夠像電視、報紙一樣成為時代的代表，能夠在歷史和時間的潮流下不斷改進成長而生存。

Blog與Twitter、微網誌、PTT、YouTube

　　在全球年輕世代中，最熱門的幾個軟體（網站）包括各類Blog或是Twitter、微博（微網誌）；而在台灣，網路上使用最熱門的除了Blog，也包括PTT，其中PTT更是台灣特有的產物。

一、Blog、Twitter與微博

　　Blog（部落格），簡單的說是一種網路日誌，記錄了個人、團體、單位的一切。Blog大部分都是個人管理，依喜好在Blog發表文章、照片或影片等各種內容，文章會依發表時間而不斷被往下擠，愈新的文章會出現在愈上面。以台灣來說，Blog以「無名小站」為早期代表，隨後各網站也陸續推出Blog的服務，像「中時部落格」、「udn部落格」等。

　　Blog在形式上變化並不太大，多半是以個人發布的內容、文章為主，可跳轉到相簿、留言版或是個人資料等頁面，但在內容文章上則有很多變化。有些使用者會把Blog當成議題的評論區或是在上面發表自己的意見、想法，或是名人也會有自己的Blog來和粉絲互動，也有團體把Blog當成新聞或資訊的發布點，或是個人的網路日記。而Blog的設計夠讓讀者以互動的方式留下意見，是許多Blog的重要要素，大部分的Blog內容以文字為主，仍有一些部落格專注在藝術、攝影、影片、音樂、流行等各種主題，其都是社會媒體網路的一部分。

　　依照身分不同，Blog可以分成個人和團體兩種，個人除了使用者本身，也可能是某些使用者替自己的寵物、動物或特定對象建立一個Blog，使用者可以隨自己喜好隨時在這裡發表文章或評論、日記，這樣的Blog除了可以和一些認同自己的人溝通交流，也可抒發自己的某些想法或理念、感受，所以Blog也可以只是單純的描寫自己的經驗，單純的發洩心中的感覺。但某些名人則會使用Blog作為自己和粉絲溝通的管道，透過雙向互動，粉絲可以在Blog上發表對名人的想法，名人也可以即時回應，並依自己需求釋放出自己的個人訊息、生活記錄。因為Blog在網路上大多公開瀏覽（也可以設定不公開），所以某些使用者會因為特定言論或文章而漸漸成名，甚至成為網路上某議題

的意見領袖。

　　團體Blog可作爲私人團體或社團用途，也可以作爲商業用途，除了增進團員的感情，商業上也可作爲行銷、推廣品牌或公共關係等目的，有些團體組織也會定期在Blog上發表訊息，讓客戶或是其他使用者follow，簡單說這類Blog有點類似組織或是社團的官網、交流網站。

　　有特定專長或興趣的人，可以藉由撰寫Blog來分享自己的知識與技術，並和網友交流討論，透過Blog也可認識新的朋友，是一種新的交友管道。在專長和興趣方面範圍非常廣大，像是對政治議題、女性的穿著、保養等，各種領域都可以在Blog發表。此外，Blog因爲多以文字和照片圖片爲主，所以也有使用者把Blog當成文學創作的發表區，或是攝影拍照、生活點滴的記錄區。

　　Blog 一詞最早由Weblog衍生而來。所謂的Weblog，是指網頁伺服器上記錄的技術性記載，像是由其他電腦IP發出的要求和時間或是錯誤訊息。目前的Blog形式實際出現於1996年，1997年Weblog這個詞語才首次被Jorn Barger用來稱呼這個新的網路形式，指一種用網頁（web）來呈現的個人日誌（log），結合而成Weblog（鄭國威，2005）。

　　1999年Peter Merholz把Weblog念成We blog，blog正式出現，除了是名詞，也是動詞。根據 Blogger.com創辦人之一的Meg Hourihan（2002；轉引自鄭國威，2005）在What We're Doing When We Blog所提，Blog 這個動詞指的是按照各自的規則來整理資訊，當某人在Blog的時候，並不只是生產一篇文章，更是實現他的理念與想法，以他所認同且認可的規則，將他的感官所接收到的種種資訊，整理後加以出版，成爲其他讀者所能夠閱讀的文本。

　　在台灣，Blog最大的影響除了讓民眾或網路使用者成立了屬於自己的空間，也創造出一些新世代的「部落客」，這些部落客因爲在自己的Blog上發表文章、內容而漸漸出名，大部分原因是因爲這些人具

備某些專業知識或技術，未必是經過正式教育，可能是長期的經驗累積，像是教你如何吃美食、旅遊的部落客，或是分享如何化妝的部落客，這些人透過分享經驗或想法贏得許多網友的支持，最後漸漸成為網路某些領域的知名或代表者。更甚者，有些部落客會和企業廠商合作，因為部落客的言論有一定影響力，可以讓許多網友相信，企業廠商便會透過部落客來傳達某些廣告訊息。

微網誌（micro-blogging或micro log，微博）是一種允許使用者及時更新簡短文字（通常少於200字，或70字）並可以在網路上公開傳達的部落格形式，同時透過好友或社群的方式傳達給其他人，因為字數少且功能類似部落格，所以叫作微網誌。微網誌上的訊息可以透過很多方式傳送，像是簡訊、即時訊息軟體、電子郵件、MP3或網頁，一些微網誌也可以用多媒體的方式出現，如照片或影音。微網誌的代表性網站是Twitter，在台灣則以「噗浪Plurk」為較多人使用，而Twitter甚至已經成為了微網誌的代名詞。

Twitter在2006年7月成立於舊金山，是一個社交網路及微網誌服務，使用者可以經由SMS、即時通訊、電子郵件、Twitter網站等輸入最多140字做更新。Twitter由Obvious公司開發，文字更新會顯示於使用者頁面，讓使用者可以即時看到這些更新。

因為Twitter訊息傳播非常迅速，也非常方便，在2008年美國總統選舉、伊朗綠色革命、印度孟買連環恐怖襲擊事件、中國中央電視台新台址大火、新疆暴動等事件其都以快速的訊息傳達而產生重大影響，事件參與者或當事人透過Twitter把訊息告知給全世界，包括美國總統歐巴馬、美國各大新聞媒體等也先後在Twitter上開設帳號。

而Plurk（噗浪），是另一個微網誌社交網站，創立於2008年5月12日，服務的方式類似Twitter，但其特色是在一條時間軸上顯示自己與好友的所有訊息；此外，對某一條訊息的回應都是屬於該條訊息，而不是獨立的，例如我發表了一個「我想吃飯」的訊息，任何我或是

其他人對於這個訊息的回應都會列在這封訊息下，不會被獨立出來。

　　目前Plurk流行於台灣、菲律賓、印尼、匈牙利等地，根據Alexa的統計，截至2010年2月11日為止，Plurk總瀏覽數中約有34.4%來自台灣，而約30%來自東南亞地區；此外，Plurk在台灣瀏覽數排名第24，而世界排名則為1062名，台灣主流媒體網站如《自由時報》、《蘋果日報》、《聯合報》與《中國時報》俱提供簡易的按鈕供閱覽者將資訊轉貼至Plurk，許多台灣政治人物也都使用Plurk（維基百科，2011）。

二、PTT與YouTube

　　PTT（批踢踢實業坊）是台灣一個網路論壇，以電子布告欄（BBS）系統架設，須透過特定軟體像是KKman、PCman方可使用。PTT在網路上提供一個非常即時且免費的資源，讓使用者互相交流與分享，或發表意見。PTT相關服務目前由台灣大學電子布告欄系統研究社維護運作，目前在 PTT和PTT2 註冊總人數約150萬人，尖峰時段兩站超過15萬名使用者同時上線。

　　PTT主站創立於1995年9月14日，創站者為杜奕瑾（當年為國立台灣大學資訊工程學系二年級學生）。PTT因為開放自由的言論發表，成為許多人在上面交流互動的空間，此外因為許多熱心的網友（又稱鄉民）常在各種類別領域的看板分享自己的心得與經驗，故在PTT上也可以找到各種知識或是訊息，但其並不像是網站有固定的內容，使用者須透過發文詢問或是爬文找過去文章來解答自己的問題。

　　PTT幾個熱門看板包括：

1.八卦板（Gossiping）：討論政治、社會、媒體、娛樂等各類小道訊息的看板，一直都是最多人瀏覽，內容多半是新聞資料。

2.美食板（Food）：討論各地餐廳、美食的看板。

3.電影板（movie）：發表觀影心得或是個人影評的看板。

4.就可版（joke）：中文名稱直接取自英文joke音譯，發表笑話創作的看板。

5.西斯板（sex）：討論男女性愛話題。

6.笨板（StupidClown）：討論生活中引發樂趣的蠢事、笨事。

7.表特板（Beauty）：討論帥哥美女的看板，多半會搭配照片來發表，且以女性照片為多數。

8.棒球板（baseball）：討論棒球的看板，包括中華職棒、美國大聯盟、日本職棒等為主。

PTT在台灣也形成一些特殊用語文化，像是「PO文」表示發表文章，「鄉民」表示PTT上的使用者，「大推」表示很支持或喜歡，這類用語在PTT上非常多，而且層出不窮，不斷的有新的用語出現，漸漸形成一個社群內的文化。而台灣媒體近幾年也看中PTT資訊傳達的功能，常會在上面找相關新聞資料或挖掘新聞，但也因為不時有抄襲錯誤或是新聞錯誤出現，而被PTT使用者攻擊。

YouTube則是一個影片分享網站，總部位於美國，2006年11月，Google公司以16.5億美元收購了YouTube，現屬Google子公司。YouTube是可以讓使用者上傳、觀看及分享影片或短片的網站，2005年2月，由三名PayPal的前任員工所創站，藉由Flash Video來播放各式各樣由上傳者製成的影片內容，包括影片剪輯、短片、音樂等，其大多是個人自行上傳，但也有一些媒體公司，如哥倫比亞廣播公司、英國廣播公司和YouTube有合作計畫，透過YouTube來播放自家的影片。

YouTube提供了簡單的方法讓一般民眾也可以上傳影片，不論影片內容如何被製作或取得（非法或盜版除外），民眾都可快速的上傳到YouTube上，幾分鐘內就可以讓全世界觀看到，每個人都成為內容提

供者，而也使許多人透過YouTube爆紅，因為只要是吸引人的內容，可在短短幾天內就有數十萬甚至數百萬人觀看，這些內容的主角或是製作者、上傳者也因此出名。而這類有高點閱率的影片，也成為新聞媒體報導的來源之一，透過簡單的轉播或是採訪，就可以把吸引人的內容在電視中播放。

智慧手機、平板電腦、電子書

由於硬體科技的進步，加上電信和網路的發展，智慧型手機、平板電腦、電子書漸漸成為手機和3C的潮流，這三類產品的特色就是大螢幕、多媒體取代傳統媒體的功能、結合電信網路，其中像是Apple的iPhone、iPad或是電子閱讀器Kindle，都在市場上投下震撼彈。

一、智慧型手機

智慧型手機其功能包括收發電子郵件、觀看各類新聞、影片或是即時多媒體訊息傳輸、上網、遊戲、導航、聽音樂和使用各類應用程式等，簡單的說，許多在電腦才能做到的東西，現在手機都能做到了。智慧型手機中雖以Apple的iPhone為重要代表，但其實智慧型手機最早是從黑莓機（BlackBerry）開始，其次才開始有iPhone、台灣宏達電推出的HTC Touch系列、T-Mobile G1（俗稱GPhone）等各類手機，這些手機搭配電信業者的3G、3.5G服務後，提供高速上網環境，加上手機原本的功能選項、完整的作業系統、大螢幕與觸控功能，智慧型手機在手機歷史上開創了一個新紀元（黃彥傑，2009）。

BlackBerry在推出時，除了傳統手機的通話功能，還包括了收發電子郵件的功能，以及Push Mail功能，也就是有新的電子郵件時手機

會主動通知使用者，另外也有其他功能像是備忘錄等。但到了HTC、iPhone等，手機才進入真正的革命性轉變，其重點就是手機不再要求小巧方便，大螢幕、觸控式的手機更為吸引人，因為這類手機可透過大螢幕來收看影片、使用各種軟體、遊戲等，而且在操作方式上更為簡單。

像是HTC採用微軟Windows Mobile作業系統，因此操作系統上非常類似Windows系統，當然其中包括有MSN、Hotmail、Office等大家習慣使用的軟體，因此對於許多商務人士或喜歡Windows的使用者來說，HTC的出現相當方便。

另一方面，Apple的iPhone也在2008年上市，其搭配的是3.5吋大螢幕、多重觸控的功能以及簡單明瞭的介面圖示，外觀上也更為簡單，但最重要的在於iPhone背後支持的軟體庫，Apple在網路上提供App Store線上購買，使用者可以在App Store購買非常多種類的軟體、應用程式、遊戲等，有些免費，也有需要付費的，這些軟體或程式不一定是Apple員工設計，而可能是使用者自己或是一般人所設計的，他們設計程式賣出後，會和Apple拆帳，雙方都能獲利，也創造出新的營收模式。

在推出第一代的iPhone 3G後，Apple隨後也推出第二代iPhone 4G，在軟體和上網速度上不斷的做改進。Apple的iPhone手機2011年第一季在美國市占率為14%，僅次於三星的23%與LG的18%，超越了HTC等，成為美國第三大手機製造商，而Android在美國銷量的市占率2011年首季從53%跌至50%，在2010年調查iPhone 4為美國銷售最好的智慧型手機，2011年第一季iPhone 4也是手機銷售冠軍（陳曉莉，2011）。

而GPhone則是一個概念，Google推出的是一個免費的手機平台，稱作Android，而搭配Android系統的手機則通稱為GPhone，目前第一隻使用Android 且上市的手機是HTC的T-Mobile G1， SonyEricsson、韓

國三星也陸續加入其行列。Android軟體也是開放給程式設計師撰寫不同的軟體，但Android的開發工具比iPhone還要開放許多，Andriod提供給外界程式設計師全部的資源，而iPhone僅開放部分資源而已（黃彥傑，2009）。

二、平板電腦

平板電腦是一種小型方便攜帶的個人電腦，以觸控式螢幕為主，所以螢幕本身可以觀看也可以手寫或直接打字輸入，不再需要鍵盤或滑鼠。平板電腦的特色在於手寫或手控識別、無紙化、多媒體功能、方便攜帶，螢幕比手機更大，雖然不具備通話功能（有些也具有通話功能），但可以上網、儲存各類文件資料，可以當成書本或閱讀器，具備多媒體功能的平板電腦更可以玩遊戲、看影片或聽音樂。而平板電腦因為閱讀方便，也可以取代紙本與書本，節省紙張的浪費。

平板電腦又以Apple推出的iPad為目前市場上最主要的款式，於2010年1月27日發表，定位介於Apple的智慧型手機iPhone和筆記型電腦產品間，功能包括上網、收發電子郵件、觀看電子書、觀看影片、聽音樂、玩遊戲等，其具備9.7吋的顯示器，厚度為0.5吋，重量為1.5磅。iPad也支援多點觸控，內建16至64GB的快閃記憶體。電池可提供十小時的續航使用時間，iPad在上市兩個月就售出兩百多萬台，市場非常大。Apple的2011年第一季財報，iPhone表現最好，但iPad的銷售已達46億元，超過筆記型電腦的Macbook全系列產品的總銷售約37億元（新浪科技，2011）。

而iPad也支援Wi-Fi 802.11n無線網路、藍芽等，還內建像是地圖等，而YouTube也專為iPad重新設計過介面，可在線上觀賞YouTube影片，並且可以調整畫質，當然iPad也有App Store下載。2011年3月2日，iPad 2也推出，在處理器、厚度等方面做更新的改進。

三、電子書

電子書（E-Book）是以電子與數位化方式替代傳統紙本或書本的閱讀方式，其載具是可攜式的電子裝置，能閱讀數位化後的紙本內容，目前市面上電子書是以電子書閱讀器（E-Reader）為主。其特色包括無紙化、多媒體和豐富，電子書不再依賴於紙張，以電子方式存取，且內容不單只是文字，也可以包括多媒體概念，像是圖像、聲音、影像等，且電子書若配有網路功能，就可以即時下載最新的內容。電子書形式包括txt格式、doc格式、html格式、chm格式、pdf格式等。

電子書也可以採用電子紙技術，電子紙（electronic paper）或ePaper是一種新型的顯示器，能自由彎曲，與紙張類似，色彩對比高、解析度高、耗電量小。 電子紙的發展是為了仿效墨水在真實紙張上的顯現，其需要背光燈照亮，電子紙如同普通紙一樣可以反射環境光，但仍以黑白為主，目前彩色技術尚不完整。

有些平板電腦如iPad本身就具備電子書、電子閱讀器功能，完全以電子書功能為主的有Amazon Kindle，是由Amazon.com設計和銷售的電子書閱讀器和軟體平台。其共出了三代，另包括Kindle DX。第一代Kindle電子書閱讀器於2007年11月9日出現，螢幕使用電子墨水公司（現屬於元太科技旗下）製造的電子紙，並可下載Amazon Whispernet上的資料。第一代Kindle只在美國本土銷售。

而第二代的Kindle內建了3G功能，可在一百多個國家使用，隨後在2010年發表第三代Kindle 3，使用看起來更舒服的電子紙，3G技術也更完善，並有Wi-Fi的功能，Kindle 3也支持無文件保護的Word文本、pdf、html、txt等格式，以及jpeg、gif和png等圖片格式。

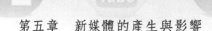

Facebook、Google

　　Facebook和Google是近幾年在網路上具有代表意義的網站，兩者類別不同，其中Facebook是交友社群網站，Google則是以搜尋引擎爲主，並漸漸跨足手機、電腦作業系統和瀏覽器。

一、Facebook

　　Facebook（台灣又稱臉書）是一個社群網路服務網站，2004年2月4日上線。截至2010年，Facebook擁有5到6億的用戶，是世界最大的社群網站。Facebook的使用者可以建立屬於自己的頁面，並增加朋友、好友，彼此間可以交換資訊或互相瀏覽頁面、做網路上的互動，包括自動更新及即時通知對方專頁、信件、聊天室、遊戲、照片、影片等。而使用者也可以加入各種群組，例如工作場所、學校、名人粉絲團或其他活動。

　　Facebook創辦人爲Mark Elliot Zuckerberg，Zuckerberg 並被《時代》（*TIME*）評選爲「2010年年度風雲人物」，Zuckerberg在哈佛時代建立了一個程式名爲Facemash ，讓學生可以在一些照片中選擇最好看的人，雖這樣的行爲當時被學校和一些學生抗議，Zuckerberg也曾爲此道歉，但這個網站也讓許多人產生興趣。因此在2004年2月Zuckerberg發起了Facebook，但這個概念最早是在2002年出現的，Zuckerberg從Phillips Exeter學院畢業時，概念以照片交流爲核心，並讓學生在此交流，提供各自的資訊。

　　Facebook一開始合作的對象除哈佛大學，也包括史丹福大學、哥倫比亞大學、紐約大學、康乃爾大學、布朗大學、耶魯大學等名校，

最後發展到全世界只要有E-mail信箱者都可以加入註冊。2010年3月，Facebook在美國的訪問人數已超越Google，成為全美存取量最大的網站（無作者，2010）。

　　Facebook使用是完全免費的，盈收多來自廣告，使用者包括各類名人，像是美國總統歐巴馬、中華民國總統馬英九。而在台灣Facebook的爆紅約是在2008年暑假開始，使用人數在這年跳躍式的爆增。Facebook幾個重要的功能像是塗鴉牆，就是使用者個人頁面上的留言板，塗鴉牆的內容會被同步到各個朋友的首頁，因此可以在自己的塗鴉牆上發表一些最新狀態，也可以設定同步給某些特定好友，其他人也可以在自己的塗鴉牆留言。

　　禮物的功能則是朋友們可以互送「禮物」，是一些由設計師設計的小圖案；此外像是戳（poke）則是讓使用者丟一個「戳」的訊息給別人，這讓使用者可以和其他人做最簡單的互動。在狀態或個人資訊頁面上，使用者可以向朋友或自己的社群顯示個人的資料、在哪裡、做什麼，讓好友看到並了解你目前的狀態，接著回應你；而個人資訊則讓別人可以了解你是誰、做什麼工作、在哪念書、是否單身、喜歡什麼，當然這些資訊都是由你自己填寫。

　　而在社團、粉絲和活動功能上，社團是使用者可以找一群人一起建立一個社團，這社團可能是實體社團的網路化，也可以是一群有共同喜好的人在此交流。活動則是你可以在網路上舉辦一個活動，這活動可以是一個概念（例如支持某項議題），也可以是實體活動（例如相約哪一天一起聚餐）。粉絲方面，像是一些藝人、名人或是政治人物會有自己的粉絲群，名人可以在此公開自己的資訊或和粉絲交流。除了名人，也包括某些團體或議題都可以有粉絲頁，來讓支持者聚集。

　　而按讚的功能也是一大特色，使用者可以針對各種項目表達自己的認同，包括對粉絲頁、對朋友狀態、留言或是照片、影片等各種

項目去按讚。而近年Facebook有許多熱門的網頁遊戲或軟體，像是在2009年、2010年爆紅的開心農場，這些可能是第三方的設計者自行開發的遊戲或軟體，遊戲的類型非常多種，但操作都很簡單，且都可以直接在網頁上進行。軟體種類則包括算命、標記好友等，也都非常豐富多元。

Facebook的特色在於創造出一個非常龐大的社會網路，其使用者不只是學生，也包括孩童、成年人和各類人士，雖然年輕人和學生是最大的族群，但其年齡層正逐漸拓展中。每個人都可以透過Facebook連結到和你有關係的人，包括失聯已久的小學同學，也可以透過Facebook連結你熟悉的生活圈，包括老師或同學，因此不論遠近或熟識與否，都可以在Facebook互動，讓使用者的生活圈、交友圈和社群不斷擴大。

二、Google

Google是以網路搜尋引擎起家的一家公司，總部位於美國，1998年9月4日以股份有限公司的形式創立，當時主要是負責網路搜尋引擎服務。Google網站於1999年下半年啓用。

Google搜尋引擎以簡單、乾淨的頁面設計和最有相關的搜尋結果得到許多網民認同，並把搜尋頁面裡的廣告以關鍵字形式出售給廣告主。2006年10月，Google更以16.5億美元收購影音內容分享網站YouTube。Google也是目前搜尋引擎界的龍頭，其以PageRank技術來索引網頁，這是由程式Googlebot所執行的，程式會定期讓已知的網頁重新更新複製，頁面更新愈快，Googlebot存取的也愈多，再透過這些已知網頁上的連結來發現新頁面，並加到資料庫。

Google也在使用者間形成一種獨特的文化，以台灣而言，新世代年輕人常會回應對方的問題說：「Google一下就知道了。」Google

已經成為一般民眾找資料、解決問題的重要來源。除了搜尋引擎，Google也提供其他各種免費服務，像是Gmail或是Google地圖，Gmail是網路上的電子信箱，功能相當多，也具有一些獨特的技術和特色。而Google地圖則是另一項創舉，除了將全球的地圖資料放到網路上，更不斷的更新，而許多國家的地圖更有實體照片，把所有地圖都以實體照片的方式呈現；此外更結合各種定位、商家搜尋等，讓Google地圖結合非常多樣的功能。

　　Google也開始進入電信和電腦界，推出雲端技術的系統以及Android。Android是一種以Linux為基礎的開放原始碼作業系統，Android作業系統最初由Andy Rubin發展，2005年由Google收購，並結合多家手機製造商組成開放手機聯盟（Open Handset Alliance）做進一步發展，近幾年甚至已超越NOKIA。採用Android系統的手機廠商包括宏達電（HTC）、韓國三星、Sony等。Android最大的特色在於免費開放軟體，隨後Google推出Android Market線上軟體商店，使用者可在該平台網頁尋找、購買、下載及使用手機應用程式及其他內容。

　　為了掌握平台的優勢，Google也推出屬於自己的瀏覽器Google Chrome，其整體發展目標是提升穩定性、速度和安全性，並創造出簡單且有效率的用戶介面，截至2011年1月止，Google Chrome的市場占有率達10.70%，僅次於Internet Explorer和Mozilla Firefox，排名第三（高賽爾金銀投資網，2011）。

Web 2.0後與媒體反思

　　從網路和手機出現後，新科技對人類尤其是年輕人的影響一直都是大家關注的重點，而1980、1990年代後出生的年輕人，更是一出生就趕上這樣的科技熱潮，生活中充滿各類科技產品，且都必須接觸網

路。Web 2.0時代來臨，我們不得不去面對，因為現在的世界已不是我們不使用科技產品就能正常生活，換句話說，我們已失去這樣的選擇權，不論是求學、工作、生活都必須使用科技產品，其中又以網路跟手機最為重要，雖然因為這些科技使我們的生活更加豐富多元且方便，但相對也失去拒絕的自由。

本章節提及許多科技、網路、手機帶來的許多好處和優點，但事實上也存在著負面影響值得我們去反思，例如數位落差、網路成癮。在多數國家都存在貧富差距的問題，而科技讓這些差距更大，形成現代才有的數位落差，也就是有資訊者跟沒資訊者間的落差，原本就富有或是有資源的人，接觸數位科技的機會就大，相反地，窮的人或是沒有資源的人就無法接觸，造成更深的鴻溝。

再者，許多人也漸漸被科技制約，由於過度依賴電子產品或網路社群，多數人漸漸失去實體的交流，甚至沉迷於網路。例如過度沉迷在PTT或是Facebook上，並在其中建立自己的交友圈或生活圈，當然這樣的生活方式是個人自由意志選擇，但也可能因此而失去實體的人際交流能力，走出房間或電腦後，就失去了生存的能力，尤其網路有許許多多的曇花一現，一旦沉迷的事物有一天消失或泡沫化，個人的虛擬社群也將跟著瓦解。

年輕人擁有手機、隨時收發簡訊已是一種生活方式，但這些隨身帶著的新科技產品（如筆電、手機、iPod）進入教室，老師也面臨了前所未有的挑戰，這些新科技產品模糊了傳統對空間性質的界定，例如教室就是學習而非娛樂場所，但科技產品本身卻帶有娛樂功能；此外在課堂上使用筆電的學生，其人雖在教室內，但腦子可能正在其科技產品或是筆電上。現在年輕人已習於多工、多方媒體使用行為，若要求他們不使用電腦、手機等，等於是消滅他們的生活（吳淑俊，2010）。

從Rheingold（2000；轉引自吳淑俊，2010）提出「虛擬社群」

（virtual community）之後，到最近的「社會網絡」（social network）觀點，有關網路社群的概念，過去認為網路社會是獨立於現實之外，現在則漸漸認為網路世界作為實體世界延伸的可能。根據行政院研考會所進行的「新興網路議題調查」（行政院研考會，2010）數據指出，台灣地區有上網的十二至二十歲青少年中，有45.9%持續經營部落格，有40.4%會上Facebook，有39.3%是用MSN和朋友聯繫。而二十一至三十歲民眾有76.4%使用MSN，也有54.5%會用Facebook，43.2%寫部落格。

在數據中也指出，這些使用者會在網路經營社群，主要是因為方便聯繫、打發時間，也有部分認為可以交換資訊、促進朋友感情、認識朋友、因為大家玩所以自己也跟著玩，可以拓展交友網路（行政院研考會，2010）。

本章節所談之科技、網路現象、網路軟體或網站，都是近五年最為流行或熱門的，而多數的媒體報導、相關資料也都評論這些網站、軟體的成功之道、獲利模式、影響力的強大。以iPhone為例，其確實改變了人們使用手機的習慣，講電話已經不是手機的唯一功能，其他功能可能更勝於講電話的需求；而像是Facebook則創造出個人或集體的新社群，但一方面又和實體交流結合，例如透過Facebook你可以找到失聯已久的小學同學，或是認識朋友的朋友。我們不得不承認，這些都改變了我們的生活，影響了我們原本的認知，但在接近新科技的風潮下，我們是否也漸漸失去傳統的價值？

像是中國傳統的書信往來，在開頭、結尾、信封都有一定的格式，對於不同對象也有不同的稱呼，網路世代，電子郵件或許有時還會注意一些傳統格式，但像是MSN、Facebook的留言，其間對話逐漸破碎和片斷化，也不再重視傳統的尊重和禮節，話語和文字使用上也是破碎、片斷，這會讓我們漸漸喪失語言的組合能力，當真的需要書信或是口語表達時，往往習慣於網路上片斷的說話方式，而無法完

整清楚表達一件事，甚至習慣打字的我們，也很難開口去陳述一件事情。在舊世代學習如何參與、融入、使用新科技、新資訊時，新世代或許應該學習如何不習慣、依賴使用新科技、新資訊。

問題與討論

1. 你有Facebook嗎？你在上面有多少朋友？你多常使用？對你來說這是個什麼樣的軟體、程式？
2. 在本章節所陳述的各項產品或軟體網站，哪些你常使用？哪些你完全沒使用過？
3. 你認為本章節陳述的這些產品或軟體網站，未來是否會消失？
4. 若是要你一星期不上網也不使用手機你能忍受嗎？
5. 你最常使用或最喜歡的科技產品、軟體、網站為何？為什麼？

參考書目

行政院研考會（2010）。《新興網路議題調查報告》。台北：行政院研究
　　發展考核委員會。

吳淑俊（2010）。〈無時不有，無所不在：年輕世代的數位生活〉，《新
　　聞學研究》，104：259-265。

高賽爾金銀投資網（2011）。〈Google稱Chrome活躍用戶達1.2億　逼近
　　Firefox〉，　《高賽爾金銀投資網》。上網日期：2011年10月8日，取
　　自：http://www.ccgold.cc/article.php?id=3349。

陳曉莉（2011）。〈NPD：蘋果成為美國第三大手機商〉，iThome。上
　　網日期：2011年10月8日，取自http://www.ithome.com.tw/itadm/article.
　　php?c=67336。

無作者（2010）。〈今年Facebook訪問量首次超谷歌〉，《網站推廣
　　網》。上網日期：2010年12月3日，取自：http://www.cnwztg.com/html/
　　xwdt/zx/75.html。

黃彥傑（2009）。〈淺談智慧型手機〉，《國立台灣大學計算機及資訊網
　　路中心電子報》，0008。上網日期：2010年12月12日，取自：http://
　　www.cc.ntu.edu.tw/chinese/epaper/0008/20090320_8004.htm。

新浪科技（2011）。〈蘋果量產第二代iPad 首季出貨預計達400萬台〉，《新
　　浪網》。上網日期：2011年11月2日，取自：http://finance.sina.com/bg/
　　tech/sinacn/20110209/1711225430.html。

維基百科，2011，Plurk。

鄭國威（2005）。“Blog, Research, and Beyond”，《網路社會學通訊期
　　刊》，45。上網日期：2010年12月2日，取自：http://www.nhu.edu.
　　tw/~society/e-j/45/45-05.htm。

第二篇

媒體企劃的重要性與執行方式

本篇是承接前一篇多元媒體特性與市場經營後,更進一步的對如何著手進行符合媒體需求的媒體企劃工作。本篇共分六章,分別是第六章〈企劃的意義與內容〉,讓同學在起步時就了解企劃的定義、企劃的內容與創意以及企劃者應具備的條件,這些都是企劃工作的基礎過程。第七章〈媒體企劃的執行與評估〉,我們要討論的是媒體企劃這個主題,同時了解媒體企劃的執行流程和執行時應該注意的事項。第八章〈企劃書的撰寫與技巧〉,我們以三個範例來指導同學該如何撰寫有競爭力和具創意的企劃書。

　　第九章〈媒體預算與購買〉,其目的是要告訴同學,一個好的企劃案如果沒有經費支援以付諸執行,也只是空中樓閣而已,因此如何掌握預算的分配和支出,如何進行媒體購買,更重要的是,如何嚴肅的看待利潤與成本的關係,本章有非常技術性和專業性的探討。第十章〈行銷趨勢:置入性行銷、公關與廣告〉,筆者把最新的公共議題:置入性行銷也加入,在公關與廣告之外,更可以了解媒體業界最新的話題與操作,讓同學掌握最新的進度。第十一章〈從媒體發展趨勢看媒體企劃〉,是要再度提醒同學,有了媒體企劃的前期運作,但如果沒有完備的知識和內容管理,只能算完成了一半,因此同學必須對這兩個管理領域,也應該有一定程度的認識。最後,What's Next? 對於媒體的科技趨勢和媒體產業的變化有了基本了解,也一定有助於同學對媒體產業全面性的認知與掌握。

第六章

企劃的意義與內容

- 什麼是企劃
- 企劃的內容與創意
- 企劃的發想
- 好的企劃與企劃者應具備的條件

本章導讀

　　一位企劃工作者的責任，就是在組織中運用其專業，協助企業主管或客戶達到某些目標，或是解決組織中特定的問題。一個組織管理者要做出有效的決策，一定要有周密的計畫與執行的步驟，這樣才能有效的協助決策者做出正確的決策。在這樣一個過程中，目標的訂定、執行的時程、相互的聯繫，都必須緊密而落實，環環相扣。而企劃者就在其中扮演一個關鍵的角色，一方面必須協助決策者做出正確而有效的決策，另一方面讓計畫能夠順利付諸實行。

　　一般人常認為企劃只有在執行相關公關活動、宣傳活動或是在企業中執行某些專案時才會用到，但事實並不然；企劃的概念其實關係到我們生活中各個層面，簡單來說，個人的時間規劃和安排，或是學生的讀書計畫，其實都是企劃的一種。換言之，也就是透過對自己生活時間的安排、工作或學習的分類與進度規劃，調配自己所擁有的能力和資源，然後有計畫的規劃出最符合自己能達成目標的程序。而媒體的經營管理也是一樣，一個媒體需要有強大的企劃能力，才可以應付市場上的激烈競爭，例如行銷的企劃、產製的企劃、節目的企劃、廣告的企劃或是新聞的企劃。在各大組織中，一項工作的執行不是想到就能馬上做，需要相關資源、人力等的配合和支援，即使像是新聞工作，雖然每天都不知道會發生什麼事件，但媒體工作者仍會在事先做基本的企劃，哪些新聞可能是明天需要跑的或採訪的，而當天某些新的事件發生後，媒體主管也要立即企劃出當天新聞或是明天報紙的時間、版面與流程等，換言之，這樣的企劃只是時間相對較短。同樣的，媒體如何配合新聞企劃出有利於發行、收視率的節目或活動，也是本書的目的之一。

　　企劃者的工作是個參謀角色，在透過相關資料蒐集、整理、

建立資料庫後，構思出完整的企劃案，並寫出企劃書向單位做提案簡報，最後加以實行、執行管理，是一個實務工作（世界商務策劃師聯合會，2010）。企劃的特別之處在於，每個在職場中的工作者，不論是否為企劃人員，都應該學會如何企劃或是有企劃的概念。在公司組織中雖然有專門的活動企劃或是專案執行、管理者來規劃或執行，但即使作為一般的員工，也都有機會去做企劃，像是房地產業者的業務，需要跟主管報告某個月的房產推銷企劃，對象是誰、目標為何等等，也因此媒體企業中的企劃，不只是在業務部或是主管階層，也包括各類專業人才如編輯、記者、製作人等等，甚至節目也有節目企劃，這一切都是因為內容不會憑空就有人去生產，而是需要整體團隊的規劃和執行。

因此本章節將從什麼是企劃、企劃的意義和內容來介紹企劃的基本概念，同時解釋一個好的企劃人才應該具備哪些條件和特色，希望透過這樣的解說，能夠讓媒體工作者對企劃有個初步的認識。

 ## 什麼是企劃

企劃依字面的意義而言，即針對某項預期目標所擬訂的計畫與規劃，也就是在既定的資源內，進行創意的發想且擬訂執行方案，以達成目標。一個企劃案的執行，必須掌握幾個原則：創意、整合與執行。首先來談創意，一個好的企劃案的產生，首先在於創意的發想，然而創意並非天馬行空的點子，而是在有限的資源內發揮無限的可能，並能引人注意；其次是整合能力，有了好的創意更有賴於好的整合能力，所謂整合的能力，包含了構想力（目標設定）、組織力（蒐

集與評估）、說服力（表達能力）；最後，也是最重要的原則——執行力，任何一個再完美的企劃案，若無法有效的、完整的執行，都只是紙上談兵而已，一切淪為空談。

一、企劃的面向

企劃案有許多種面向，最常見的企劃案如（世界商務策劃師聯合會，2010）：

(一)行銷企劃案

從事產品市場發展、推廣公司各類商品、拓展客戶群、規劃產品通路及管理廣告事宜等工作，運用行銷組合與消費者做行銷溝通，除了對購買者提供訊息，同時也蒐集購買者對產品的反應，經由不斷修正行銷組合以滿足消費者需求，並進而建立雙方之長期關係，達到穩固品牌忠誠度之目的。這類工作實務性高，執行內容較繁雜，必須對市場脈動反應靈敏，能夠準確預測市場未來趨勢，力行創新求變以因應市場環境轉變，擬訂行銷企劃並達成目標。

(二)產品企劃類

主要從事新產品之開發與規劃相關事務，包括企劃的制訂與執行、大環境分析、競爭趨勢分析以及成本分析控管等。新產品企劃為產品開發的源頭，企劃的好壞將決定產品上市後的發展，也將影響產品開發流程的執行。產品研發需要花費大量資金，一份新產品企劃案一旦被同意執行，將會牽動公司許多資源與成本，故產品企劃人員須在產品企劃階段做好相關資訊蒐集、分析、評估，擬訂策略，製作出可讀性與可行性高的企劃書，以確保產品開發成功並暢銷，為公司創造獲利。

(三)業務／銷售企劃

　　主要從事產品推廣與銷售工作，客戶拜訪及關係之維持，並能協助市場開發客源。對於該銷售之產品有基礎概括性了解，以方便爲客戶說明與銷售，並且能指揮管理產品之銷售業務，依據市場變化，制訂銷售計畫。

(四)經營企劃類

　　主要爲管理與控制組織整體活動，具備策略思考能力，爲組織訂定經營方向與目標，制訂策略並執行控制。

　　此外，企劃本身和計劃是有差異的，往往有些人把計劃和企劃混爲一談，他們在本質上和執行上都有所不同，如**表6-1**，企劃本身的靈活度和創意是關鍵點，且是原則上的執行，這和計劃非常不同，計劃著重的是執行的效率和是否照步驟、程序進行，因此過程非常重要，但企劃因爲有目標、有發想，所以是以某些目標或方向爲要點，過程或手段、策略也可以靈活調整與運用。

表6-1　企劃與計劃之差異

企劃	計劃
要有創意	不須創意
天馬行空的想法	範圍有限，按部就班
掌握原則與方向	處理程序與細節
What to do（做些什麼）	How to do（怎麼去做）
變化多端且靈活	一成不變，死板
開創性	保守性
挑戰性大	挑戰性小
須長期專業訓練	只須短期訓練

資料來源：陳素恩（無日期），〈如何編寫企劃案〉。

二、策劃

　　企劃前也必須要有計畫與策劃，策劃與決策除了有相同性外，也有其相異之處。Butler和Cass（1978）提到計畫是指一個人企圖以某種手段完成某件事的說明，而策劃則是指發展計畫的過程。

　　企業的策劃有三種主要形式：

(一)策略性的策劃

　　計畫的時間設計是包含一至十年，通常需要花三至五年的時間用來發展這些計畫。

＿＿＿＿＿＿＿＿＿＿＿＿＿＿＿＿＿＿＿＿＿＿＿＿＿＿＿＿＿＿x

圖6-1　策略性策劃

(二)中程的策劃

　　包含六個月到兩年的時間，並且中程策劃是用來幫助策略性發展的過程，這些過程決定組織部門如何對組織的策略目標做出貢獻。

＿＿＿＿＿＿＿＿＿x＿＿＿＿＿＿＿＿x＿＿＿＿＿＿＿x

圖6-2　中程策劃

(三)短期經營的策略

　　包含數個星期到一年的時間，並且這些過程是以逐日或逐月為基礎來分配資源。

_____X_____X_____X_____X_____X
圖6-3　短期經營策略

　　策略的三種類型都有共同的特徵，縱使在人、時間、步驟不同也都適用這些特徵，可以歸納成四個範疇：

　　1.目標。
　　2.準備工作。
　　3.策劃的工具。
　　4.計畫。

Butler和Cass（1978）也提出策劃有六個步驟：

　　1.決定你想完成的事。
　　2.對你想要做的事做一審視。
　　3.非預期的事件發生時如何因應。
　　4.對你想完成的事詳細地列出。
　　5.決定如何達到策劃結果。
　　6.事後做詳細的報告和表現評估。

三、企劃工作的分級與職務

　　企劃工作若依照組織層級來區分，可分為戰略層級、戰術層級、戰鬥層級的企劃工作（世界商務策劃師聯合會，2010）：

　　1.戰略層級：組織以設立長期的目標、優勢或穩定進步為優先考慮，像是新的投資、新的產品開發，或是重大決策的企劃活動，或是比較偏向中長期的整體經營企劃、年度營運企劃等。

2.戰術層級：組織內各個單位或部門要確實執行中長期的經營策略、方針，因此必須依各部門或單位的功能、方案類別來做企劃，像是年度企劃、業務企劃、相關大型活動企劃等。

3.戰鬥層級：要更為有效執行功能、方案類別的企劃，就必須再設計出專案和行動的企劃，具體做出行動與表現。

企劃工作於企業組織內工作範疇包括（世界商務策劃師聯合會，2010）：

1.經營企劃：企業顧問、經營管理、企業幕僚。

2.行銷企劃：市場研究、活動企劃、網站行銷、媒體公關、廣告。

3.商品企劃：商品開發、市場調查、市場分析。

4.業務企劃：業務開發、銷售企劃、商場開發、廣告業務。

5.專案企劃：專案規劃、專案管理、專案執行。

綜上所述，一位專業的企劃工作者，在企業內所要發揮的功能與職責，主要是解決特定問題或達成組織期望的目標；企劃工作的本質是指為了解決問題或達成目標所進行的市場情報蒐集、企劃案構思、企劃書編撰、提案簡報、企劃執行管理等一連串實務性工作。

 ## 企劃的內容與創意

企劃的內容最重要的莫過於企劃書的撰寫，這將在第八章做詳述。不論是企劃書或是企劃，都要有一個吸引人的關鍵——創意，創意可以讓企劃目標、執行者或是參與者有所動力，認為這是一個值得付出的方案。

企劃是在調查、謀劃、評價、回饋等複雜程序上的綜合過程，是一個系統有秩序的創造性活動，好的創意便成為企劃第一步的保障，而創意的產生會經過一些步驟（王楊，2004）：

1. 明確的企劃目標：企劃者的創意要和目標或是委託者的本意符合，例如委託者希望能增加收益，那士氣的提升就不會是目標。

2. 組織分析和診斷：包括組織內部和外部環境的評估，外部包括政策、社會和經濟市場，內部則包括生產、資源、經營，透過環境了解才能知道何者可以做，何者不能做，以及限制在哪。

3. 整理資訊：包括環境的評估、對象的了解，都必須蒐集資料，不論是組織提供的二手資料或是自己去投入蒐集的一手資料，完整而詳細是不可或缺的，在反覆的調查和研究中了解自己的對象和環境，並可以藉由電腦的量化得到更多具體的數據，更容易分析。

4. 產生創意：引發創意可能需要豐富的訊息、靈敏的反應或豐富的想像力、廣博的經歷等，也可能需要多角度去思考問題。

一、從創意產生到企劃

創意產生一種是心智的觸角到處加以測試，一種是根據理論和經驗，利用自己本身所有的資訊或從外部得到的資訊為基礎，整理後來得到靈感，並使其成熟為創意；又或者，客觀的觀察與企劃主題有關的環境狀況，找出某些潛在因子，或是需求，除了需求可能也包括不滿或反對，掌握一些較特別的情感因素或感知，在配合資訊後處理成可用的想法、創意（王楊，2004）。

觀念就是力量，即使只是想法的改變就會變成非常大的力量，創

意其實就是用不同的眼光或是角度重新去思考舊的、原有的事物，因為眼光和角度是新的，所以能產生全新的思維。創意的第一個基本動作就是觀察，因為看到的事物和角度和別人不同，才能想出和別人不同的觀念。法國名小說家莫泊桑在成名前曾經向前輩請教如何寫作，前輩要他訂一個課程逼自己去觀察，這種課程是接受表演訓練的人都必須有的訓練，因為透過有意識的觀察，才能對不同的事物有更深的了解，並可以更精準的詮釋（王雅文，無日期）。

此外，創意也來自於好奇心，對於某些未知、少見的事物產生好奇，因而容易被吸引，進而想要了解。因為好奇心的驅動，人才會去體驗去觀察，最後激發出創意，所以創意和實際行動有很重要的關係；而催生創意還需要有興趣，有興趣才有行動的動力，有動力才會去執行去思考；此外要廣泛的涉獵，多蒐集、接收各種資訊和知識、經驗，多看多聽才能多想（王楊，2004）。

前美國心理學會會長基福特（P. J. Guilford）以心理學為基礎，發展出對創意做研究的J. P.法，將創意分成六種能力（王楊，2004）：

1.獨特的思考能力。
2.創新能力。
3.分析問題的能力。
4.良好的構思能力。
5.良好的表達能力。
6.勤奮工作的能力。

對於提高創意的方式，則有十二個步驟：明確的掌握問題、蒐集資訊、調查事實、排出問題順序、設定截止日期、設定解決目標、以理論追溯、活用關鍵字和核對表、描出印象、改變觀點、探求類比、執著思考；而從創意到企劃，則是一個具體、實際化的過程，因為再豐富的構想若不能實際融入企劃，也只是空想，稱不上是創意。而企

劃就是各種資訊的有機組合，構成其組成要素的各種創意也都是某種資訊，或把資訊加工、組合產生的另一種資訊。因此企劃者就是將不同的資訊變化、整理或運用，愈是靈活愈能有更好的創意，就是把創意的線索合成一個企劃，把訊息透過作業來形成企劃（賴明珠譯，1991；王楊，2004）。

　　最後，企劃並不是一個人可以完成的，在執行時需要很多人的參與和合作；對企劃者來說，企劃書是很重要的筆記，也是相關人員行動的準則，企劃者本身也要進行風險評估和預測，對於任何可能發生的狀況都要有備案或是應變方式，當企劃開始時，企劃書就變成流程管控進度稽核的最佳工具書（王雅文，無日期）。

二、資訊對企劃內容的重要

　　如前面所提，資訊的組合是創意和企劃的根本要點，或說是元素；沒有資訊，不僅無法產生靈感，即使能想出企劃或形成創意，也因為缺乏資訊而無法實際執行。

　　創意的資訊可以分成文字、體驗、觀察、思索四種，體驗和觀察是第一手資訊，有第一手資訊創造力也較豐富，同時企劃執行上也更順利。但第一手資訊在蒐集上較困難，往往需要親身投入才能得到，因此文字訊息相對就容易得多；但文字資訊因為蒐集容易，所以會有過多的資料讓人無法選擇，同時在資訊真假的判斷上也更困難，在行動上就會變慢，甚至會被誤導。而資訊的獲得有其方式，可提供企劃的資訊來源則包括像組織本身或其他組織的類似企劃案、建議檔案資料；專業的書刊或雜誌、期刊等；專家教授的知識；組織內或其他部門的市調資料、研究資料；國外組織的相關知識與資料；各學會、研討會所發表的文章（王楊，2004）。

表6-2　資訊的分類

資訊	文字資訊	新聞
		雜誌
		統計
		調查資料
	第一手資訊	觀察蒐集
		比較
		分類
		意義
		系統化
		傳說

資料來源：王楊（2004）。

　　以往的資訊蒐集，大多都是來自親身調查或是大眾媒體，或是文獻上的參考，但在現今社會，資訊蒐集和科技快速結合，其實已爲企劃的前奏鋪好一個方便的道路。資訊來源愈來愈多，愈來愈廣，且透過網路的交流，可以很快的和世界其他各地的人互相討論，得到更有效的資訊，即時性與豐富性也非常符合資訊的需求。再者，在企劃的部分，透過科技的快速傳達，能更有效率的讓合作者、參與者了解企劃的意義與內容，並隨時進行評估、討論或修正，而不需要像以往一樣層層的通報或傳遞。

　　在資料整理過程，則有幾點要注意（王楊，2004）：

1.**廣泛蒐集**：千萬不可太過局限在某一領域或範圍內的資料，透過廣泛的蒐集，必須要去注意和整理、分析，因爲豐富的資料才能有更多的靈感來源。

2.**分類**：資料蒐集時往往非常多且繁雜，因此要透過分類才能整理成有用的資訊，如此可以隨時做自由的搭配和組合，並在需要時馬上找到。

3.**選擇有關專業的報紙、雜誌、期刊或書籍**：這些資料內容往往

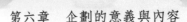

非常專業，能提供較正確且有研究基礎的資訊，同時也能跟隨時間而演進，符合當前的需要。

4.運用名片：作為企劃者，人脈的建立相當重要，除了在執行時能有所幫助，在資訊的蒐集上，專家、相關人士都是很好的來源。

而資訊的整理和分類，在科技與資料庫的幫忙下，能更有效的去進行，隨時支援企劃者的需要，因此，現今的企劃者具備的能力也必須包括運用科技的能力。傳統的方式已無法應付快速變遷的時代，企劃者唯有學習更新的技術和能力，才能免於被淘汰。

但科技的進步，也未必完全全對企劃、創意有正面的影響，首先在資訊蒐集上，網路資訊的氾濫所形成的錯誤資訊、假的資訊多所存在，且更難分辨是非或真假，無形中增加判斷上的困難度，也讓企劃構想風險提高。

 ## 企劃的發想

雖然企劃案的種類眾多，各類別處理的主題與目標不同，但進行企劃的程序則大同小異，因此，企劃過程是有脈絡可循的，因此本節分成企劃產生的過程和分析做探討。

一、企劃產生的過程

可分成三個部分，分別是掌握企劃背景與主題發想、訂定工作計畫、創意構想與評估。

(一)掌握企劃背景與主題發想

一個企劃的產生，必定有其所欲達成或解決的目標，而達成目標之前，必有許多問題需要了解與解決，因此，蒐集、整理背景資訊就顯得相當重要，如此，才能針對問題進行改革與策劃，如同必須診斷病徵才有辦法開出處方箋。

而掌握企劃背景又可視為「定位」的工作，包含幾個步驟：

1. 調查：包含已知資訊的分析與未知資訊的發掘。
2. 組合：對於手邊的資訊進行分析與組合，以求掌握企劃主題。
3. 質詢與確認：對於未詳盡的疑點進一步的詢問，並確認可動員的資源與時間，例如人力與物資等。

(二)訂定工作計畫

訂定工作計畫的目的在於確認企劃案的內容是否符合主題，對於預算和時間也必須有合理明確的安排，因此工作計畫必須包含幾個要素：確認主題是否符合邏輯性與可行性、訂定工作流程與日程表、詳細工作任務的分派、規劃預算分配。

(三)創意構想與評估

天馬行空的創意對企劃是沒有幫助的，創意必須經過結構化後才具有執行性，也才能對一個企劃案形成助益。創意通常指腦中浮現一種創新的想法、做法，因此，在創意發想的階段，任何創意都可以提出，以激盪出各種企劃元素。接著即進入構想階段，構想意味著將創意定型化、結構化，即將創意的想法付諸執行的方法。而進行構想的步驟有：先提出數個創意的想法並試著簡要的加以描繪；以企劃主題

為基本邏輯檢視創意的可行性，留下可以發展與執行的 idea；將留下的 idea 依照主題進一步的規劃，使其形成可執行的計畫。

以上談的是企劃發想的步驟，事實上，企劃的發想與執行奠定在對個案的內外部分析，唯有對資料的掌握清楚又明確，才能針對問題提出好的方案，以達到預定的目標。

二、進行分析

首先，必須了解個案的願景，長期、中期、短期目標，接著應就外在環境、內在條件與經營目標加以分析。外在環境是指企業機構面對的各項環境因素，可細分為競爭對手、產業、大環境及顧客四部分。

(一)外在環境分析

1. 競爭對手分析：企業辨識競爭對手的過程中，有時很難界定，可以分為兩個步驟進行：首先，從顧客著手，分析所有和本公司競爭相同顧客的產品與廠商，並辨識其替代程度，然後在替代程度較高的廠商中，依其策略不同，分門別類形成「策略群組」。在同一個群組中的競爭對手，是最重要的直接競爭者。

2. 產業分析：在產業分析方面，主要的任務有二：一是確認產業的規模與未來發展潛力；一是透過產品、市場、生產、技術等各方面分析，進一步了解產業中的成功關鍵因素。

3. 大環境分析：除了和企業直接相關的顧客、競爭對手或產業環境外，大環境的變動趨勢，對企業未來的發展也具關鍵因素，而大環境分析包括科技、政府、經濟、文化和人口五個層次。科技層面，關心未來是否有新科技出現，使得目前企業所採用

的技術遭淘汰；政府層面，政府財經政策與產業政策的改變，以及各項法令的修訂；經濟層面，通貨膨脹、經濟成長、失業狀況及各國貨幣間匯率。

4.顧客分析：主要目的在於，尋找並探詢市場各種可能的區隔方式，以及顧客的購買動機，藉以發現未被滿足的顧客需要。

(二)內在條件分析

除了分析外在環境外，還要進行自我分析，審視組織內部的各項問題，以了解企業目前經營績效、發展時可能受到的限制，和競爭者相互比較下的相對優勢。

1.經營績效分析：企業機構的自我分析，多以績效分析為起點。了解經營績效，就能了解目前情況與理想間的差距。

2.成本與附加價值分析：成本高低直接關係到企業的競爭條件，如果能從顧客觀點，分析每個活動的市場價值，同時了解潛在競爭對手的成本結構。

3.組織優劣勢分析：自我分析最關鍵的一項，就是確實認清企業機構本身具有的優劣勢。

(三)經營目標分析

目標是企業努力的方向，而任何一個企業所追求的基本目標，均立基於生存、利潤與成長，企業除了基本目標外，初創時核心幹部對機構共同界定的宗旨與使命、企業運作過程中內部員工所共同形成的共識（吳思華，2001）。

以上談到內外環境的分析，其分析方法有：

■小組面談

　　向少數（通常5到7名左右）的消費者，直接而且深入去聽取受訪者意見，行銷企劃單位可從發言中，就閱聽大眾、消費者想過何種生活、想著什麼、有何不滿、希望何種活動等，尋找方向性。小組面談可事先設定架構或採自由回答方式，或採取兼具設定架構和自由回答的類型，採取小組方式，可發揮許多效果：

　　1.綜效作用（synergism）：透過出席者的交互作用、相互作用，可以獲得比各自面談更大的效果。

　　2.雪球作用（snowballing）：不斷累積發言，內容兼具廣度與深度。

　　3.刺激（stimulation）：多人的言談內容形成腦力激盪，不斷刺激下次發言。

　　4.安心感（security）：非單獨受訪，出席者具安心感，能促使發言。

　　5.自發性（spontaneity）：非強迫發言，因是集體合作，所以也會主動發言。

　　6.意外發現（serendipity）：會議主持人、出席者，有可能從熱烈討論氣氛中獲得意外發現。

　　不過主持單位須注意，「什麼都行，試著問看看」方式的面談，是完全行不通的。如果沒有企劃草案，小組面談形同大海撈針，變成困難、沒有成效的作業。

■意見調查

　　進行小組面談可從受訪者的發言中，尋找大方向，意見調查則可藉由進一步調查，進行科學化的解析。最好的方式為先實施小組面

談，依照它的結果再實施意見調查。一般的意見調查步驟，簡略可分為：決定主題、設定假設、決定調查法、製作問卷、決定被調查對象、實施調查、分析結果和報告追蹤。

 ## 好的企劃與企劃者應具備的條件

企劃的種類繁多，為因應不同的目標與環境，也有不同的企劃方式，但好的企劃仍有一定須具備的條件；此外，企劃者是整個企劃的核心靈魂，透過企劃者的創意與發想，才有企劃的誕生以及後續的執行。因此，好的企劃其前提就是好的企劃者，能在有限的資源下根據環境和現況產生出最有效益的企劃。

一、好的企劃的條件

好的企劃可能是指一件事擁有不錯的想法或是特殊的構想，也可能是指達成某一可實現成果的實施計畫，而企劃之所以有其必要，在於公司想在目前的營運狀況、教育或廣告的方法上附加更多效益，或採取更有效的方式、導入新的想法，有此意圖後，便有必要做企劃（賴明珠譯，1991）。

創意一開始只是想法，必須透過執行才能實踐，有目標有方法的來實踐創意或用創意來執行，整體來說可稱為企劃，而完成這個企劃過程的能力就叫作企劃力（王雅文，無日期）。

好的企劃，就是企劃力的呈現。企劃力有兩大要素，分別是（賴明珠譯，1991）：

1.企劃內容的新穎：企劃案中要有全新的企劃和構想，也就是能讓

人驚豔或是感到驚奇的想法，特殊的企劃才能吸引對方的目光。

2.企劃實現的可能性：再有創意、再高明的企劃，若無法實現也都只是空談，因此餅畫得大並沒有用，愈能實現且有效果的企劃，才是真正有用的。

　　因此，好的創意和有實現的可能性，才有最大的期待效果。但企劃也有其基本程序，根據江川朗（賴明珠譯，1991）提出的程序共有四步驟，十五個程序：

1.第一步驟：

　(1)發現企劃對象。

　(2)選出企劃對象。

　(3)明確認識企劃對象。

　(4)調查、掌握企劃對象。

2.第二步驟：

　(1)描繪企劃輪廓。

　(2)設立企劃目標。

　(3)探求企劃發想點。

　(4)醞釀創意，產生構想。

3.第三步驟：

　(1)整理企劃。

　(2)預測結果。

　(3)選出企劃案。

4.第四步驟：

　(1)準備提案。

　(2)提案。

　(3)付諸實行。

　(4)將結果運用於下一個企劃。

但以上所提乃企劃執行前的條件，此時的預估存在部分風險，畢竟企劃並未真正執行，結果如何還很難說，這時好的企劃只是看起來很好，執行起來卻未必如此。因此好的企劃最終還是要看能否達到目標，這期間需要判定，而過程是否順利，更需要一些評估的方式。

在目標上，企劃的目標制訂是要可以測量的，甚至是可以量化的，例如提高原本收益的5%；再來目標要有行動導向，實現目標後能有相對應的效益，例如提高市場占有率；同時目標要是可行的，或是說要具體的講目標為何，不可含糊，如一個月內達成，不可以說近期希望能完成；目標也要可以讓人有所熱情和動力，並能評價，所謂的評價就是可以有指標做評估（王楊，2004）。

在指標部分，則有幾項要點要注意（王楊，2004）：

1.客觀性：公正公開，且評估資料盡可能是第一手數據。
2.可比性：採用統一的指標或方式，並參考相關文獻或同業。
3.時效性：依據情況制訂長期或短期的計畫。
4.易操作性：指標上要盡量簡化，並充分反映成果。
5.綜合性：層面和方向要顧及各個部分。

二、好的企劃者的條件

好的企劃者必須能確實達到好的企劃條件，因此能夠有創意、創新力，同時能把企劃確切付諸實行，就是一個好的企劃者的條件。但一般的企劃者往往只能達到第一個條件，只具備創意能力，紙上談兵，無法真正有具體成果；又或者雖然執行力強，但缺乏創意，只能做執行、聽命的工作。

光有創意跟點子是絕對不夠的，有時甚至一個好的企劃，公司要求的是能夠真正執行並完成的人，企劃創意反而在其次，因為一個無

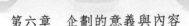

法執行的企劃等於沒有企劃。因此不論是提高收益、行銷、增加員工士氣等，能夠達到這些目標的企劃者才真的有用，因此可以常見一個非常有意思的企劃，主管會說這在本公司可能無法做到、企劃很有趣但真的能做到嗎？各種質疑都會出現（賴明珠譯，1991）。

　　因此，首先企劃者就必須將企劃和現況結合，例如公司的營運狀況、員工、預算等等，了解自己有多少資源以及該設定何種可以達成的目標，同時這些內容也要能讓目標對象和合作同仁輕易的了解，以便日後可以更有效達成。總而言之，企劃要配合公司的環境來發想，創意固然重要，但創意如不能符合公司需求，便是白費。

　　此外，即使做出了符合組織或公司的企劃，也要讓主管認同並接受，更進一步要讓全體員工合作一起完成，這也是很困難的部分。因為首先要讓主管接受，企劃者本身要能說服主管，要有一定的溝通和行銷技巧，懂得凸顯企劃的好處來吸引主管，接著困難的部分在於讓員工參與。因為主管的同意，不代表員工能確實配合，尤其某些企劃可能會改變組織傳統、既有規定或既得利益者，往往會引起很大的反彈，這時企劃者本身要有危機處理和解決問題的能力，面對各種可能的反彈聲浪要加以處置，讓企劃順利的在組織內運行。

　　過去美國企業管理協會曾對4,000名企劃主管做調查，整理出十九項優秀企劃主管要具備的能力（王楊，2004）：工作效率高、有進取心、邏輯思維能力強、創造力豐富、有較強的判斷力、有自信、能幫助他人、為人師表、善於使用個人權力、善於運用集體智慧、善於利用交談做工作、善於建立親密的人際關係、樂觀、深入第一線和下屬一起執行、有自制力、主動果斷、客觀公正、善於自我批評、勤儉而有靈活性。

　　企劃人才大多需要經過長年的經驗累積，而不是單靠某些理論或書本、手冊便能執行，雖然企劃有基本的準則，可以從別人的經驗中得到收穫，但還是要靠自己的實際經歷才能了解企劃的真實。但企劃

者的優劣一定有其因素存在，為何有些人總是能順利的執行企劃、為組織帶來效益，有些人不是企劃不被接受，就是無法順利執行達到預期目標，其中的差別在於好的企劃者和差的企劃者，他們在決定對象和目標時有所不同、把想法或創意變成具體可行的方案能力不同、企劃的發想點和重點也不同、提出企劃和付諸實行的能力不同（賴明珠譯，1991）。

因為這些能力和重點的不同，不同企劃者即使提的是同樣的企劃，結果也可能天差地遠。例如有些企劃者能照企劃確實達到步驟和目標，有些企劃者可能一直在delay或無法達成目標，執行力不足，而其中因素包括員工不支持、企劃者本身做事的能力和效率等各種因素。

問題與討論

1. 你認為曾規劃或計劃過什麼企劃嗎？像是社團、課業等等。
2. 你認為你曾執行過什麼企劃嗎？
3. 企劃和真正執行上是否完全一樣？或又有什麼樣的差異？
4. 好的企劃應該具備哪些條件或要點？
5. 如何在有限資源下讓企劃發揮最大的效果或效用？

參考書目

一、中文部分

王雅文（無日期）。〈創意與企劃力〉，《博智網》，10。上網日期：2010年3月18日。取自http://www.3wnet.com.tw/strategy2/default.asp?INDEX=10。

王楊（2004）。《企劃管理》。台北：讀品文化。

世界商務策劃師聯合會（2010）。〈WBSA企劃工作定義〉。上網日期：2010年3月18日，取自http://www.wbsa.com.tw/front/bin/ptlist.phtml?Category=225637。

吳思華（2001）。〈知識經濟、知識資本與知識管理〉，《台灣產業研究》，40。台北：遠流，

許安琪（2001）。《整合行銷傳播引論——全球化與在地化行銷大趨勢》。台北：學富文化。

陳素恩（無日期）。〈如何編寫企劃案〉。上網日期：2010年3月22日，取自http://www.or.com.tw/mz/down_mz_7/down_mz_7-20.htm。

曾曉煜（2005）。〈多頻道競爭市場之節目多樣化分析〉，《傳播與管理》，4：57-89。

葉相宜（2006）。《檢視廣電媒體生態與收視品質研究的發展契機》。南華大學傳播管理研究所碩士論文。

劉美琪（1998）。〈廣告媒體研究——問題與展望〉，《廣告學研究》，10：143-158。

劉美琪、許安琪、漆梅君、于心如（2000）。《當代廣告——概念與操作》。台北，學富文化。

蕭湘文（2005）。《廣告傳播》。台北：威仕曼文化。

賴明珠譯（1991）。《企劃技術手冊——完成一個企劃案的全程說明》。台北：遠流〔原書江川朗，《企劃力101法則》〕。

二、英文部分

Avery, J. (1997). *Advertising campaign planning: Developing an advertising*

based marketing Plan. Chicago: Copy Workshop.

Belch, George E., & Belch, Michael A. (2007). *Advertising and promotion: An integrated marketing communications perspective*. Boston: McGraw-Hill Irwin.

Butler, R., & Cass, R. (1978). Book circulation at Leeds University Student Library: an off-line system incorporating bibliographic information. *Program: Electronic Library and Information Systems*, 12 (1): 16-25.

Percy, L. (1997). *Strategies for implementing integrated marketing communications*. Lincolnwood, Ill.: NTC Business Books; Chicago: American Marketing Associated.

第七章
媒體企劃的執行與評估

- 什麼是媒體企劃
- 媒體企劃的分際
- 媒體企劃執行流程
- 媒體效果與評估——測量數據的使用

本章導讀

　　現代人從早上起床一睜開眼，一直到就寢，幾乎無時無刻不被各式型態的媒體訊息包圍，舉凡報紙、電視、廣播、戶外媒體、網路媒體。這些媒體扮演著兩種角色：對閱聽大眾或消費者而言，媒體提供各種資訊與娛樂；對於廣告主而言，媒體則提供一個傳播的平台，傳遞產品與服務的資訊給消費者。因此，媒體市場是個雙元的市場，一方面是媒介產品市場，以電視市場而言，消費者以收視時間或收視費交換由電視媒體提供的產品（電視節目）；另一方面是廣告市場，電視媒體在提供節目給消費者時，也提供廣告時段給廣告商，也就是將閱聽人看節目的時間賣給廣告客戶。

　　廠商藉由廣告告知消費者訊息，而訊息的傳遞則有賴於媒體，一則廣告訊息，若沒有媒體的幫助，是無法傳播給消費者的，因此，一個完善的行銷計畫，包含市場分析、產品分析、消費者分析、廣告策略與製作及媒體計畫。而現今媒體環境有幾個重點：一是不再是單一媒體，而是集團媒體，各電視台或是報紙等不再只是擁有單一種類的媒體，可能同時擁有報紙、電視、網路、雜誌等多種，是以在媒體企劃的同時，就有更多的發揮空間和層次變化，多元的媒體搭配也使媒體企劃更為廣泛，這不只讓廣告主有更多選擇，也讓閱聽人觸碰到訊息的機會提高。但雖然如此，這也可能造成媒體內容的多元化受限，畢竟同一個廣告出現在同家企業下的各種媒體，就會排擠其他訊息的出現。

　　而現在的媒體環境也不再只是「廣告」，在置入行銷當道的影響下，各類節目、戲劇，甚至新聞都充滿廣告訊息，也讓廣告主有更多機會進入消費者生活。置入行銷將在其他章節做詳述，本章將從企劃的世界進到媒體企劃的層面，如前章所述，不同種類或產

業的企劃各有不同，媒體企劃也有其目標和特色，一方面是針對廣告主，但另一方面要同時吸引閱聽大眾，不像是商業產品的企劃可能只是針對消費者來進行。

　　在置入行銷的加入下，媒體企劃也不再只是單一的廣告呈現，更包括節目內容的搭配，而在我國國家通訊傳播委員會「節目廣告化和廣告節目化」等規範下，要如何不違法又能符合廣告主需要，也成為媒體最頭痛的問題。再者，媒體企劃的預算、結案等等，也都是一個企劃應注意的細節，也讓企劃者面對的不只是吸引觀眾的問題，還包括有限的資源和時間等，而媒體種類多元，一方面看似呈現次數更多，但一方面也讓企劃者如何去搭配顯得更加困難，而擁有新聞媒體（如報紙）的企業，更要在不違反新聞專業、新聞倫理下執行企劃，這是絕對必要的前提，但也讓媒體企劃工作者面對更多的挑戰。

　　前一章，我們就各種形式的企劃做了清楚的分析和說明，本章則完全針對媒體企劃部分做一綜合性的整理與分析，重點是，所有企劃案都必須觸達其對象並產生效果才算是有效，而媒體企劃正是這一目標的完整呈現，因此是十分重要的。

 ## 什麼是媒體企劃

　　媒體企劃（media planning）指的是「在適當的時機，使用合適、特定的媒體或媒體組合，將訊息傳遞給目標群眾的一連串過程及方法」。媒體是傳送訊息的載具，閱聽人透過媒體來了解社會各地所發生的事情。身在現今資訊爆炸的社會中，媒體不僅樣貌多元，而且是

鋪天蓋地的隱身在我們日常生活中。

一、媒體企劃的意義

聰明的廣告主也發現，使用媒體來接觸消費者，無疑是最有效、最便捷的一種傳播方式。不過，當廣告主在進行產品宣傳或行銷時，常常會碰到：「我應該使用什麼樣的傳播工具，來傳送廣告或服務給目標消費者，效果才會最好？」的問題。

為了因應及解決廣告客戶行銷或宣傳上的各種疑難雜症，媒體企劃因此誕生。簡而言之，媒體企劃就是以一整套縝密的計畫，提供廣告客戶最有效的媒體宣傳方案，幫助廣告客戶選擇傳播工具，將訊息精準地傳達給目標消費者。

當媒體企劃受到廣告客戶認可後，就會成為媒體企劃工作者選擇、使用及購買媒體的一份「藍圖」，媒體企劃者必須根據這份藍圖，「按圖索驥」，依照企劃書中預先擬訂好的各項目標，逐步去完成，以避免錯誤發生，造成資源浪費（Sissors & Bumba, 1995）。

通常，我們在進行媒體企劃時，經常會碰觸及考量的問題，不外乎有以下幾個：

1. 應該選擇什麼樣的傳播媒介（或傳播工具）來傳播訊息給消費者？
2. 廣告訊息應該選擇什麼時機曝光才會有效果？
3. 一則廣告在一段時間內應該出現多少次數？
4. 需要使用多少媒體才能達到預期的涵蓋率及效果？
5. 要選擇單一媒體或多種媒體組合？
6. 應該選擇什麼樣的版面或時段？
7. 廣告訊息應該選擇在哪幾個市場或哪幾個區域曝光？

8.媒體預算應該花費多少？在每個媒體上應該花費多少錢？

二、媒體企劃者的角色及條件

要成為一位專業的媒體企劃工作者，首先要具備的條件及認知，就是要學會辨認消費者的「特殊媒體需求」，以幫助客戶選擇適當媒體，解決訊息傳遞上的問題。

舉例而言，假設當某位消費者在購買筆記型電腦前，他想先了解筆電的相關資訊，再決定是否購買。此時，他可以使用的媒體管道包括：閱讀店家傳單、瀏覽BBS或專業部落格、觀看電視購物頻道介紹等，消費者透過這些媒體管道以獲得筆記型電腦的各種品牌及型號、價格、功能等。

然而，每位消費者最終會選擇使用的媒體，都會有些許差異，有些人會選擇使用單一媒體，而有些人則可能同時使用兩種以上的媒體管道來獲得資訊。這也意味著，每位消費者對於媒體的需求都不相同，通常會閱讀傳單或觀看電視購物頻道的消費者是較「被動」的閱聽人，而瀏覽、搜尋網路媒體的消費者則屬於「主動」的閱聽人。

此外，現今媒體企劃者的角色也有所改變。早期因為媒體較少，而且也鮮少有媒體對閱聽大眾進行調查的資料，以利媒體企劃者進行決策，因此早期媒體企劃的角色只停留在單純的「書記性」工作上。

但是「市場概念」的興起，為媒體企劃帶來了一些改變。市場概念注重的是市場趨勢，以及消費者的購買動機、行為及偏好等問題，所以媒體企劃者必須從過去獨立作業的書記性工作，轉變成對市場變化敏銳度高、懂得與消費者互動的角色。

從另一個角度來看，由於媒體企劃的前提是商品行銷。媒體企劃從來就不應在一開始就考慮「該選何種媒體」或「該使用電視或雜誌」此類問題的解答，而應考慮的是「如何將訊息傳達給目標消費

者」。如果不了解行銷問題就開始做媒體企劃，將會事倍功半，因此，行銷分析的準確度，幾乎注定了媒體企劃的成敗。

綜合上述，新時代的專業媒體企劃者，必須扮演的角色和條件包括：具備廣博的知識、了解各種新興媒體、熟悉市場脈動、與消費者互動進行消費者調查、能夠辨認消費者特殊媒體需求。最重要的是，媒體企劃者必須能在特定的市場環境中，提供廣告主最適宜的媒體方案或決策，並且在「市場取向」與「創意」之間取得最佳平衡點。

媒體企劃的分際

在媒體組織中，媒體企劃隸屬在媒體的業務部或廣告部，常以專案組或企劃組掛名。媒體企劃必須面對其他單位，進行溝通、提案、說服的工作，常常周旋在客戶與公司各部門之間，裡外不是人。其實這個角色非常辛苦，也是最可憐的，需要懂得所有環節，才能跟各部門溝通，也才能提出最完美的企劃案。

一、如何面對配合單位

媒體企劃經常面對的部門主要有：

1.**新聞部／編輯部**：負責新聞報導或配合相關議題進行採訪安排等。
2.**節目部**：負責節目置入、專訪規劃及錄影。
3.**製作部／設計部**：負責美術編輯或動畫製作等。
4.**財務部**：審核專案的預算及支出費用。
5.**業務部**：與媒體企劃關係最親近，常有業務同仁會帶回客戶的需求，要求撰寫企劃書及陪同提案。

由於各部門各司其職，需要尊重各部門的專業及其業務範疇。撰寫企劃案前，如有關係到某一部門的業務，需要事先進行溝通，切忌先斬後奏，或強人所難，造成其他部門的困擾，或允諾了客戶根本無法執行的內容。因此一個好的媒體企劃者，需要充分理解如何面對配合單位，俾便事半功倍。

二、媒體企劃常遇到的困難

雖然媒體企劃在現今行銷、廣告案中已經變得非常重要，但它在執行上仍會遇到許多問題及困難，致使媒體企劃者要完成任務仍然要花上許多心力。現今媒體企劃常遇到的困難主要為如下數端：

(一)媒體數量繁多

媒體企劃者最常碰到的問題就是媒體擴張太快，這意味著媒體選擇的數目也相對增加。而媒體數量的增加，混亂也隨之而來。有那麼多的廣告刊登在不同的媒體上，可能導致它的影響力比我們實際上所看到的更少。

(二)媒體資料統計不完整

人們無法取得媒體或市場的資料，常常不是因為受眾無法測量，要不然就是資料太昂貴，以致無法蒐集。目前沒有一種持續的調查法去測量有關受眾對暴露於戶外廣告的反應，在消費市場中，AM與FM的廣播收聽，或對於電視的收看，也都沒有一種長期的調查方法。

(三)媒體沒有衡量到閱聽大眾數量

在做媒體企劃時，對於某個媒體能吸引到多少顧客，大多只有概

略性的了解，因此企劃者必須想盡辦法「預測」閱聽大眾的數量。然而，這只是一項預測，傳統的媒體通常交由外面的調查機構持續進行市場調查。所以，通常媒體企劃者在需要了解吸引閱聽大眾有多少的證據時，傳統媒體會比非傳統媒體更為安全。

(四)時間壓力

時間壓力是影響媒體企劃者提出媒體計畫的另一項重大因素。在許多案例中，媒體企劃者需要競爭媒體的經費分析，來顯示每個競爭者在主要市場的花費。蒐集這樣的資訊，對媒體分析來說，是個耗時的工作，導致企劃者為了快速完成媒體企劃書，而忽略這項調查。另外，在任何一個特定時間裡，廣告商可購買的時間與節目數量都有限制。這問題夾雜著假使廣告主慢慢去贊同預算，最後往往大部分合意的時段或節目，在廣告代理商進入市場之前就已經被買走了。

(五)媒體統計數據缺乏客觀性、比較性

媒體企劃者並非是經常客觀的，而過度信賴數據，例如：收視率、閱聽率等，會影響到其客觀性。一般來說，去爭論根據數據而制訂的決策是很困難的。事實上，數據有時也會造成誤導，可能是測量方法不正確、樣本數太少、測量技術有偏斜，或太過於遲鈍，或是媒體企劃者無法獲得真正有意義的主要數據等，這些都會影響決策制訂者的客觀性。

(六)缺乏測量廣告媒體影響力的數據

因為沒有正確的方式去測量廣告的影響力，所以很難證明媒體決策是具有影響力的。因此，決策制訂沒有辦法提出更多更有力的證據，去證明某一個媒體比另外一個媒體更好。通常媒體企劃者會偏好

其所喜愛的媒體超過其他媒體，同時會不顧一切地信任其所偏好的媒體，這樣反而忽略了統計值或其他客觀的數據。

媒體企劃執行流程

媒體企劃與廣告策略是相輔相成的，嚴格來說，廣告策略是媒體企劃的基礎，而媒體企劃是在廣告策略的架構下推行。讓客戶了解應該選擇何種媒體工具，如何分配每種媒體工具的比例與時間，才能使廣告策略發揮最大的效益（蕭湘文，2005）。

一般而言，一個完整的媒體企劃，其執行流程與步驟應包括：認識客戶與產品→了解宣傳目標→選定媒體包裝→執行期程與報價→追蹤與執行→結案與請款。

一、認識客戶與產品

媒體企劃者、媒體、客戶、消費者的相互關係，對媒體企劃者而言，必須向客戶爭取廣告業務之企劃，選擇適當的媒體暴露方案；對客戶而言，委託媒體企劃者規劃設計，針對消費者、閱聽人推銷服務與產品；對媒體而言，向媒體企劃者介紹、提供各種媒體工具與媒體組合，也提供消費者、閱聽人最佳品質廣告內容；對消費者、閱聽人而言，經過媒體傳播之後，吸收各種有效資訊，產生購買印象及決策。

媒體企劃有賴準確的行銷分析，行銷分析能使行銷與媒體企劃者綜覽市場上與客戶抗衡的競爭者，更可提供問題的細節、解決的方法，並且了解客戶可以取得哪些市場優勢（Barban, Crstol, & Kopec, 1993）。

執行行銷分析前的首要課題，便是認識客戶與產品。所謂的客戶，包括企業廣告主（直客）、廣告代理商、公家機關（標案）。

委託廣告代理商做媒體企劃並宣傳推廣者，稱爲廣告主。一般企業的廣告主，其目的是推展有形產品或無形服務，並藉由廣告代理商的特殊手法包裝介紹，來刺激消費者購買；政府機關的廣告目的則是以宣導公共政策或建立公益形象爲主；至於財團法人如公益團體、學校或教會等，則是以公益或公關廣告爲主，再利用各種科技媒體傳送給目標消費者，並爭取所有潛在消費者認同，最後給予支持或產生購買行爲。

至於廣告代理商則是媒體與客戶之間的仲介人，其擁有各個專門負責研究如何執行廣告任務的部門。起初，廣告代理商只是負責幫客戶找到刊登廣告的地方，幫媒體找到廣告的刊登者，後來廣告商逐漸提供更多服務，從廣告設計到製作推出，因此，廣告代理商也可視爲專業的行銷顧問（榮泰生，1991b）。

產品則分爲實體產品、形象包裝、活動推廣。認識客戶的產品屬性，有助於媒體企劃者擬訂出正確的媒體策略。對於產品的認識與分析，有以下四個方向：

1. **產品的顧客**：對消費者的描述分析，在於了解消費者採購時的購買習慣、在哪些通路購買、常採購的尺寸樣式及顏色、消費者如何及何時使用產品，並分辨購買者與使用者的關係，這些資訊都有利於媒體企劃者未來選定媒體目標。

2. **產品分析**：產品分析包括產品的研發及由來，而新產品的研發對競爭品牌的影響，及顧客對於各種品牌價值上的認知等，對媒體企劃者而言，都是重要的背景資訊。

3. **產品生命週期**：在不同產品的生命週期中，媒體策略會因產品所處的生命週期狀態，在到達率及接觸率的比重上，有不同的

安排。

4.**產品配銷通路**：銷售常會因為較弱的配銷能力而產生問題，而非廣告的因素；配銷通路的相關資訊也會影響媒體策略，並幫助企劃者了解對媒體的運用與分配。

二、了解宣傳目標

認識客戶與產品之後，接下來就是要了解宣傳目標，其中包括確定目標市場，這對於可能購買產品或需要服務的人最重要；也就是說，行銷的目標市場應該達到，與何時何種廣告應該被注意到。

每一種產品、活動或企業，都會有一種或多種最主要的目標對象，以刮鬍刀為例，宣傳主要目標對象（target）為男性，次要目標為有伴侶的女性（如女友、老婆或情婦……），再次為子女或父母。另外，針對不同的價位與種類，目標也會隨之變動。

所謂了解宣傳目標，也就是要了解對誰宣傳所得到的正向效果最大。以前述的刮鬍刀為例，如果媒體企劃者將宣傳主要目標，男女對調，相信得到的宣傳效果也會相反。所以抓準對的人來做宣傳，才不會白費力氣。

各種媒體因為不同的特性，面對的宣傳目標也各有不同，以下就幾種常見的媒體來做介紹：

(一)電視

電視可能經過計畫性的選擇以吸引有選擇性和大量的市場，加之具有影像與聲音為動態的賣點，觸及率大，所以是目前最強勢的媒體。其主要宣傳目標也最普遍，包括所有收視大眾；其中因不同的頻道又可以區分為不同的目標，例如專業的運動競賽，其觀眾則以男

性為主,而兒童節目則大多規劃在假日早上,這些都是滿足觀眾的選擇。

(二)報紙

具有即時性、區域性、彈性與廣大的接觸面等特性,而且報紙的保存性強,較電視的論述更為深入。主要宣傳目標為相對年齡層較高的閱聽人。

(三)網路

現代網際網路已經成為新興的廣告工具,由於具備傳遞文字、聲音、動畫與影像的多媒體功能,加上即時性比報紙更具優勢,所以互動性更高,訊息也更迅速。主要宣傳目標為年輕族群、一般上班族、部落客等。

(四)雜誌

雜誌可以很成功的選擇讀者的類型,例如汽車、運動、美食、旅遊等各類有關於嗜好的雜誌,有關於特殊方面的專業雜誌等,使得廣告商可以針對有特定需要的族群做廣告。另外,雜誌也具有長效性與傳閱性,內容更為精緻,因此較易鎖定族群。主要宣傳目標為專業性小眾。

(五)廣播

收音機可以滿足目標聽眾的需求,經過節目規劃的專門化,一個無線電台變成聲音以吸引特別的聽眾。另外,廣播不受時空限制,機動性高,像開車族在行駛中,廣播變成最能滿足聽眾的一種工具。主

要宣傳目標為車輛使用者、學生與勞動者。

(六)戶外媒體

　　戶外媒體廣告範圍很大，具有強迫性、被動式接觸的特性，消費者經常在沒有選擇的情況下觀看到。主要宣傳目標為廣大的過路人。

三、選定媒體包裝

　　媒體企劃的過程在資料蒐集分析匯整之後，依其市場目標、產品定位及銷售計畫的方案，來決定媒體企劃中選擇媒體的形式。這個策略決定之後，媒體企劃的執行便隨即開始。

　　所有已經成形的媒體決策中，最重要的是選擇個別的媒介。在媒體的選擇上，是要去選擇符合成本效益來達到很多目標的媒體，更進一步來說，要藉由需求層面，並從其優者做選擇，來判定各種媒體使用的價值。

　　判斷媒體價值的最重要依據，必須結合以下兩個原則：(1)找出可以達成大多數目標的形式；(2)在許多媒體形式中，選出最低價格者。

　　使用這兩種原則予以結合的方式，在今日而言，是最被廣泛使用的。廣告與行銷的企劃都分別清楚地指出欲達成特定目標，假設這些目標可以精確的被確認，那麼選擇媒體的形式，以符合媒體的需求，達到最多目標的方案為其考量（榮泰生，1991b）。

　　然而必須注意的是，選擇或放棄運用任何一種媒體時，並非總是僅僅依賴著找出能達成大量目標的媒體，在決策過程中，往往存在著另外一個變數，那就是產品需要媒體較高的曝光率，當需要高曝光率出現時，較低成本花費的媒體形式，將可以成為被選擇的依據。因為當成本效益與廣告頻率成反比時，選擇媒體的過程，就可能會導致為

求取高頻率的播放，而且較少成本效益的支出。但是有許多媒體企劃者，會選擇較低成本支出的形式，卻也選擇更低的播放率。例如：針對某些少數特定的消費族群，或是利用議題上新聞節目等方式。

有些媒體企劃者傾向使用獲得「高效益」與「低成本」兩種目標為選擇媒體使用的依據，這兩種依據幾乎就能定義媒體的價值，除此之外，在選擇媒體的過程中，價值面構成的要素也是極為重要。

其實，能夠達成兩種目標並非常態，在實際運用上，廣告主常常會寧願選擇其一而為之。

當媒體企劃者已選擇能達成最大目標的媒體形式時，卻發現對消費者最不具效率時，該怎麼辦？如果遇到這種情況，媒體企劃者必須在媒體形式與消費者之間評估作為最後選擇的依據，否則就是妥協，並且選擇可達成以上兩種目標（即高效益與低成本）的媒體形式。

在進行媒體選擇時，有三大方向是必須評估的：

(一)評估媒體策略上的效果

在評估不同廣告媒體形式時，以一定比例來接觸訴求對象是非常重要的；換句話說，一個媒體企劃者如果以媒體的訴求對象為前提作為評估時，並不希望得到的是一份雜亂無章的抽樣資料。為了能夠得到確切的比例數據，媒體企劃者應該研究產品使用的消費者，以及人口的統計資料，然後再利用判斷來決定所需的比例。為了傳達至消費者需要的分配效果，媒體企劃者也應當要注意到同樣形式的媒體，並不是一成不變被使用的。例如一個以男性為導向的媒體，及以女性為導向的媒體，有可能結合了雙重的閱聽人，這就會產生一種網狀效應，而這種效應會依據訴求對象而分散了整體效果。

(二)選擇次要閱聽人之考量

次要閱聽人在選擇媒體評估時，也是必須被考慮的，因為主要閱聽人比較有機會接觸到，而次要閱聽人則不然，所以對媒體企劃者而言，主要閱聽人應該比較重要。但是，實際上要決定次要閱聽人的價值重要性，最好的基礎是建立在所訴求的對象中，個人的重要性如何，以及所提供的媒體廣告必須要去看的機會如何。例如前面所提到刮鬍刀的例子，女性是次要閱聽人，也許她們只接收到刮鬍刀廣告僅僅一次或兩次的機會，但是比起接收到刮鬍刀二十次機會的男性消費者，這些女性鎖定品牌的機會可能更高。

(三)媒體需求的必要性

一個媒體企劃者在選用媒體時，必須考慮到：雖然有些媒體非常有效的能吸引閱聽人的目光，但其所傳達的訊息，有時卻會掩蓋事實真相。例如媒體企劃者發現電視是將宣傳目標傳遞給觀眾最佳的方式，但事實上卻減少電視收視人數，而增加雜誌的閱讀人數（Sissors & Bumba, 1994）。

換句話說，數字的作用並不代表在媒體曝光後效用的程度，媒體的必要程度是一種研究方式，是一種提供電視與雜誌曝光程度的資料。電視的必要程度表現在電視高收視率和雜誌低閱讀率上，如同雜誌的必要程度也表現在高閱讀率與低收視率上。除此之外，媒體的必要性也可同時代表兩種觀眾取向（或個人重複在兩種媒體之間，與個人鮮少接觸廣告）。

媒體需求的研究，能引導媒體企劃者更改方向上的花費，不論在電視或雜誌媒體的選擇都是。但這些資料並不能回答所有的問題，只是增加量化資料的尺度，以幫助解決所選擇的疑問，並且協助預算的

分配。

值得注意的是，現階段的媒體企劃已跳脫單一媒體的企劃，為的是要抓住不同媒體使用習慣的族群。若預算有限，則考量以單一媒體為主。因為媒體價格不低，與其讓微少預算全部分散看不見，不如集中火力強打。

四、執行期程與報價

選定了媒體策略與配合的方式，接下來就是要幫客戶規劃執行的時間表。雖然企劃案可以洋洋灑灑、長篇大論，但是客戶最重視的還是「執行期程與報價」這個部分，媒體企劃者要向客戶報告廣告訊息揭露的內容、次數、時間及各媒體所需支付的單價和總金額。

通常，媒體排程有以下幾種類型：

1. 持續型（continuity）：也就是在一定的廣告期間內，維持一定程度的連續刊播，如每月分都刊播廣告且強度相同。
2. 間隔型（flighting）：在一定的廣告期間內，廣告刊播是斷續的，如廣告集中在1、2、6、7、12月，其餘時間皆不刊播廣告。
3. 脈動型（pulsing）：在一定的廣告期間內，廣告刊播從不間斷，但每月分的數量則有強弱分別（Avery, 1997）。

此外，在媒體企劃中，廣告訊息的「到達率」與「暴露頻次」是最重要的兩個因素。這兩個因素通常比廣告訊息的持續性及目標市場數更須優先考量。

到達率通常被使用在新產品與新價格出現時，用來建立品牌知名度。在做促銷活動時，也需要高到達率，以便使消費者知道相關的活

動訊息。當品牌排名改變，或創意策略改變時，高到達率就相當地重要。有時，爲了要搶奪競爭者品牌的消費者，到達率必須要與競爭者相等，或是比競爭者更高。

高暴露頻次通常是被使用在品牌知名度的宣傳上，經常使用在想超越競爭者的暴露頻次，或消費者已經注意到廣告訊息的情況下。

一般觀念中，認爲「無時無刻」都要打廣告，以促使消費者購買特定的產品或品牌。但這種觀念會因產品別而有所改變，有些產品只在顧客有需要時，才須打廣告，因此做媒體企劃時，還須考量產品種類的購買週期；有些產品屬於「季節性商品」，一年裡面只有一段時間是銷售旺季，例如：啤酒產品，廣告代理商通常會把廣告預算集中在夏季，而羽絨衣或聖誕商品則會集中在冬季。但平時還是可以定期刊出少量廣告，使產品在廣告熱季時的效果更好（Donnelly, 1996）。

然而，不管選擇什麼形式的媒體排程、暴露方式，媒體企劃者除要考慮客戶的產品銷售週期外，最終須考量的核心關鍵，還是在於廣告客戶編列的媒體預算多寡。

媒體企劃者必須根據媒體預算的金額來擬訂媒體排程及暴露方式，每一塊錢都須花在刀口上，並且要發揮最大的宣傳效益，才能讓廣告客戶感到滿意，因爲「在商言商」，「錢」還是一般廣告客戶最關心的問題，切記！

五、追蹤與執行

在媒體企劃案執行後，必須要了解廣告是否如期出現，媒體企劃是否順利進行，以及效果如何。原則上，要了解廣告是否在報紙、雜誌上刊登比較容易，只要有當日或當期的刊物便可輕易得到資訊。

電視台與廣播電台則會提供播出證明，而較大型的廣告代理公司也都有一些監測系統與方式，以調查廣告是否有如期播出；此外也可

透過專業機構，像是AGB尼爾森公司，會定期提供各種媒體收視率或閱讀資料，以助了解企劃案是否達到預期目標。最後，也可以透過一些市調公司，進行消費者研究調查，以了解廣告效果與銷售量或品牌知名度的關係。

總之，記得答應客戶的，該播的要播，該登的要登……

六、結案與請款

在執行過程中，記得凡走過必留下痕跡，所有的媒體呈現都將成為結案報告的一環。

完美的執行還須搭配完整的結案報告，才能讓客戶知道我們為他做了這麼多……總之，就是答應客戶的一定要做到，可以多做，不能少做。多做不加錢，但是少做要扣款。

當你確認執行得完美無缺之後，記得跟客戶請款。切記！我們不是慈善事業，也不是做身體健康的，辛苦了一大段時間，最終目標就是要客戶的……錢。當然，作為一個媒體企劃者，簡單帳務還是要懂。

 媒體效果與評估——測量數據的使用

前述提到，當媒體企劃案執行後，必須要了解廣告是否如期刊播、企劃案是否順利進行，以及效果如何，這就得依賴測量機構所發布的數據，而媒體企劃若能善用數據，將為提案加分。

對媒體而言，透過數據不僅可帶出媒體自身的優勢，也可確定媒體自身閱聽族群的定位，了解競爭對手與本身使用媒體的傳播效果，俾便有效掌握讀者（或消費者）階層與分布，以評估有效宣傳、

商談廣告價目的依據；對廣告主而言，數據分析有助於正確判斷市場資訊，掌握客戶市場定位，了解媒體接觸狀況，有效掌握廣告合理投資，並評估廣告代理商與廣告策略的依據；對廣告商而言，透過有利的數據、票選或排行，可刺激廣告主的預算，亦有助了解媒體的傳播效果，用科學化方法來區隔消費市場，作爲擬訂廣告策略的依據。

　　廣告代理商花費龐大經費去檢驗市場，以了解領導品牌（市場占有率最高的廠商）所使用的媒體支出數據；相對的，市場占有率較小的廠商，可能只需要知道使用哪種媒體就足夠。因此，市場及消費者的資料分析是對領導品牌較爲重要的資訊。

　　如此一來，市場占有率較小的廠商就可以搶先占用某個媒體。例如：所有的領導品牌，都會重視電視廣告，因此一個媒體企劃者，可以將某種品牌放在廣播上播出廣告，突顯其品牌特性。但必須注意的是，領導品牌之所以會放棄某種媒體，可能是這項產品不適合在此媒體上打廣告。

　　我們分析數據時，經常會碰到一個問題，即數據不夠完整，再或者是數據的時效性，蒐集來的資訊很少有不超過一個月的，因此往往失去時效性。這個問題顯示出，假設品牌競爭者在過去並非長期使用某一種媒體，則此數據將不會有太大的作用，但如果品牌競爭者使用可預期且一貫的媒體形式，則數據可能會有點價值。

　　最好的使用方法是，將數據予以組織系統化，此系統包含其他市場的資訊，並提供競爭者策略的清楚圖像。雖然部分廣告代理商傾向反對使用媒體支出分析，且認爲不值得投資金錢與時間在這方面，但大部分的廣告代理商還是認爲，「使用媒體支出分析」值得且有助於媒體企劃。

　　分析數據最大的危險在於「盲目跟隨領導者」。例如領導品牌在A市場投下10%的媒體支出，其他跟隨者也跟進，但10%的支出未必適合跟隨者。更進一步來說，競爭者在A市場加重廣告支出的原因，可

能不是跟隨者應加重支出的原因。

　　媒體企劃是客戶（廣告主）與媒體之間的橋梁，是故，掌控整體專案的執行度與客戶的滿意度相對重要。由於日前台灣媒體數量的種類繁多，區分不易，加上媒體資料統計不完整，造成媒體企劃需要正確數據時，容易誤判狀況，這種情形尤其容易出現在電視媒體，由於商業訊息的評估無法取得、時間壓力、收視統計缺乏客觀性、缺乏測量廣告媒體影響力的數據等等，格外彰顯相關測量機構的存在必要性。

　　測量機構對於各種媒體的相關調查，將影響媒體、廣告主與廣告代理商的營運方向與模式，因此所扮演的功能角色非常重要（張宏源，2002）。

 問題與討論

1.媒體企劃和產品行銷企劃有什麼不同？

2.如果你同時擁有報紙、電視、網路和雜誌，你會如何分配資源去規劃一個企劃案以吸引廣告主？

3.作為某一種產業的廣告主，你希望媒體如何配合你的需求？是否愈多種類的媒體企業愈吸引你？

4.你認為媒體企劃和新聞專業是否有衝突？為什麼？

5.若你是個節目製作人，你允許節目內容要配合某些廣告主而有所改變嗎？

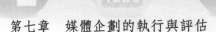

參考書目

一、中文部分

張宏源（2002）。《媒體規劃策略與實務》。台北：亞太。

許安琪（2001）。《整合行銷傳播引論——全球化與在地化行銷大趨勢》。台北：學富文化。

曾曉煜（2005）。〈多頻道競爭市場之節目多樣化分析〉，《傳播與管理》，4：57-89。

葉相宜（2006）。《檢視廣電媒體生態與收視品質研究的發展契機》。南華大學傳播管理研究所碩士論文。

榮泰生（1991a）。《行銷管理學》。台北：五南

榮泰生（1991b）。《管理學》。台北：五南。

劉美琪（1998）。〈廣告媒體研究——問題與展望〉，《廣告學研究》，10：143-158。

劉美琪、許安琪、漆梅君、于心如（2000）。《當代廣告——概念與操作》。台北：學富文化。

蕭湘文（2005）。《廣告傳播》。台北：威仕曼文化。

二、英文部分

Avery, J.(1997). *Advertising campaign planning: Developing an advertising-based marketing plan*. Chicago: Copy Workshop.

Barban, A. M., Crstol, S. M., & Kopec, F. J. (1993).*Essentials of media planning: A marketing viewpoint*. NTC Business Books.

Belch, George E., & Belch, Michael A. (2007). *Advertising and promotion: An integrated marketing communications perspective*. Boston: McGraw-Hill Irwin.

Donnelly, W. J. (1996). *Planning media: Strategy and imagination*. NJ: Prentice Hall.

Percy, L. (1997). *Strategies for implementing integrated marketing communications.* Lincolnwood, Ill.: NTC Business Books. Chicago:

American Marketing Associated.

Sissors, J. Z., & Bumba, L. (1995). *Advertising media planning* (5th edition). Lincolnwood, IL: NTC Books and Goodrich.

第八章

企劃書的撰寫與技巧

本章導讀

一位企劃工作者在提出企劃案時，必須熟知企劃書所扮演的角色，包含提出企劃內容、說明企劃內容，並使人了解其優點和可行性。以此言之，一份企劃案的構成要素為：

1. **論述清晰的主題與內容**：在形成企劃書之前，必須先將所有接收到的訊息在腦海中進行一次重組，反覆地在心中進行辯證，推敲整個企劃的想法與過程是否合理，並且試著看出其中所隱含的意義，最後再找出整份企劃書的施力點。將所有與企劃書相關的背景訊息融會貫通後，接著應該為企劃書擬訂出一個能說服提案對象，並讓自己有感覺的核心概念。

2. **陳述特色與優點及強調差異性**：企劃的核心概念就像一個釣鉤，它可以勾住對方的思維，而這就是企劃案的獨家賣點（Unique Selling Point, U. S. P.），也是企劃案能成功的因素。因此，找出企劃案的核心價值與他人不可取代的優勢，也是撰寫企劃案的重要工作之一。

3. **執行該企劃的方式與預期效果**：撰寫企劃的尾聲就是談預期效果。從前面我們就一再的提醒讀者，企劃案並不是一個天馬行空的idea陳述，它最重要的就是「執行」，因此，我們在企劃案的前半部談此企劃案的核心概念後，接著我們就必須告訴人，我們會如何做，如何表現我們的獨特點，以及他的預期效果為何。

一個好的企劃的出現，首先需要一份好的企劃書。本章節也將介紹幾種不同類型的企劃書，但企劃書範例的介紹並不是照本宣科，一成不變，好的企劃重點就在於不斷的創新與變化，但從企劃

書的範例可以了解企劃書應該具備哪些特點；此外，不同目的、不同產業或是不同對象都有不同的企劃方式，舉例來說，化妝品的推廣企劃，其對象在於某些女性，那就需要配合這群消費者去制訂宣傳策略或方案，而產品推廣的目標在於讓消費者購買，因此這樣的目標比起媒體企劃要讓消費者觀看就有所不同，計算方式也不同，像是產品有銷售量、銷售額，但媒體是用收視率或是閱報率等數字來計算，在企劃後的評估也就不同。

　　除了企劃範例介紹，最後本章也會針對一些常見問題或是需要注意的地方加以說明，以及如何評估企劃的成效。這邊要注意的是，一般人多半會將注意力放在企劃規劃和執行階段，而忽略企劃的評估和後續的成果，但這邊往往是能影響之後的一個環節，透過評估可以了解這次企劃中的不足或缺失，才能在下次企劃中改進，但這只是基本的觀念。更進一步來說，透過對本次企劃的檢視，可以了解目標或是對象的某些狀況、特性，從觀察中更了解環境，便有機會激發出更有創意更符合環境的企劃，從企劃中找到下一個企劃的點子或想法。但很可惜的是，現今許多企劃者往往在一次企劃結束後，就馬上開始進行另一個企劃，沒有時間或機會好好檢視前一次的過程。要知道，一個好的企劃者是能發想出企劃，而不是為企劃而企劃。

企劃範例一（王楊，2004）

　　企劃最終要以企劃書的形式表現出來，畢竟企劃工作並非單一的工作，其涉及人、財務、事、機構組織本身，即產（生產）、銷（銷

售）、人（人員）、發（研發）、財（財務）等各層面，因此需要各組織部門和人力的配合，也就需要書面化的資料，讓企劃方案為他人所知並接受。

一、企劃書要點

在擬訂企劃書上，有八個要素，即5W3H：

1.what：企劃的目標和內容。

2.who：企劃相關人員。

3.where：企劃場所。

4.when：企劃日程規劃。

5.why：企劃的假設或原因。

6.how（*如何*）：企劃的方法和整體系統的運轉。

7.how（*怎麼做*）：企劃表現形式。

8.how much（*多少*）：預算。

在企劃書的結構上，包括：

1.**封面**：應該包括企劃標題、形式、主題和編製日期；此外應註明企劃人的名字，包括負責人和成員名單（所屬單位和職稱），有外部人員參加也應該標記；而編製日期包括年月日，指企劃書編製完成的日期。

2.**序文**：序文是對企劃的簡單介紹，約300至600字。

3.**目錄**：和一般書籍目錄相同，要能包括企劃的整體內容，讓人了解企劃的大概。

4.**前言**：企劃的大綱，包括企劃的宗旨、內容摘要、背景，企劃的必要性和可能性、意義，企劃的核心構想或是企劃的特別之

處都應該在這裡被提及。

5.主體內容：企劃最主要的部分，也就是核心，寫明企劃的目的、方式、原因、方法和相關人員，企劃內容的詳細說明是企劃內容的正文部分，除了文字也可以加入圖表讓人更快了解。

6.預算費用：對成本做科學預測，要盡可能詳細周全，能真實反映投入的經費，這部分最好使用表格，列出總目和分目及支出內容，可以使用目標估計法，按企劃確定的目標列出每個細目，計算出所需經費。

7.企劃實施進度表：明確的列出何時要做的工作、誰負責、何種方式執行等等，並依據進度表定期查核是否已完成。

8.有關人員職位分配：讓參與人員了解權責分配。

9.企劃所需的物品和場地。

10.參考資料：各種資料、數據、新聞、統計資料或調查報告都要列出。

　　企劃書的寫作順序概要為：制訂寫作綱要、提煉各章節要點、檢查整體布局、確定表達形式和字數、標註資料出處，並統一企劃的格式和用語。在企劃書的表達技巧上，也要先設定好背景，簡明扼要的描述，並讓中心構想突出，讓企劃更有吸引力，同時有核心構想後，必然要有一系列圍繞中心構想展開的觀點，以讓企劃更完整。

　　視覺化的處理方式可以讓企劃書更加平易近人，也讓使用者能更快了解內容，所以在內容上可以做成流程圖，用圖解方式去說明，或把企劃實行的成果做成模型或樣本，都是可以用的技巧。

　　企劃書也分成內部企劃書和外部企劃書。內部企劃書是較為基本的，但也是較機密的，提供高層做決策，其中要包括企劃實施中的人際關係對策，了解參與人員的背景、屬性、專長等等；也要包括企劃實施時相關行業間的關係對策、資金對策和媒體的關係對策、實施時

的不利因素排除對策，讓可能的風險或傷害降到最低，最後是實施時和政府機構有關的對策。

　　外部企劃書則是提供外部人員、關係人員等參考，即使是同公司，若非企劃立案人，也是外部參與者；而外部企劃也因為對象的不同而有不同的內容，如營業用或是財務用等，必須注意保密，某些核心機密不能在外部企劃中出現，並說明清楚獎懲，寫明企劃的好處和利益，用字用詞要符合讀者的立場，納入客觀的資料來說服對方。

二、基本企劃書範例──GLANCE化妝品行銷企劃書

(一)產品背景

　　各種行銷策略的有機組合，對於改善企業經營、提高企業實力有很大的推動作用，企業的行銷要有創意，有敏銳的市場分析，做出正確判斷。雖目前化妝品市場已進入成熟期，但並未飽和，尤其是護膚產品和高級化妝品市場仍有潛力，所以GLANCE化妝品可抓住此機會來做行銷企劃活動。

(二)市場研究

■市場分析

1.市場狀況：隨著經濟復甦，化妝品市場發展快速，高級化妝品愈來愈受消費者喜愛，銷售量也穩定上升，新中產階級需求高層次和高品味的產品，名牌也更加暢銷，並有愈來愈多的消費者知道保養和護膚的重要，故此類產品需求量和市場潛力相對提高。

2.競爭狀況：現今市場化妝品種類多，如資生堂、萊雅等，各品牌都有自己的消費族群，但游離的消費者仍很多，也是GLANCE化妝品進入市場的機會。

■消費者分析

1.廣告影響：化妝品廣告十分活躍，在促銷和引導消費者上具關鍵作用，消費者透過電視、雜誌來選擇產品，使用一段時間後便會對各品牌有一定認識，最後會挑出適合自己的產品。

2.隨收入提高，化妝品走向高級化，價格在1,000到2,000元間的化妝品每年也有三成以上的成長。

3.消費者年齡結構多元，從十七歲到三十五歲都有，且年齡愈大購買力也愈強。

■競爭分析

目前市場上的化妝品都是競爭者，但大部分化妝品的廣告和宣傳都沒有太大規模，高級化妝品銷售好，而歐美產品較適合西方人。

(三)確定目標市場

經過市調，決定以二十歲到三十五歲間的女性且收入每個月在1,000美元以上、居住在城市者為目標市場。消費者的特點包括：重視產品使用效果，其次是價格；品牌忠誠度不高，只要效果好且價格合理都可以購買，對一部分消費者來說，各種資訊來源以朋友介紹影響最大，其次是明星代言和現場促銷。

(四)品牌定位

GLANCE系列化妝品定位在適合西方人使用，並適應各種皮膚和美容需求的中高級化妝品，以系列化和高品質、低價格作為進入市場

的形象。

(五)行銷計劃

■包裝

首先推出包裝精美的產品，對於護膚品，同時推出一定層次差別的三款系列產品，包裝應該多樣化，有系列禮盒或普通包裝、小包裝，適合送禮、一般自用、攜帶用。

■定價

採用追隨定價，三個系列產品分別為50美元、100美元、200美元，略低於市場上同級產品的價格。

■宣傳

三個月的電視廣告，重點在形象打造，提高知名度，同時也在報紙和流行雜誌上登廣告，以全方位立體廣告轟炸以迅速提升在消費者間的知名度。另外，促銷方式也包括向美容院贈送樣品、請有經驗的美容師在銷售現場講解護膚知識、POP廣告和戶外廣告、發送優惠券等。

■銷售管道

在大商場設立專櫃，不透過中間商，直接面對零售商，以維護價格穩定和品牌形象。

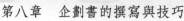

企劃範例二（黃穎捷，2006）

　　企劃規劃過程可以分成準備階段、草擬階段和決策階段三個步驟來進行。在不同的階段，做不同的重點思考。在準備階段，對於參與者的需求及特色、組織及活動的目標、活動的優先順序、資源及預算的概念，要有深入且正確的認知；在草擬階段，要對活動的5W3H做具體而明確的選擇和定義，可依據相關的人力、物力、財力等資源，擬出一個具體的活動規劃，亦可依據實際情形，從不同的目標或觀點，研擬幾個不同的規劃，提供決策階層參考選擇；在決策階段，草案完成，若涉及其他相關單位，宜召開相關協調會議，或送請會簽意見，再做修正或補充，亦可聘請專家、學者及有經驗人士共同討論評定，最後再核定實施。

一、活動行銷企劃的構思模式

　　首先以各種方式從既存事物中研究發現，找到其嶄新創意之新的意義和價值，並尋找與規劃設計解決問題的方法，以該方法為新核心價值，進行企劃構思。

　　而規劃活動的執行目標包括：

1.能掌握各類活動的專業企劃、執行要領。
2.能企劃構思符合活動目的，具特色、可行、有效益的活動方案。
3.能撰寫、製作具說服力的活動企劃書。
4.能進行活動提案、有效說服，取得活動所需相關資源。
5.能控管活動執行，確保活動目標、預期效益的達成。

6.能系統化整理、累積、傳承活動經驗，與資源維護管理。

活動行銷企劃設計架構及工具基本上以5W3H作為設計架構，但活動行銷更強調如何應用6W來設計活動：

1.why：充分掌握舉辦活動的原因及目的，行銷設計者不能只看表面原因，必須深入了解為什麼需要辦促銷活動背後隱藏的需求。

2.who：在活動行銷中，who並不是重點，whom才是真正的關鍵；也就是說，「誰來辦活動？」並不是行銷重心，而是「為誰辦活動？」才是行銷重心。

3.what：為了什麼原因（目的）和什麼人，要辦什麼樣的活動；也就是說，這次活動的主題（含子題）是什麼？活動名稱是什麼？活動內容（含項目）是什麼？

4.when：活動都有其一定的起訖時間，時間的選擇在現實世界中十分重要，特別是牽涉到天氣與假日的關係，如果時間不對，舉辦活動的效果一定大打折扣。

5.where：道理和when的設定一樣，如果在網路上進行「活動行銷」，其範圍可說是無遠弗屆，完全擺脫地域性的限制。

6.how：以上所述的5W基本上是原則性問題，how則是「技術性」問題。當活動原則確認後，活動執行必須確實做到；而活動執行牽涉許多技術性問題，如軟硬體設備、（公關）新聞發布、廣告宣傳，甚至如物品計畫、財務計畫等，都必須在這一個項目中完成。

以活動企劃案為例，基本的元素至少包括以下項目：活動名稱、活動目的、舉辦單位、活動對象、活動時間、活動地點、活動主題、活動項目、活動內容、活動執行、活動宣傳、活動預算、活動進度、

效益評估、贊助權益、結案檢討等。

二、展銷或培訓活動企劃書格式範例

(一)（單位全銜）辦理「（活動名稱）」企劃書

1. 依據。
2. 計畫名稱。
3. 計畫緣起。
4. 計畫目標。
5. 組織（指導單位／贊助單位／主辦單位／協辦單位）。
6. 實施時間、地點。
7. 計畫內容：細部活動時間／活動內容／流程表／課程表／師資／參與人員／人力分工／工作內容／工（器）具／場地布置／公關事宜。
8. 預期效益。
9. 經費概算。
10. 經費來源：經費項目／數量／單價／金額。

(二)某年某產業研討與展銷活動任務規劃結構範例

■活動時間

1. 籌備會時間、地點。
2. 記者招待會時間、地點。
3. 研討會時間、地點。
4. 展售會時間、地點。

■人力配置

　　1.召集人。

　　2.副召集人。

　　3.策劃。

■記者會

　　1.地點。

　　2.時間。

　　3.工作人員分配。

　　4.任務分配：

　　　(1)展示品布置。

　　　(2)會場及產品布置。

　　　(3)記者會簽到簿及相關資料。

　　　(4)照相、錄影。

　　　(5)記者贈品。

　　5.產品項目。

■研討會工作

　　1.任務分配：

　　　(1)總聯絡人。

　　　(2)資料組。

　　　(3)報到組。

　　　(4)幻燈片播放小組。

　　　(5)時間控制小組。

　　　(6)會場布置小組。

　　　(7)會議餐點小組。

　　　(8)攝影、照相。

(9)會場服務小組。

(10)機動組。

(11)論文組：研討會議議程擬訂、長官致詞文稿、講稿摘要等資料蒐集及裝訂、參加人員邀請、報到及指引、貴賓座安排、接待（貴賓室茶點等安排）、議場、大型布條標語準備、布置等、現場議程表、標示牌準備及布置、休息區、午餐區規劃及布置（茶點、茶水）。

■展售會工作

1.任務分配：組長、負責人、組員。

2.工作內容：

(1)展售會場布置。

(2)場地布置。

(3)音響。

(4)電源。

(5)開幕會場（表演、司儀、來賓）。

(6)報到組。

(7)相關活動。

(8)整合行銷公關服務組（來賓、長官接待及貴賓室服務；記者接待；網路）。

(9)總務組（車輛、場地、清潔、交管、安全）。

(10)文宣、攝影、錄影。

(11)其他（如公文文書、經費控管。）

三、完整行銷企劃書結構範例

1.專案背景／市場狀況（project background／market situation）。

2.消費者需求及證據（consumer needs and consumer evidence）。

3.競爭者分析（competitive analysis and consideration）。

4.企業策略及業務目標（business strategy and project objectives; business target）。

5.行銷組合及執行（marketing mix and execution）。

6.必要的消費者研究及其結果（required consumer research and results）。

7.客戶／通路行銷計畫（customer／trade plans issues）。

8.上市行銷計畫及預算（launch marketing support plans and budgeting）。

9.財務分析模擬（financial simulation and justification）。

10.時間表（project key milestones／timetable）。

11.市場狀況分析。

12.產品組合分析。

13.SWOT分析──企業內外部分析。

14.消費者分析。

15.市場占有率分析（金額／數量）。

16.P&L財報撰寫。

17.行銷目標。

18.行銷策略。

19.行銷計畫。

四、策略性行銷企劃書撰寫步驟模式

1.外部環境分析內部環境分析（SWOT分析）：
　(1)設定銷售目標。
　(2)確認目標市場。

(3)擬訂行銷目標。

(4)擬訂行銷策略。

(5)產品定位。

2.4P分析：

(1)產品／包裝計畫。

(2)定價計畫。

(3)配銷計畫。

(4)人員推銷計畫。

(5)促銷計畫。

(6)廣告計畫。

(7)媒體組合計畫。

3.行銷預算。

4.投資效益分析。

五、產品行銷活動企劃書的構成範例

1.標題與封面。

2.目錄。

3.企劃書、小組成員。

4.企劃的委託內容。

5.活動企劃執行摘要：必須先對計畫本身的主要目標與建議做一摘要說明，實例——某年某月行銷計畫的目標在於使公司的銷售額和利潤在未來幾年中有顯著的增加，其中利潤目標設定為x萬元，而銷售收入目標設定為x萬元，此乃較去年銷售成長了x%。這些目標應可藉由改善訂價、廣告及配銷努力來達成。至於所需的行銷預算將為x萬元。

6.前言。

7.本企劃活動之環境背景：在計畫的此部分乃說明了市場、產品、競爭、配銷及總體環境的相關背景資料。

8.企劃前提（市場趨勢）：

(1)在此必須提供有關目標市場的資料，包括過去數年來市場的大小與成長（以數量或金額表示），而這些資料應按市場別及地理區別列出。另外，有關顧客此方面之需要、認知及購買行為的趨勢等方面資料，亦應列出，包括產業銷售量、市場占有率、平均單價、單位變動成本、單位毛邊際貢獻、銷售量、銷售收入、間接費用、淨邊際貢獻、廣告與促銷支出、銷售力與配銷支出、行銷研究、淨營業利潤等。

(2)在競爭情勢上，應找出主要的競爭者，並描述其規模、目標、市場占有率、產品品質、行銷策略，以及其他足以了解競爭者意圖與行為的特性。在行銷情勢中，如經由百貨公司、某種商店、家電用品商店、折扣商店、及郵購商店等各種通路。總體環境情勢這裡，說明廣泛的總體環境之趨勢，諸如人口、經濟、科技、政治、法律、社會、文化等，這些因素對產品線未來的發展具有深遠的影響。

(3)最後是問題分析，在此部分公司藉由上述的分析發現，以界定計畫中所必須列入的主要問題。

9.概念。

10.問題點歸納。

11.決定計畫的目標，包括財務目標與行銷目標（具體財務目標或行銷目標。）

12.行銷計畫的內容：

(1)執行摘要：對擬議的計畫提出一精簡的說明，俾使高階管理當局能迅速掌握整個計畫的要點。

(2)目前的行銷情勢：針對市場、產品、競爭、配銷與總體環

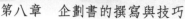

境，提供相關的背景資料。

 ## 企劃範例三（公共關係企劃案撰寫參考格式）

公關企劃也是常用的企劃書之一，以下將介紹一份正確的公關企劃應包括哪些要點。

一、首頁（封面頁）

這頁應包括計畫的名稱、撰寫的單位、人員、職稱，如果有牽涉到智慧財產權的相關資訊要加以註記。

二、目錄圖表頁

為了方便找到計畫的內容與圖表，應加以標示頁碼。

三、計畫摘要

整個計畫的簡短摘要或總結，其目的是在突顯整個計畫的重點（應該有一至兩頁的篇幅）。

四、情境分析

(一)顧客或組織的歷史與背景

包含組織的簡短歷史（兩至三頁），以及與本計畫活動中顧客的

相關短期或中、長期的目標。

(二)服務、產品、問題的歷史與背景

　　包括本計畫著重的有關顧客的產品、服務或問題的相關歷史與背景。

(三)先前的傳播計畫

　　此單元在檢視以往公關計畫中的策略、主題與標語（slogans），先前計畫的成功或失敗亦應包括在內。這些資訊旨在提供本計畫案的背景與合理性（justification）。

(四)服務、產品的問題評估

　　本單元應包括現有服務、產品或問題的情境分析，內容應涵蓋問題、優點、缺點，以及其他會影響到本計畫結果的相關事實陳述。

(五)公眾的評估

　　本單元應分析過去與現在的公眾，包括對於目標公眾的過去與現在策略成功與失敗的評估。

(六)不同策略（campaigns）的評估

　　此乃提供現有各種公關策略的檢視，指明這些策略的目標對象、策略的可能效果，以及提供不同策略的時機與具體作為。此類資訊可以協助突顯本計畫所推薦的訊息與媒體為何與如何可能是有效的。如果可能，可以提供各種不同策略的執行費用，這些資訊有利於預算編列時作為佐證參考。

五、公共關係的建議

本單元提供所提議公關計畫的詳細內容。

(一)目標公眾

本單元應詳述目標公眾的個別特性，如總數、人口特質、心理特質、地理特質與媒介習性等，並提供這些個別的公眾為何被選為計畫中目標公眾的原因。

(二)公關傳播目標

本單元應包括每一公眾的個別傳播目標。此一目標應以量化的方式加以陳述，且要指出完成這些個別目標的時間表。

(三)傳播策略

本單元應提供將要傳遞給公眾的公關策略描述。換句話說，此單元是提供顧客所面臨公關問題的傳播解決方案。此一解決方案與前面單元的敘述在邏輯上要能相符合。

六、傳播的執行

本單元包含在策略中所使用的實際傳播要素，如新聞稿、特寫新聞、媒體組合（media kits）、宣傳小冊子、年度報表、開放參觀、導覽、社區活動或計畫贊助、社區意見領袖的會晤、個別研討會、演說、會議、貿易展、促銷事件、新聞信、影片與錄影帶、廣告、公司背景說明單、自傳、海報、電子布告板等。本單元要以有條不紊的方

式來加以整理，舉個例子，如果海報是本計畫最重要的傳播媒介，那麼海報就要放在本單元的前面。

七、媒介的推薦

本單元在敘述要將訊息傳遞給目標公眾的媒介計畫。

(一)媒介問題

本單元要陳述媒介的相關問題，包含過去所採用的媒介、觸達目標公眾的效果與效率，以及媒體綜合應用情形等。

(二)媒介目標

以量化的方式來陳述個別目標（包含結果目標）、媒介時程表、所需要的觸達與頻率數字。

(三)媒介策略

媒介策略應該包含要完成媒介目標的媒體清單，並說明選擇這些媒介策略的理由。

(四)媒介計畫

本單元應提供單一媒介的建議計畫描述。媒介流程表（media flow charts）通常有助於此類資訊的組織，如果能依據財務季報來加以組織會更好。本單元應說明各種媒介的運用如何協力來完成計畫的目標。

八、預算

　　本單元是有關管理的核心問題，也就是此一公關計畫的花費有多少。如果可能，應涵蓋過去五年的花費情形。要確認費用應該包含研究、產製與評估等支出。如果能夠提供愈多的具體建議與可行方案，則經費預算上就愈能得到支持。此一單元大約一至兩頁即可。

九、評估

　　本單元應包括評估本計畫成果的方法與計畫。

(一)公關目標的評估

　　此一部分應包括每一公關目標要如何來加以評估。要用到調查法嗎？如果要用調查法，則要在本單元中提供問卷樣本。要用剪報的資料嗎？

(二)媒體目標的評估

　　要陳述媒體目標如何來加以評估？媒體置入如何加以評估？

十、結論

　　本單元提供簡短的敘述為何所提議的計畫能符合顧客的需求，以及為何是解決公關問題的最佳計畫方案。

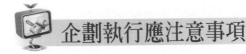

企劃執行應注意事項

　　企劃案是一個計畫的行動藍圖，完成企劃案擬訂後，最重要的就是執行，並使執行者能有所依循，確認工作的項目與行動方針。而為確保執行工作的完整與順利，可列舉應檢視之各項執行事項，作為備忘錄，與企劃案相互對照。

一、企劃檢視

(一)企劃目的的檢視

　　這是最為重要的執行方針，為了確保企劃可以真確的被執行，必須不斷的檢視企劃案的目的與目標。例如為了宣傳新產品，它的目標消費者為何？該由何種媒體來傳播？預期的效果為何？

(二)時、地、物的檢視

　　此即為環境的檢視，包含時間的規劃與掌握、地點的陳設、所需物品的確認。例如一場產品發表會，該花多少時間，即每一項細節的進度掌握、出席人員的聯絡等；而地點的部分則包含，該在哪個地點舉行，空間的陳設與布置為何；物則包括該準備哪些物品，採取何種布置型態等。

(三)預算的檢視

　　此為預算的控管，每個企劃案必須在規劃的預算內盡力完成，以

發揮最大的效益。

二、企劃書評估標準

　　好的企劃書並不是自己認為好，或是自認為滿意就可以，條理清楚且邏輯分明，有獨特創意，便是個好的企劃要點。但有可能自認為有創意的企劃卻不被認同或接受，有時未必是企劃本身，也可能是企劃者在呈現時有所不足。因此評估企劃書是否好，是否可行，也有些標準（王楊，2004）：

　　1.是否充分體現組織發展的前景和經營理念。
　　2.和同類型的企劃書相比，是否有差異性和特別處。
　　3.企劃書重點能否一目了然。
　　4.有沒有利用視覺化工具來強調表達的效果。
　　5.內容是否邏輯清晰、合理。
　　6.是否體現組織的要求或利益需求。

三、企劃案執行後的效果檢討

　　企劃的回饋與評估是一個企劃的結束，更是另一個企劃的開始，我們可以從目前的成果檢討來認知自己的缺失，避免錯誤重蹈覆轍。

(一)預算準確嗎？太多或太少？原因何在？

　　預算的控管是執行企劃案最困難卻也是最重要的工作，一個成功的企劃案，不只要達成預期目標，更要在合理的預算中達成；如果必須超出預算才能達到目標，或因為預算編列不足而無法達成目標，都是一個企劃案的致命傷。因此，檢討預算控管的要訣與問題是非常重

要的。

(二)整個企劃是否按照預定的進度？是延後？還是超前？原因何在？

這是檢討一切工作是否在預期的時程中完成，如果延遲，其原因是什麼？是人為的因素，其中包含參與活動的每個成員，不僅是公司內部人員，還有合作的廠商，或是業主等。而自然因素，則如氣候等不可預期的自然環境變化，不過還是可以從中去歸納出一些可作為借鏡的要點。例如此月分不適合這樣的活動，或是此地方因為地形或天候限制不適合戶外活動等。

(三)實際的成果與預測相符嗎？是否達成企劃的目標？

這是想像力是否符合執行力評估的重點，雖然有不少因素會導致企劃案的執行無法盡善盡美，但是，如果一個企劃案完全沒有達到原先的預期成果，或是一個企劃案根本無法執行，表示這是一個失敗的企劃案。而一個失敗的企劃案也必須去檢討失敗的原因，是目標訂得太高，或是人員配置不足，或是預算不夠，或是這個企劃案根本就無法達成預期成果，如創意成功了，成功的關鍵何在？倘若失敗，為什麼會失敗？都需要再三檢討。

(四)各部門間協調良好嗎？是否有互相牴觸或排斥的情形？

一個企劃案的執行絕對需要各部門及人力的配合，而人與人的溝通就顯得重要了。若部門之間溝通不良，或是與協力廠商聯繫不好，都會導致企劃案失敗，且由此也可以判斷員工的工作能力，及所適的職務，可作為人力資源管理的依據；或是一個合作的廠商是否有如期交件，配合度好不好，也可以作為下次合作機會的參考。

四、企劃書格式（曾茹萍，無日期）

企劃書最好使用A4紙張，內容盡量不要太厚，企劃書本文的字體不要太小，約為10到12號字；至於本文、標題、註解和圖說，可藉由字級變化來做區別。每個頁面倘若字太多，排版過於擁擠，會讓人有壓迫感，很難閱讀，因此版面最好做適當留白，讓讀者的眼睛可以不被字所塞滿。

每個章節大主題前，可用簡單的概要解說，提出所要表達的重點；每頁都要適度地分段，每段不要太長，不同的重點，可用小標來做區隔，每個重點之間，最好留一到兩行的距離。特別重要的內容，可以用粗體字、加底線或是不同顏色作為區別，使其更醒目。

內文細項如果可以條列，就以條列方式呈現，讓人一目了然，盡量運用圖表，讓版面更活潑、有變化，尤其是比較複雜的企劃案，更需要圖表來輔助說明。例如可用「甘特圖」（Gantt Chart）來顯示每個企劃階段的排程和進行狀態；預算表則可用在計算金錢部分。

 問題與討論

1. 你是否有看過或執行過一份你認為是好的企劃書？
2. 你曾經撰寫過企劃書嗎？你認為你的企劃書是否符合本章節的內容？
3. 假如你完成一份企劃書，你會完全照企劃書的步驟、時程去執行嗎？為什麼？
4. 假設你是個媒體主管，你會期待部屬的企劃書有什麼要點？
5. 你是否認為還有什麼企劃書撰寫要注意的事項是本書沒有提及的？

參考書目

王楊（2004）。《企劃管理》。台北：讀品文化。

黃穎捷（2006）。〈引爆流行的產業展銷活動行銷企劃機制〉，《The World Integration Admin世界整合行政網站》。上網日期：2010年8月14日，取自http://tw.myblog.yahoo.com/jw!K1Ve4lWbHhDBgj7T12SCAQ9R/article?mid=187。

曾茹萍（無日期）。〈企劃書撰寫〉，《Career雜誌》。上網日期：2010年7月31日，取自http://blog.yam.com/apprentices/article/7920587。

第九章

媒體預算與購買

- 媒體預算分配與支出
- 用於競爭的媒體支出
- 媒體購買
- 利潤的產生與成本的考量

本章導讀

在媒體企劃過程中，除了企劃本身創意的好壞、媒體組合選擇、媒體排程、媒體策略擬訂外，媒體的預算及購買更是重要。因為，回歸到實務層面，「錢」的現實問題，才是影響媒體企劃是否能夠順利執行的關鍵因素。媒體企劃執行者如果不能精準地分配和掌控媒體預算，不僅在與競爭對手進行比案時，可能遭到客戶淘汰出局，即使通過比案，甚至也可能導致媒體企劃案走向失敗一途。

預算是個非常專業的議題，這不只是在媒體，在各個企業或是組織中都是最重要的，因為沒有預算就無法執行任何企劃，而預算更會限制及影響企劃的內容與執行。因此作為企劃者，除了要開源，也就是盡可能增加預算來源，例如贊助、融資、投資，甚至是貸款、周轉等；也要節流，透過各個項目的精準拿捏，妥善分配各個預算的投入，是一個企劃者必要學習的課題。而現今許多企劃者往往有非常好的點子，充滿創意和前瞻性，但卻無法執行，因為現實環境、錢無法配合，企劃者往往會超出預算的想像各種可能性，而忽略最現實的問題。

對廣告主來說，媒體購買就是如何選定媒體去下廣告或做宣傳，有些廣告主會直接和媒體接觸，但現在大多透過媒體購買的公司去做代理，這些代理商就會依廣告主需求去搭配媒體的類別，而參照的數據多半是收視率和閱報率等，雖然這樣的方式很專業的去做資源分配，但因為參照數據太過單一量化，也使得台灣媒體環境和市場更為競爭，且是惡性競爭。因為廣告市場有限，台灣媒體數量又太過於飽和，因此在這個前提下就要非常努力去爭取廣告商的投入，但因為廣告主參考的指標單一，是以媒體只能順從這樣的單一指標去達到廣告主的需求，一方面可能會因此忽略閱聽人的權

益，一方面也未必能滿足廣告主的需求。

　　本章將介紹媒體預算編列時應考量的重點，並針對各種不同類型的媒體購買情形逐一介紹及說明，透過了解媒體和廣告主的關係和脈絡，讓讀者了解市場的環境與生態，而將來有意投入媒體工作的讀者，也能在進入職場前思考如何改進現有的不足，讓市場更為完善，因為要能讓媒體老闆、廣告主和閱聽大眾三贏的方式，至今都沒有一個定見和方向。台灣的環境並非以公共電視為主，人民也不用繳交收視費給公視，而繳交的有線電視費用、MOD等也不足以讓電視台生存，報紙則在整體環境中每況愈下，網路則尚未找到一個明確的獲利模式，因此也期待未來能有更多媒體工作者和老闆能找到適當的營運模式。

媒體預算分配與支出

　　預算是個非常專業的議題。編列預算的過程可分成估算和預算兩大部分。估算的目的是估計專案的總成本和誤差範圍，而預算則是將專案的總成本分配到各項工作中。

　　估算內容包括人工成本、費用、設備、原材料、勞務和外包成本等。目前常用的估算方法有：專家估算（Delphi，德爾斐法）、類比估算（根據過去類似專案的實際成本作為當前專案的估算依據）及參數模型（根據專案特徵，用數學模型來預測專案的成本）。從實際工作情況來看，如果歷史資料比較豐富，類比估算法相對來說比較準確。

　　成本預算是在確定總體成本後的分解過程。分解主要是做兩項

工作：一是按工作類別分攤成本：這樣可以對照檢查每項工作的成本，出現偏差時可以確定是哪項工作出了問題；二是按工期時段分攤成本：將預算成本分攤到工期的各個時段，可以確定在未來某個時點累計應該花費的成本（可以用S曲線表示），這樣的好處，是可以在任何時間檢查偏差，並評價成本績效，避免「只要不超過總預算成本（total budget cost, TBC）就沒問題」的誤解。

綜上所述，制訂進度計畫要綜合考慮邏輯約束，還要考慮活動適合最早或最遲開始，並平衡資源配置。專案預算過程還包括估算和預算兩個步驟。預算的關鍵是要知道每個工作外包成本和未來具體時點累計的成本。

一、配置預算的傳統方法

下列各項都是平常會運用到的決定預算方法，同時這些方法是較簡單且容易計算的。

(一)銷售百分率

廣告預算是從每年廣告計畫增加的收入中，給予一個百分率來決定的。這筆預算是為了要有效地達成廣告目的，因此，直接在該品牌銷售上達成。我們可以這麼說，因為要增加銷售，所以要做廣告預算；但是銷售下降，預算也會因此下降。

本方法有個中心就是乘數，百分率是根據銷售加乘的。在決定使用百分率的同時，也必須考慮產品成本和資方價格政策。安置預算的第一步和售價，來幫助決定可利用的價差（廣告、推銷及利潤。當然，這包括其他的成本，如管理費用）。價差少相對表示可用於廣告的預算其百分率即少。安置預算的方法有個關鍵，就是找尋最佳乘

數，而這個乘數大部分被任意地決定。而其他時候，產品標準也許使用這個基礎（Sissors & Bumba, 1995）。

(二)主觀的預算

主觀的預算是以經驗判斷為基礎，來做預算大小的控制，就好像第一次決定廣告，會被要求做到最好的效果，或者可見到的最低獲利點。但這樣的思慮，最後的結果是較主觀的。

一個主觀的預算就像是「我們所能做的」，雖然第一眼看過去，這個方法是不合程序或粗糙的。但如果主觀的決定是正確的，它可能會具有相當的實現性，這個方法一般開始建立在利益或錢的計算，然後有系統地分析行銷的花費。在其他的花費計算出後，殘餘的數額被用來行銷，大部分是用在廣告開銷上。用這樣基礎做的預算可能很難獲得支持，尤其當更多的錢被挪用，結果得到的會是較高的銷售和較低的利潤。

二、媒體預算的要素

雖然我們很難合乎科學的要求來做預算評估，但卻能由一些可能影響預算評估的重要因素中，進行這項評估工作。依這個方法去做預算被稱為「原子的」，在這方案中我們可以單獨地審查每一項要素（就像一個原子的積聚），然後再組合這些要素至最後的預算圖表中。

在每個要素中，一些要素會比其他要素來得重要，應最先決定對於推銷商品品牌的優先權。此外，每個因素必須有個清楚的裁決，解釋今年花費的預算應更多或是少於前一年。雖然這是個主觀決定，但它可以在最後的計畫中更容易地幫助執行計畫者的決議。以下是這些

要素的說明：

(一)廣告的評估

在決定任何數字前，對於廣告所扮演的角色應有適當、合理的決定。它所扮演的必定是單獨的推銷工作，或者它（促銷）將增加其他的銷售混合元素，像是減少售價和更進一步的銷售。假如廣告必須做單獨的推銷工作（如產品的銷售），這個預算的估計將會相當可觀。如果它和其他的銷售混合元素配合（如產品的銷售、企業形象），估計的預算可能會較為減少。

對於使用廣告來推銷商品，則品牌的力量是考慮的重點。對廣告來說，一些樸實的品牌因為它的敏感度不夠，所以無法吸引消費者的注意；或許是因為它們太像市場上其他的品牌，或是它們沒有一個獨特的銷售主張，或是因為在印刷物和廣播媒體的供應訊息方面有困難，這些都是商品需要廣告的原因。

(二)長期目標和短期目標

一般而言，廣告有長期的目標和短期的目標，但是當這個目標是為了建立起一個形象，則這個預算應被視為一種投資，而不是支出；如果兩個目標同時被要求，那就有更多金錢的需求，也就是花費將會更大，因為廣告必須提供雙重的功能，從整體的模仿目的到建立主形象，對於立即銷售而言，模仿的廣告可能有顯著的效果。然而就某種意義而言，將廣告預算分為立即銷售的費用和長期建立形象的投資這兩種觀念，是沒有價值的，「理由是形象塑造的廣告，不應包括為了計劃某種目的所產出的特別廣告」，假如品牌形象被認為是一種品牌名譽的長期投資，而且廣告持續進行，那無論它是為了建立立即或是未來的形象，至少對於長時間的目的而言是有所貢獻的，公司的目的

和廣告所追求的目標，兩者之間的關係影響到一些經費支出，公司可能了解關係上的某些不同，所以並沒有普通的規則可以被引用。

(三)利潤的百分比影響預算之評估

現在有個對於企業的假設，並且假設是正確的，那就是有巨大的利潤百分比也就等於有巨大的廣告預算。利潤的百分比在推銷和廣告目的上，可能是一個限制因素，也就是一個人無法在他沒有足夠的資金時，簡單地去從事一件事情，當利潤的百分比增加時，廣告費用的支出也應隨著增加，但卻只有少許或是根本沒有足夠的資金去從事這項工作，實在是一大諷刺。

(四)產品銷售的程度

產品如果廣泛地被消費者使用，所需要的廣告費用應較那些被限制在一些相關性小區域中的產品來得更多。然而，一些本地和某一地區的廣告士發現，他們在需要強力推銷的地區投下更多的資金，原因是有大量的競爭花費，如與本業相關的競爭產業。

(五)達到目標市場的困難

一些獨特的市場不是單一的媒體所能接觸的，像高價位的遊艇市場，一些不同的媒體可能需要更多的金錢去購買，「很多時候，大眾媒體所要購買的目標市場在地理上是如此廣布，如此浪費龐大的訊息」。當這問題存在時，要做到理想的目標，就需要更多的金錢。

(六)購買頻繁

假設一個購買頻繁的品牌或商品所需要的廣告費用，較那些購買

率貧乏的商品大得多；然而，也會有例外，相對於購買頻繁的商品而言，當一個購買率貧乏的商品因為其他原因，可能需要更多的廣告花費。

(七)增加銷售總量在生產成本上的影響

假如因為廣告的力量而產生需求過度供應的危險，結果必須建立新的計畫來因應。在這種情形下，對於廣告上的花費須有所限制，直到新工廠的建立或是有因應的對策產生，廣告主須暫時減少廣告費用的支出，直到供應恢復為止。

(八)新產品的輸入

廣泛地引進新產品會替市場帶來大量的額外資金，有許多是依賴市場的大小、競爭程度和新品牌的供應量。笨拙的處理方法是花費至少一半到所有的時間在介紹新產品上。

(九)競爭範圍

在市場上，競爭者都積極地從事廣告和促銷活動，他們必須互相競爭，甚至超越對方，他們的花費主要在品牌目標市場的探索。

(十)分配廣告預算

一般而言，決定廣告預算的規模大小，比起決定如何分配、分攤廣告預算來得重要。當廣告與銷售有密切相關時，廣告預算就會依地理區域來分配。然而許多廣告主，尤其是全國性廣告主，在分配預算時會基於全國媒體的選擇，而對於某些地區的預算較不對稱。

(十一)地理區域的分配

　　將銷售區域做均等的分配，是最常使用的預算分配方法，其背後原因，是確定該地區銷售狀況佳，而將大部分金錢分配至該地區以獲得最小風險。假如過去的預算在生產或是銷售貢獻上獲致成功，為何不增加經費，以獲得相對等的效果（或者相對於銷售的平均數量），這個概念不但可以保持低風險，而且使可利用的金錢達到最佳效用。

 ## 用於競爭的媒體支出

　　媒體企劃人員在訂定市場策略，決定如何使用媒體的過程是相當複雜的，而且必須先了解其競爭對手使用媒體的情形。然而，競爭對手又可分為本地性及區域性或全國性。因此媒體企劃人員首要工作即是先確立哪些是直接競爭者及次要競爭者，進而了解競爭對手的有效市場範圍。

　　競爭者的媒體企劃最主要的關鍵資訊，是和每個擁有市場的競爭對手比較其廣告品牌，品牌是廣告的主要威脅。而另一個媒體規劃時較關心的是，我們需要用多少廣告量和競爭者相抗衡？或者和競爭者使用相同的媒體？或是使用其他不同媒體以製造不同的效果？

　　以上問題的答案，須視競爭市場目標發展如何及評估如何，有效地組織競爭者達成其目標而定，每種情況皆會不同；而使用同樣媒體的競爭者對以上問題的回答則是：「哪種媒體或聯合媒體讓人們有意願購買我們品牌的慾望。」媒體企劃人員則須考慮到競爭者，模仿其使用同樣的媒體。

　　媒體企劃人員必須試著找出競爭者在媒體規劃中的弱點，像是許多競爭者並未適當地運用媒體，或浪費在太多無謂的媒體使用上，而

失去市場重要的一部分。然而以上這些失誤，即是媒體規劃者在媒體規劃的選擇、使用、開發上的機會。這些分析競爭者的動作並非意味著模仿，而是幫助你更了解本身市場目標的優缺點。爲了達到既定目標，則必須要好好利用每個機會。

實際上，媒體企劃人員在制訂計畫前必先知道有關競爭者下列幾項資訊：

1.使用哪些媒體？哪些是最值得注意的？
2.每一個媒體的花費及其加總？
3.媒體關心的目標市場？
4.每個目標市場的比重？
5.何種媒體及何時被使用？

一、主要開支資料來源

媒體開銷的資料可以從正規的報導服務中取得，然而此類服務提供的資料卻有其限制，且無法提供一個很完整的競爭者媒體計畫，因爲測量每個產品在各媒體上的花費，所得到的資料很不符合經濟效益。這資料的蒐集所花費的金錢與時間相當大，且只得到簡單的分析，這些分析也並不太精確；由於很難將一些項目如折扣計算在內，所以在企業組織報導和競爭者的實際花費，將出現很大的變動。舉例來說，當兩個或三個品牌出現在同一個廣告時段中，報導服務公司常常無法很準確地分配，也就是說，將全部的成本只記入其中的一樣品牌。想要得到很正確的競爭者媒體使用報告，最好的方式是對照這些報告中競爭者其產品媒體之使用與實際上眞正的媒體使用。

雖然這些限制對提供競爭者媒體花費分析是無效的，但這些卻能被翻譯成有用的資料，再連接其他市場及媒體資訊，這些資料則有助

於了解更完整的競爭者媒體花費上的整個規劃藍圖。

二、蒐集和彙整資料

蒐集和彙整資料的主要工作有兩個項目：第一是要研究競爭對手的支出情形，第二是分析它們。

媒體企劃者應該蒐集什麼樣的資料呢？大部分的答案顯示是要得到所有競爭者每年花費在媒體上的總金額，此類資料提供了競爭對手們活動的鳥瞰圖。為了使此類資料更具意義，媒體規劃者更應分析各獨立品牌的支出明細，而不只是了解一個公司的總支出額，因為所有品牌是在總市場銷售額的比例上競爭，所以分析品牌的支出明細才具意義。也就是說，在蒐集品牌支出資料時，將規劃者的品牌和所有競爭者的品牌同等視之是明智的，因為這是相互比較的研究基礎。再者，重要的是在分析支出資料時，不只要指出在各個媒體所花費的廣告金額，並且要了解各個競爭者的每年支出是包含哪些百分比。

年度廣告支出只有一個研究取向：分析競爭者的市場及媒體策略。另一種有用的分析方法可能在一個市場接一個市場的基礎上，分析某一品牌的廣告支出及其競爭者的支出。此種分析方法有助於了解哪個市場對競爭較重要，也在指定的市場中，提供了哪個媒體而增加廣告支出。

另一種分析方法就是分析某一品牌與其競爭者，對每個閱聽人的廣告支出，此種方法可以很快地得知競爭者的廣告支出是否有效率。閱聽人接收到某品牌廣告的頻率常由此種分析得知。最後，非常重要的一點是，知道一年中每個月在各個媒體上的花費。大部分的品牌已經在銷售季節達到銷售的顛峰，並依據銷售旺季來改變媒體廣告支出的比例。這種分析幫助廠商創造時機，且能依照計畫程序擬訂既定的媒介選擇計畫。

三、分析數據

　　廣告商以龐大的花費去檢驗市場，領導品牌所使用的媒體支出數據所得的資料是有價值的。市場占有率較小的廠商，可能只需要知道哪種媒體；而市場及消費者的資料分析對領導廠商來說是較為重要的資訊。如此一來，市場占有率較小的廠商就可以搶先占用某個媒體，例如所有的領導廠商都會重視電視廣告，因此一個媒體規劃者，可以將某種品牌放在廣播上播出廣告，凸顯其品牌特性。但必須要注意的是，領導廠商會放棄某種媒體，可能是這項產品不適合在此媒體上打廣告。

　　分析數據有個問題是數據常常不夠完整，再者是數據的時效性，蒐集來的資訊很少有不超過一個月的，因此，這些數據往往失去時效性。這個問題顯示出，假設競爭者在過去並非長期使用某一種媒體，則此數據將不會有太大的作用，但如果競爭者使用可預期且一貫的媒體形式，則數據可能會有點價值，最好的使用方法，是將數據予以組織系統化，此系統包含其他市場的資訊，並提供競爭者策略的清楚圖像。雖然一些廣告代理商傾向於反對使用媒體支出分析，認為不值得投資金錢與時間在這方面，但大部分的代理商還是認為值得且有助於媒體規劃。 分析數據最大的危險可能在於盲目跟隨領導者。如領導廠商在A市場投下10%的媒體支出，其他跟隨者也跟進，但10%的支出未必適合跟隨者。

　　更進一步來說，競爭者在A市場加重廣告支出的原因，可能不是跟隨者應加重支出的原因。數據分析可以幫助我們了解競爭者媒體廣告支出的做法，但未必就必須如此做。舉例來說，競爭者的數據可能顯示出他們正在修正策略以因應市場變化。因此，有效的數據分析依然值得投資。

四、用於競爭的媒體支出分析

在使用支出分析數據時，下列的規則是非常重要的：(1)數據須能顯示區域性及季節性的媒體支出，與改變競爭者及潛在競爭者的因素；(2)數據使你在一個市場接一個市場中，修正媒體組合及廣告預算；(3)可以使用數據來察覺新產品測試，控制新產品的製造；(4)推斷競爭者花費來界定目標市場，描出品牌的輪廓及市場定位；(5)可以看出對手花費的模式；電視、廣播、雜誌、報紙各占多少支出比例；(6)一旦知道敵人的完整資訊，你可以做出比他們更好的計畫，出奇制勝；(7)新產品及生產線擴充的計畫中，要評估進入市場所需的花費，支出數據是必需的。誰已經準備好，誰的產品就能在新的市場區隔中快速成長（張宏源，1999）。

媒體購買

媒體企劃者在完成市場分析、媒體選擇與組合、媒體策略、媒體目標等一連串的媒體企劃過程後，必須實際和各種媒體單位洽談刊登版面、刊播時段及價錢等問題，而這樣的過程就是媒體購買。媒體購買是媒體完成後實際執行的流程，屬於整個訊息傳播的後段工作，但是媒體購買卻影響企劃是否能順利進行的問題，因此它必須和前端的媒體企劃做適切地搭配，以發揮最大的媒體效益。

媒體企劃中，我們依廣告客戶的需求以及目標群眾的特性，選擇特定的媒體來傳遞廣告訊息；至於最後是否能達到媒體企劃中預定的媒體目標，這就牽涉了媒體購買的技術展現。假使沒有良好的媒體購買技巧和規劃，即使多麼縝密和富有創意的媒體企劃，最終也流於紙

上談兵，無法付諸實行。

　　媒體企劃者根據訊息的內容、屬性以及欲達成的媒體效益做出規劃的方向和原則，而媒體購買人員必須按照此藍圖，運用媒體預算，並與媒體單位交涉，設法購買到價錢最合理又高收視率的節目或廣告時段。

一、媒體購買的分類

(一)直接購買

　　也就是企業主直接向媒體購買所需的媒體曝光方式，而非透過媒體購買公司下廣告。優點是企業主對於廣告刊播與媒體議價的掌握程度比較高；缺點則是企業主須成立專責單位來處理這方面的問題，須耗費較多的人力與金錢。

(二)間接購買

　　亦即企業主透過媒體購買公司，代理規劃購買媒體的所有作業。優點是企業主在媒體購買上可以省下較多的人力成本，而且透過專業的仲介機構來規劃媒體購買，對於廣告訊息的刊播時段、效果和品質都會比較高。

　　企業主經由直接購買或間接購買廣告，分配給不同的媒體，雙方產生對價關係，使企業主的產品因媒體購買行為，擴大與市場消費者的接觸面，進而達到消費者或託播者品質效果滿意度的極大化。而無論直接或間接購買，唯一不變的購買原則就是，選擇物美價廉、經濟實惠、成效顯著的適當媒體，並建立一個開放消費空間的完整資料

庫，才能達到效果最良好的媒體購買。

二、各種類型的媒體購買

　　當媒體計畫被認可，它必須在最可能有效的方法內盡力去制訂預算。媒體知道如何銷售它們產品的方法是重要的，同時，對計畫發展和基礎進行也不可忽視。這裡將針對媒體購買的現況，分成電視、報紙、雜誌、廣播及網路等幾種不同類型的媒體來討論與說明（張宏源，1999）。

(一)電視媒體

　　電視媒體中主要有三種單位的人員與媒體購買的業務有關，第一種是「業務人員」，其負責招攬廣告並接洽廣告排程表的文書作業；第二種是「企劃／製作人員」，其負責擬訂業務提案內容、設計廣告銷售專案、提供廣告影片拍攝服務；第三種是「廣告處理作業人員」，其負責廣告刊播的排程和管理。

　　而電視媒體的廣告業務銷售方式主要有以下幾種：

1.「廣告檔次與秒數」銷售方式：亦即銷售某個節目或新聞時段的廣告破口，依據刊播時段的不同，而有不同廣告收費。廣告通常以十秒為一個檔次來計價，長度則為五秒的倍數。

2.「專案銷售」方式：亦即將客戶商品，與電視頻道內合適的節目做搭配與結合，以達到廣告片以外的傳播效益，而且有線電視台的做法較為彈性、多元，形式包含資訊式廣告、節目贊助、抽獎及其他宣傳活動；同時為幫助廣告主各個品牌的銷售活動或形象建立，進而爭取廣告預算，有線電視紛紛成立業務企劃部門，專職廣告節目的製作，商談所謂的「專案」（劉美

琪，1998）。

專案銷售的前提有二：一為頻道或節目的內容屬性必須切合廣告商品的訴求；二為頻道或節目的觀眾特質必須能準確地接觸到廣告主設定的目標觀眾。常被拿來討論的「廣告節目化」、「業配新聞」就是常見的專案銷售例子。

3.保證CPRP銷售方式：每收視點平均成本（cost per rating point, CPRP），乃是針對某類特定的觀眾族群，廣告主與電視台協議一筆特定預算，後者在一定時間內播出客戶的廣告影片，並保證該廣告播出的總收視率；而CPRP則是平均每一點廣告收視的價錢，亦即將總成本除以總收視率，可算出達到目標閱聽人每一收視點數須花費的成本，如總媒體成本（媒體預算）為100萬元，總收視率為20，則CPRP為5萬元。

(二)平面媒體

平面媒體和電視媒體的購買思考邏輯有很大的不同。電視廣告通常會有秒數長度的限制，加上須兼具影音，在訊息呈現上較為動態；而平面媒體，例如報紙或雜誌，通常是以版面為單位來銷售，因此更強調靜態的視覺呈現感受。

平面媒體的優點是，各個版面的調性明顯、清楚，例如政治版、財經版、時尚娛樂版、體育版、生活版等，每一個版面各具有不同偏好、屬性的讀者群。因此，企業主選擇購買平面媒體廣告時，可以很快速地從不同的版面找到目標群眾。

例如，球鞋廣告常刊於體育版、服飾珠寶廣告會選擇刊登在時尚流行、生活風格的版面。

此外，由於報紙是每日出刊，而考量到讀者群的生活模式與感受，每日適合刊登廣告的調性也會有些微差異。例如許多房地產廣告主，會尋找所謂的最佳日，像是星期五或星期六，通常房地產廣告在

那幾天會有連結式的廣告計畫。而有時廣告放置在專刊的旁邊，使得消費者在看報時有機會看到廣告，在這些專刊裡的位置是不用額外付費，而且通常是有效的。

目前常見於報紙上的廣告規格，大致有全頁廣告（又稱全二十）、半頁廣告（又稱全十）、四分之一頁（又稱半十）、橫幅三批、外頭報、報頭下等制式的版面（劉美琪、許安琪等，2000）；但也會因廣告主的需求，開放創意的特殊版面。

通常購買報紙版面須在一個月前進行，刊登前五天要交完稿，取消預定版面也須在十天前完成。當版面搶手時期，還得更早開始進行購買作業，有時甚至預訂了也未必能保證一定有版面刊登，甚至會因配合新聞而被報社臨時抽稿。

雜誌方面，雜誌的廣告版面有單頁廣告、跨頁廣告、插卡廣告、拉頁廣告、別冊等。雜誌社所提供的價目表，通常會給客戶折扣，而刊登次數愈多折扣愈多（劉美琪、許安琪等，2000）。

大部分國內出版業者接受空白頁的預約，廣告空白頁將以希望的主題來利用，空白頁預約可在主題之前的任何時間。給予主題的最後期限叫截稿日（closing date），它因出版業者而不同，月刊的截稿通常在前六十至九十天，周刊的截稿一般是在前三至七天。

(三)廣播媒體

廣播媒體依據發射功率的不同而可分為大功率、中功率及小功率三種。

大功率電台通常為全國性的廣播電台，如中廣；中功率通常為區域性的廣播電台，像亞洲電台、KISS Radio等；小功率電台則屬於社區性的廣播電台，例如台北流行音樂台。

因此，媒體購買者在規劃購買廣播媒體時，要考量各種電台的

聽眾屬性、類型，依據收聽率資料來進行決策，使廣告文案、觀眾和電台風格三者能緊密配合。 一般電台每小時可播放九分鐘的商業廣告，不含公關稿、電台節目預告或電台形象廣告，可播放秒數選擇有二十、三十、五十、六十秒（劉美琪、許安琪等，2000）。在廣告預訂上，淡季約三天前，旺季約十至三十天前。

(四)網路媒體

網路媒體不僅兼具文字、影像和聲音，傳送範圍無遠弗屆，擴及全球，資訊儲存量更是大。因此，廣告訊息在茫茫「網海」中，要如何吸引目標消費群的目光，除了具備令人耳目一新的創意，例如動畫遊戲廣告、互動式廣告外，購買的策略更顯得重要。

一般而言，網路媒體購買方式主要有以下幾種：

1. 固定式：在購買的特定時間內，廣告素材會固定出現在該廣告網路版位上。
2. 輪播式：同時間內有兩到五個客戶廣告素材平均出現在該廣告網路版位上。
3. 曝光式：購買的特定時間內，將所購買的廣告總曝光數遞送完畢。
4. 關鍵字搜尋：利用消費者主動搜尋的意願，透過關鍵字廣告增加產品曝光的機會，而廣告只有在被點選時才會收費。

三、各媒體效益分析與限制性

以下將介紹各個媒體在購買與使用時的限制以及分析：

(一)使用報紙的理由

1. 效益分析：即時性、地域性、彈性、高的色彩忠誠度、廣大的接觸性、目錄的價值。
2. 報紙之限制：在排版及印刷後的色彩品質、昂貴的全國版面、全國性廣告費用比地方性高、一份報紙通常只有幾個讀者。

(二)使用雜誌的理由

1. 效益分析：選擇性多、高品質的色彩複製品、長效性、傳閱性高、較易鎖定族群。
2. 雜誌之限制：截稿日期較短、缺乏即時性、緩慢的接觸。

(三)使用報紙增刊的理由

1. 效益分析：有地方區域性雜誌的格式、色彩真實度高、穿透度深、擴展發行區域、發行於假日、較高的讀者群、區域環境和生產的彈性。
2. 報紙增刊的限制：彩色版必須提早截稿且傳閱性較低。

(四)使用電視的理由

1. 效益分析：影像和聲音為動態的賣點、選擇性及大量市場兩種功能的達成、成本效益。
2. 電視之限制：總成本高、短暫的訊息、沒有目錄的價值、好節目及時段點的限制。

(五)使用有線電視廣告的理由

1. 效益分析：接觸全國性觀眾的利益、增加接觸與頻率、相對的低價、收視率較高、精確的界定主要觀眾、更多高階層觀眾、給廣告商更寬廣的幅度、節省全部和平均的花費、更特殊的廣告需求、對主要市場滲透力成長。

2. 有線電視的限制：有線電視在台灣持續成長，已經造成過多頻道間相互競爭的問題。假若九十個頻道供家庭收視，則可能會造成因為太多的選擇，而使觀眾對每個選擇都麻木得失去了感覺。

(六)使用廣播的理由

1. 效益分析：特別目標聽眾種類的接觸、一個高頻媒介、一個好的資源媒介、優異的機動人口、彈性、地方涵蓋的有效範圍。

2. 廣播之限制：短暫的訊息、直接的反應。

(七)使用直接郵件的理由

1. 效益分析：廣告的回應很容易檢查、個人的媒介、區域與生產的彈性、長期的保存、廣告可以隨時插入和帳單或者其他外寄郵件一同被寄出。

2. 直接郵件之限制：費用、不正確與不完全的陳列、傳達時間的不同。

(八)使用電話行銷的理由

1. 效益分析：非常有選擇性、檢視回應很容易、個人的媒體、地理上的彈性、回應率高。

2.電話行銷之限制：費用、時間、不正確且不完全的陳列、訊息
大小。

(九)使用戶外廣告的理由

1.效益分析：適用範圍地區的銷售、高頻率、地理上的彈性、大
型印刷廣告的優勢、二十四小時的陳列、利於拷貝簡單的主題
與包裝的確認。

2.戶外廣告之限制：單純訊息的限制、高接觸不代表高回應訊息、
高花費的媒體、考慮戶外媒體要看背景（榮泰生，1991）。

(十)使用運輸媒體的理由

1.效益分析：運輸促成了大城市附近許多的報導、高頻率、相關
效率、彈性、訊息地點的機制、對於顧客購買過程之關鍵。

2.使用運輸媒體之限制：訊息地點的限制、來自其他媒體的競爭
與個人機動性。

 # 利潤的產生與成本的考量

　　所有的管理努力都是在有限的資源之下運作的，其中最重要的
乃是金錢。因此，作為一個管理者或計畫者，必須了解「預算公式」
（budget formulation）的邏輯和結構。雖然有些人相信，預算決定了全
部的活動費用，但實際上它卻是有力的管理評估和控制過程的重要一
環。因此，它亦包括：

1.當其他活動競爭同樣的資源時，它為特殊活動的「成本／效益
因素」（cost／benefit factors）進行比較分析。

2.可能替代物的分析，舉例來說，最適當的計畫對較為保守的計畫，每一種都代表不同的財務因素。

3.在特殊活動建議當中對「成本／效益因素」的分析，因為它們牽涉規定目的與目標的達成。

4.在活動提議個別支出的成本效用之估計，諸如大眾媒體、員工、顧客，和材料的分派。

5.「生產力的歸屬」（attribution of productivity），以及將成本關涉特殊活動領域、個人、團隊或部門。

6.一旦活動開始進行時，「預算的撥給」（administration of budget）應使現有的資源以「成本效用」（cost-effective manner）使用，而活動的執行不能超過容許的資源。

一、活動基金的效力

活動管理者或計畫者相信一個提議計畫及其預算，可根據其自身的利益獲得「資金」。當一個活動「目標管理」的目標和「終點目標」（terminal objective）清楚地關涉組織的問題時，情形常是如此；此外，有相當的證據顯示，計畫可達到目的與目標，「成本／效益因素」是有利的，而且個別的開支是經濟的。然而，有潛在的問題關涉一個組織願意將多少錢花費在「溝通活動」上，諸如升遷、活動或教育規劃。

威爾巴赫（Weibacher, 1979）曾論及，有各種不同的方法，其中沒有一種是獲得普遍接受的，因為「美國企業在設立廣告方面（或其他溝通方法）大力依賴經驗法則的方法」。由威爾巴赫所編輯的分派決定方法包括：

1.專利的方法（arbitrary methods）：它包括花用主管官員覺得是

適當的或是尚未動用的資金。

2. **經驗法則的方法**（rule-of-thumb methods）：它通常是以(1)組織收入的比率；(2)每一單位所達到的，或每一案例所售出的標準開支；(3)委託的開支足以確保成就的任務方法；(4)市場銷售的股份等方式表現出來的。

3. **市場經驗方法**（market experience methods）：它企圖倚仗來自活動的回饋系統化，但亦依賴於市場試測和預測。

4. **「理論方法」**（theoretical methods）：它包括取自實際經驗資料的統計模型；此種方法是值得懷疑的，這不是因為當它們沒有經過其他領域的適當測試而被採用──因為它似乎包括類似的過程──便是因為沒有提出預測有效性的令人信服的證據。它較不能令人滿意之處在於，它在理論上認定，X美元的開支將會產生Y的結果，而沒有提出堅實的證據證明，在可接受的案件數目中，規定的開支實際上將獲致規定的結果。

如果一個活動是以自身組織的資金來執行的，那麼上層管理者通常會為總預算做出建議或討論範圍。此外，如果在廣告公司、公關公司，或定期處理活動的另一個組織裡工作，則公司或同事對一個客戶對總預算是否認為合埋，通常會有相當實際的看法。這項資訊通常是在活動管理者或計畫者及關切該計畫的「機構內主管人員」的第一次會議中提出來；而且，作為一個管理者或計畫者，可以從不同狀況的開支獲得寶貴的經驗，其方法是從貿易期刊、會議和同事（特別是來自不同組織的同仁）蒐集資訊。

二、納入利潤因素

除了由「內部組織」所經營的活動之外，你必須決定利潤是如何

納入預算的。這裡有三種基本方法：

(一)大眾媒體訂單的佣金

　　大眾媒體也許證明「廣告機構」乃是「可收取佣金的」；也就是說，該機構有權收取它們為某一工具（一份特殊的報紙、雜誌、廣播電台或電視台）所生產廣告費用的一定比率，其方式是將之包括在媒體或管道計畫表，以及購買插入廣告。其邏輯有點類似旅行業將資金提供給旅行社；不必直接付錢給旅行社，它們花費時間回答你的問題，在電腦儲備系統裡尋找最佳的路線、時間以及運費等；而航空公司則以佣金形式將業務回收金錢交給旅行社，因為實際上，旅行社已充作航空公司銷售人員的助手，而產生了更多的業務及可能利潤。

　　值得一提的是，佣金制度往往使客戶相信，他們有權獲得其他「免費」服務，而這往往會吃掉利潤。事實上，從事公共關係工作的廣告公司很可能也會有這種情形；當客戶堅持公關服務時，廣告佣金並不能彌補代理商。

(二)服務費

　　這種方法是組織依預算的一定比率或服務的一定比率被收取費用，以包含計畫或執行一項活動的費用。在許多方面，從管理的角度來看，費用制度是較為優越的，因為它教導客戶和其他管理者有關活動的真正費用，而不會造成服務是免費的幻想。

(三)利潤包含在人類資源的收費

　　對於從事客戶會計工作的基層人員來說，利潤是根據每小時價格收費的。一種可能的風險是，一個不習慣此種措施的客戶在碰到一個活動管理者（他的收費遠高於客戶自身組織的每小時價格）之後，也

許會有不同的反應。 然而，在都市市場裡，由於這種措施業已建立且被接受，這種方法比起為特殊的費用而辯論，產生的爭議也許較少。其實，為一次活動制訂預算，遠比簡單地組合一兩頁的成本估計要複雜得多。在管理上，預算乃是系統的一部分，它包含深入而複雜的決策過程。在制訂預算時，必須確定是否包括一個活動所必需的主要成本因素，它明顯地有助於活動目的與目標的達成，且以最具成本效益的方式為主。

問題與討論

1.媒體購買是否會影響新聞專業自主，為什麼？

2.除了本章節所提之媒體類似，你是否還想到其他可以運用的媒體？

3.你認為網路在廣告上的獲利模式會有什麼走向？

4.在網路、電子媒體當道下，即使營運困難為何報紙仍沒有消失？

5.對於台灣電視產業生態被收視率主宰，你能否提供一個解決方案？

參考書目

一、中文部分

張宏源（1999）。《媒體規劃策略與實務》。台北：亞太圖書。

劉美琪（1998）。〈廣告媒體研究——問題與展望〉，《廣告學研究》，
　　　10：143-158。

劉美琪、許安琪、漆梅君、于心如（2000）。《當代廣告——概念與操
　　　作》。台北：學富文化。

榮泰生（1991）。《行銷管理學》。台北：五南。

二、英文部分

Sissors, J. Z., & Bumba, L. (1995). *Advertising media planning* (5th edition).
　　　Lincolnwood, IL: NTC Books and Goodrich.

第十章

行銷趨勢：置入性行銷、公關與廣告

- 何謂置入性行銷
- 對置入性行銷之處理態度及規範
- 廣告與公關

本章導讀

　　置入性行銷即使對於一般民眾而言並不是陌生的字眼，尤其在近幾年廣告商、媒體等的強勢執行下，民眾甚至可以分辨出基本的置入性行銷。但其所衍生出的並不只是廣告、行銷或商業利益這麼簡單，其對媒體內容創造者的創意、新聞工作者的專業都會產生影響，尤其在新傳播科技、各種單位如政府、政治人物、公益團體等都開始進入這個市場下，置入性行銷已不再只是從行銷、公關或是商業的概念去探討，其也包括對媒體產業未來、廣告與公關策略發展的影響，因此本章希望能從相關資料的探討來了解置入性行銷的意涵，及該如何因應。

　　置入性行銷一詞主要是翻譯自英文，但在英文中卻有很多不同的說法，最常見的如product placement，但其他字眼或詞語如product integration、embedded advertising、undercover marketing也都曾經出現過，在英文中前兩者較為中性，較無褒貶之意，但後兩者從單字上看則有貶意，包含了隱瞞、欺騙的意思（成露茜，2005）。即使在國內，「置入性行銷」一詞也沒有褒貶的定見，當然大多數時間出現時是對於商業利益的批判，但其在廣告界、行銷概念中卻也是重要的策略與環節。由此可見，對於置入性行銷，國內外都沒有完整的定見來定義其好壞或是非。

　　而今天我們所看到或提到的置入性行銷，一般是以1940年代消費產品置入好萊塢電影開始，從此之後電影成為置入的媒體內容重點（成露茜，2005），並開始擴散到電視、報紙、新聞，在1980年代後成為常態，到今天隨處的媒體內容都可以見到置入性行銷。例如電影007系列，就是擁有置入性行銷悠久的歷史，像是主角龐德開的BMW跑車、戴的OMEGA手錶，像這樣的置入，把產品帶

到一個電影層次，吸引了不少消費者，能說它不好嗎？換言之，置入性行銷是一種兩面刃，其讓廣告訊息不再像過往般那麼具有侵略性，讓人有要買賣的壓力，而是讓產品和廣告可以透過歡樂、時尚等各種感受來營造出產品或服務的氣氛；但相對的，因為置入性行銷有其效果，也成為媒體賺錢的重要方式，其中也包括新聞媒體，同時也讓政治力找到一個有效的宣傳管道，這也是令人擔憂的負面影響。

　　本章節除了介紹置入性行銷的概念，也會介紹相關的媒體置入方式。此外，由於置入性行銷在各國和我國有相關法律的問題（我國是以節目廣告化和廣告節目化稱之），尤其在我國，各節目和新聞的置入一直是國家通訊傳播委員會關注的焦點，本章節也會針對法律內容上做一論述，以及各國在置入行銷上的修法方向，讓讀者能了解置入的正反效應和概念。

何謂置入性行銷

　　糖果製造商Hershey將產品Reese's Pieces技巧性的置入到電影E. T.中，而在電影上映的三個月中，Hershey表示該產品的銷售量成長約65%，像這樣類似的方式也在其後不斷的出現在電影中，包括電影不可能的任務中出現的Apple電腦等（徐振興、黃甄玉，2005；羅文輝、劉蕙苓，2006），置入性行銷成為電影或節目的一部分，往往很自然的出現在其中。

　　以台灣來說，由於地方狹小且人口有限，但卻容納了許多媒體，媒體密度非常高，相對在經營上就有其困難；而廣告對媒體來說自然

是生存的條件，如何在有限資源下充分運用廣告的機會，就成為媒體和廣告商的壓力，置入性行銷也就因此而生。

一、產品置入的定義

根據Galician（2004）、Gupta和Lord（1998）的定義，置入性行銷是指透過付費或是相關利益交換、對價關係的方式，來把產品、服務、品牌等相關訊息以一種策略性的方式置入媒體內容中，而媒體內容包括電影、電視、音樂、遊戲、MV、報紙、雜誌、書籍、廣播節目等等，其結合商業訊息營造自然的情境或型態，強化了訊息的說服力或親近度、知名度，並希望消費者或閱聽人對此產生正面的回應或認同。

國內學者許安琪（2005）則指出，產品露出就是一種通路，而置入的觀點也強調通路的重要，回歸到其英文字眼placement marketing就是建構在行銷4P（產品、價格、通路、促銷）的通路（place）概念上，訊息也是產品形式之一，必須經過傳達和放置在實體、虛擬環境中才有意義；相較於傳統的廣告直接形式，受限於法令規定（尤其像菸酒等廣告），廠商也開始尋求其他出路，以間接的方式來達到產品訊息露出（參見**表10-1**）。

學者鄭自隆（2003）、廖淑君（2006）的論述中提到，從實務運作來看，置入行銷把商品或概念融入新聞文本或節目中成為其一部分，和節目廣告化、新聞廣告化性質類似，都是在節目新聞中透露廣告訊息，而廣告主多半也不會揭露自己的身分，而進行置入的廠商則須付出一定的對價給內容產製者，對價可能是金錢或是非金錢上的支付。總結來說，置入性行銷是一個以付費方式，並利用各種設計，同時以不醒目的手法策略，把品牌或產品、服務等訊息放到媒體內容中，進而達到影響閱聽人的目的（彭賢恩、張郁敏，2008）。

表10-1　置入性行銷和其他行銷傳播工具比較

形式	廣告	公關	置入性行銷	贊助
企業主	明示	明示	未明示	明示
付費與否	有	有	視情況	視情況
呈現時間或長度、大小	短、小	短、小	長、大	長、大
目標對象	大眾	分眾	大眾	分眾
閱聽大眾的反應	轉台	選擇性參與	自然融入	選擇性參與
呈現手法	話術操作	議題包裝	隱含	包裝
訴求方式	直接	間接	間接	間接
訊息辨識度	高	高	低	低

資料來源：本書整理自許安琪（2005）。

　　而徐振興、黃甄玉（2005）也整理出幾項置入性行銷的要件，包括：

1. 有明確的廠商或廣告主，經由付費或提供產品、場地或其他利益交換來讓產品相關訊息可在媒體內容露出。
2. 在媒體內容中未告知閱聽人產品訊息之露出是和廠商利益交換的結果，也就是未明示廣告主。
3. 產品訊息不是用廣告方式呈現，而是以新聞或戲劇情節出現，因此閱聽人是在不知情的狀況下接收到訊息。

二、置入行銷的優點

　　置入性行銷之所以受到廣告主、媒體和廣告代理商等的歡迎，則可以歸納出幾個原因如下（Delorme & Reid, 1999; Karrh, 1998; Russell, 2002／轉引自徐振興、黃甄玉，2005）：

1. 廣告主不論是提供金錢或產品道具、場地，都能有效降低媒體內容製作成本。
2. 由於要置入的產品或服務都和日常生活有關，融入劇情後也能建立較真實的情境感受。
3. 透過劇中或內容中某些明星的使用、介紹，可以使產品得到更多說服力。
4. 隨著劇情或明星對產品的氛圍營造，讓閱聽人更能產生共鳴。
5. 閱聽人對廣告會有抗拒心理，但對於節目或劇情內容則無，並會高度涉入。
6. 在風險分散原則下，置入性行銷是各類廣告外的另一個選擇。
7. 比起傳統廣告秒數、版面的限制，置入性行銷和媒體產品共同生存，有較長的產品生命週期。
8. 節目或媒體產品愈受歡迎，置入的產品或服務也有更多機會露出，甚至拓展到全球。

在前述曾提到置入性行銷的英文來源，包括embedded advertising及undercover marketing，由此可見，置入性行銷並不會明顯的告知它就是廣告，其呈現方式比較偏向隱藏性或無意識的，也因為不是那麼明顯，便有許多操作上的策略與方式，同時也以各種型態出現。

三、各類型媒體置入

以下將就電視、廣播、平面媒體、電影、政府訊息、新聞置入等做介紹。

(一)電視與廣播媒體置入

若電影是置入性行銷的始祖，那在台灣置入性行銷的出現就是

從廣播起源，並在電視發揚光大。台灣的廣播電台，尤其是一些地下電台，會有節目以工商服務的名義將商品介紹或推廣結合節目，其中又以健康食品或藥品居多（黃國師，2005）。此外，像飛碟電台在2003年後就積極開發廣播購物，加強和政府、廣告主的專案配合，包括在音樂節目中塑造某一產品屬性，或爭取公家機關的政令宣導預算（徐振興、黃甄玉，2005）。除了節目置入，廣播電台也透過某些活動的舉辦，再以電台節目做報導、呈現，例如某些歌手的簽名會或簽唱會、某些歌唱比賽或演唱會等等，就和相關企業、唱片合作來做置入。

電視節目置入行銷的出現、擴散則可回溯到田邊俱樂部：五燈獎歌唱比賽，也是選秀節目的始祖，其節目名稱即為田邊製藥的企業名稱，節目布景也以公司商標為核心，但早期沒有節目廣告化的法令，而置入行銷成為電視台的業務大概是從2000年開始，但此時是比較個案性的需求，直到2003年由政府帶頭統一購買廣告，引發許多爭議，同時也讓置入性行銷這名詞與方式受到廣告主、代理商的注意（黃國師，2005）。從此開始置入性行銷被認為可能是一個更好的廣告方式，才在電視上普遍出現，而同時電視媒體也開始出現專門的業務來做置入性行銷的廣告。

電視節目的置入行銷，除了廣告主、代理商找上媒體洽談，希望在某些節目中露出商標或產品、服務訊息，這幾年也有許多媒體直接用企劃的方式來合作，許多節目或連續劇拍攝時往往需要大量經費，也因此在寫劇本或腳本時便會把一些產品、服務放到劇情或節目中，再配合企劃的方式主動向廣告商洽談。

(二)平面媒體置入

平面媒體如報紙的置入，例如《工商時報》或《經濟日報》這類

以工商業讀者為主的報紙，會有版面是以記者把商品、服務訊息用新聞報導的方式來呈現（黃國師，2005）。同時這幾年開始，廣告主也希望能把產品或相關訊息轉化成新聞編輯後再呈現於版面，報紙等媒體也透過議題行銷、廣告新聞化和公關操作等各種方式來合作，並用專題報導、專欄或特別企劃的方式來報導訊息。此外，還有另一種方式是和廣告主、公關公司合作舉辦座談會或其他活動，討論某些特定品牌或與產品有關的主題，再利用新聞報導的方式來呈現於版面，例如和縣市政府合作舉辦當地觀光論壇，以推廣當地特色為主題，邀請相關人員參與討論，並再由報紙加以報導（徐振興、黃甄玉，2005；羅文輝、劉蕙苓，2006）。

　　《蘋果日報》進入台灣後，消費新聞成為《蘋果日報》吸引閱聽人的重要因素，各類常用或生活上的資訊成為重要的新聞，雖《蘋果日報》有廣編分離的制度，但其他報社則順勢強化自身的消費新聞版面，並透過此類新聞和各種廠商合作，例如3C產品、美食、購物等等，一方面能滿足閱聽人對此類新聞的需求，一方面也增加收入來源。此外，和報社、雜誌長期合作的廠商或企業，在某些特定活動時也會發出公關稿，報社或雜誌便可透過採訪新聞、改寫公關稿等來替其宣傳。

(三)電影置入

　　根據Sapolsky和Kinney（1994；轉引自徐振興、黃甄玉，2005）分析好萊塢賣座的前二十五名電影中置入品牌的特徵和出現頻率，發現平均每部電影置入了十八種品牌，大部分都是置入在喜劇中，置入的方式也多半都是以正面或和緩的方式來執行，品牌也多半為低涉入感的消費性產品。

　　Gupta和Lord（1998）則把電影產品置入行銷分成三種：

1. 聽覺上的置入（audio only）：以對話或口頭的方式來呈現，可能主角或某些聲音不斷的提到一個品牌、產品或其特色。
2. 視覺上的置入（visual only）：這類方式是常見且較爲明顯的將某些產品或資訊、商標等在畫面或鏡頭上露出。
3. 聽覺加視覺：顧名思義就是在畫面露出，同時配合對話或聲音的呈現。

(四)政府訊息置入

2003年政府建立「媒體集中採購通路」，整合行政院各部會之宣傳預算，由當時的新聞局長葉國興提出將採置入性行銷方式把訊息放在戲劇、綜藝，甚至是新聞當中，也引起許多爭議。而政府龐大的預算也已成爲全台第一大廣告主，新聞局合計2003年的媒體採購金額達10億9千萬元，平均每季爲2億元。但這還只是新聞局提供的數字，有許多機構、地方機關的預算並未列入，同時有些是以「業務費」去申報，主計處也無法全部計算清楚（林照眞，2005）。

在面對許多的爭議和批評聲浪後，前新聞局長姚文智在2005年6月宣布停辦置入性行銷（林昆練，2005），但只包括新聞局此單位不進行置入性行銷，其他各部會或地方政府機關則不在此聲明中，而新聞媒體和政府合作置入也絲毫未減（彭賢恩、張郁敏，2008）。

另外，政策的宣傳中不時隱藏政治人物的個人廣告，尤其每當選舉季節，本身已是市長、縣長等政治人物有其政治資源，往往利用政策廣告、政策宣傳、政策置入加以宣傳自己、個人，更甚者會有部會首長付費媒體購買新聞時段或版面來說明政策，或者是委託媒體做專題報導、深度專訪等等，成爲媒體和政客、政府一家親的弔詭現象。

(五)新聞置入

新聞的置入性行銷往往是最複雜，同時也是爭議最多的，近幾年甚至出現所謂「業配」新聞，由新聞媒體專門為廣告主打造專屬的新聞，或某些新聞時段以固定價格賣給廣告主。但由於背負著新聞專業與新聞真實的價值觀，新聞置入商業資訊往往容易受到批判，而在我國也有可能受到主管機關NCC的罰則。

但新聞置入卻也是較為貼近民眾的，因為民眾在看電影、電視節目時看到某些商品，比較能辨別其是「商品」、「廣告」。但在看新聞時，已有先入為主的定見認為它是真實發生的事件，因此對新聞內容也較為深信不疑，此時若將產品服務置入，也容易取得民眾或消費者的信任，但這樣的方式對於新聞專業的傷害卻也是毋庸置疑的。

以電視為例，新聞置入可以分成以下幾種類型（蔡樹培，2005）：

1. 策劃報導：新聞以專題報導方式詳細介紹某項產品或服務，甚至會邀請使用者來見證或產品服務的企業主管來介紹，而廣告代理商則是直接贊助某一電視新聞節目。
2. 搭配公關活動：此類手法有些類似新聞報導的假事件或事件行銷，廠商以說明會、記者會等方式出現，邀請某些名人來發言、表演或製造某些話題，讓新聞媒體的報導有其新聞價值。
3. 新聞話題置入：某些品牌或商品上市時，可能會引發風潮，例如Apple的iPhone，也因此可以和新聞做結合，當然某些新聞為了強調平衡報導，也會刻意報導其他類似產品的品牌，但仍是以某一品牌為其重點。
4. 談話性節目：新聞談話性節目這幾年成為各大新聞台的重點節目，收視率也高，自然成為商品置入的重點，可能主持人或來

賓會不斷提到某些產品、品牌，甚至以某些品牌爲談論主題。

(六)整合與匯流下的置入性行銷

當各類大眾媒體、分眾媒體都有置入性行銷出現時，整合自然就成爲一種策略與方式，尤其在新科技和資訊的進步下，透過各類媒體的整合匯流，也能達到綜效的效果。例如跨年晚會上的101煙火，最後會在101大樓上秀出某些品牌，透過當晚的電視、網路及隔天的報紙報導，其品牌露出就不只是一個101大樓的露出了。

另外，在網路或數位時代，我們使用E-mail、登入帳戶時也可隨處見到商業訊息的出現，而在社群網站的風潮下，則以各種討論主題、某些品牌的迷群來做話題加以宣傳。此外，隨著網路上網友的熱情分享，也開始出現各類達人與部落客，這些人在網路上成爲意見領袖，也被廠商看中成爲宣傳的管道，利用在自己的Blog或網站上寫下某些產品的使用經驗或體驗，加以對產品做宣傳，由於這些人具有高知名度和可信度，也容易讓更多網友進而一起使用。

而在數位化的概念下，未來的置入性行銷或許會讓消費者有主動的概念，現在當網頁或MSN出現某些廣告時，使用者可能會認爲其有點侵入式的感覺，但如果在收看某些節目或影片時，對於裡面的某項產品（如變形金剛中不斷出現的NOKIA手機）有興趣，便可透過點選方式馬上了解這項產品的資訊，這在電腦或網路是可行的，但在電視上則要透過數位化後的互動科技才能達成。

四、置入性行銷和廣告

以新聞爲例，當我們看到冬天時新聞報導某幾家火鍋店大排長龍，夏天時某幾家冰店熱賣到不行，或者是資訊展時哪些廠商又推出

什麼優惠、贈品，對我們來說這些彷彿是相當生活化的資訊，我們也不曾去懷疑新聞為何要報導，畢竟時候到了就會有這些新聞出現。而這，也就是置入性行銷的用意，讓民眾或消費者不會感受到廣告的存在，不會有被廣告侵入的感覺，也不會懷疑這裡面有商業訊息。但仔細去思考，往往可以想出些端倪，例如夏天到了為何是報導冰店的新聞？為何是特定哪幾家冰店？資訊展有上百家廠商，又為何是特定哪幾家廠商的優惠？換言之，置入性行銷和廣告的最大差異，就是讓消費者或民眾能否更深入的思考與發現這是不是廣告。

學者林照真（2005）曾針對置入性行銷的方式與價格做研究，其指出，置入性行銷的價碼可經由各種市場因素如收視率來考量，同時也有較大的彈性和企劃的方式，並非像傳統廣告某些時段或版面就有一定的價格，而頭版或黃金時段最貴。例如電視台在新聞頻道舉辦一小時的座談會，要價約25萬，大報的整版座談會報導則要價60萬，在新聞中配合的深度報導有電視台開8萬5千元，或協助廠商召開記者會，並配合活動來決定播出時間，這可能要價30萬，而媒體多也產生了競標，可能要配合其他廣告或新聞贈品，如一個電視專訪再送一個SNG連線、本台新聞和戲劇可配合播出等等方式。

置入性行銷對於廣告本身，究竟是一個好的廣告策略，或者違反了廣告倫理，也是大家爭論的議題之一。林照真（2005）指出，置入行銷雖然被廣告界認為是成功的策略，但其並不符合廣告的專業倫理，早在二十世紀初，為了新聞和廣告共存，廣告倫理的首要規範就是必須和新聞分開的原則。1987年，台灣制訂的廣播廣告製作規範就明訂廣告不得以新聞、座談會、銘謝或是聽眾來信的方式為產品服務（樊志育，1990）。也因此，廣告和置入性行銷最大的分野在於新聞這個關鍵點上，廣告本身和新聞是兩個不同的方式和觀點，廣告中不會有新聞，新聞中也不會有廣告，兩者是各行其道；但置入性行銷卻把兩者結為一體，同時產生和兩者本身的專業與原則衝突的現象。

此外，「廣編稿」（advertorial）和置入性行銷的新聞有許多類似，但事實上兩者是不同的東西（彭賢恩、張郁敏，2008）。Cameron和Ju-Pak（2000）定義廣編稿是在付費的版面中，刊登任何物件，包括如：產品、服務、理念等廣告訊息，並在版面設計或內容上符合該出版物的編輯方式。而廣編稿也大多要求版面要註明其為廣告，以區別其和新聞，所以此兩者最大的不同在於廣編稿讀者可知道其為廣告訊息，但置入性行銷則無法被迅速有效的辨別。

 ## 對置入性行銷之處理態度及規範

王泰俐、蘇蘅（2009）指出，從行銷的觀點，置入性行銷代表的是另一種的整合行銷傳播，是一種自然且非強迫、侵略、強力說服的行銷方式，許多學者和業者也相信這類方式比較不會引起消費者的反感，並形成一種內在遙控（internal zapping），使行銷更為有效；但反對者亦表示，置入性行銷是一種欺騙，雖然目前國外對於商業置入的態度算正面，但在一些節目或產品上則仍強力反對，例如菸酒商品、武器、兒童節目和新聞節目等等，也因此消費者或大眾對置入性行銷的態度也視產品內容、傳播管道而定。

歐美社會和學界對置入性行銷的探討多半在於商業性置入的討論，而我國近幾年對此的研究和討論則集中在政治訊息的置入以及新聞媒體的置入兩大部分上，並可以看到**表10-2**的分類。

表10-2　置入性行銷類型

	政治性訊息	商業性訊息
新聞節目	類型一	類型三
非新聞節目	類型二	類型四

資料來源：本書整理自劉昌德、羅世宏（2005）。

一、對政府訊息置入的態度及規範

　　台灣社會對於置入性行銷持批判者居多，如類型一和部分的類型二和類型三，也就是多為政治性訊息的探討或批評。但政治置入新聞的宣傳方式在其他國家也是不被認同的，美國聯邦法規便有「不得使用納稅人的錢來做隱性的政治宣傳」之規定，以及政府在政令宣導時，不得為特定人選做宣傳。而美國國會獨立調查單位「會計總署」（General Accounting Office, GAO）也曾公布小布希政府花錢請政論家在電視節目中宣傳政府政策等方式都是「隱性宣傳」（covert propaganda），以讓新聞評論有利於自己或是政府，其已觸犯聯邦制訂的公關禁令或宣傳規定（陳朝政，2005）。

　　政策宣導固然是政府有必要向民眾加以宣傳及說明，但以置入的方式納入節目或新聞中，則有其疑慮；尤其是新聞被視為是三權之外的第四權，本應負有監督政府、政策的責任，但卻因為利益而成為政府機關的宣傳管道，和新聞專業可說完全背道而馳。即使利用一般媒體做政治宣傳，也有一定的疑慮，尤其當媒體內容只為特定政治人物做宣傳時，也可能會讓政治力有過多的干涉。

二、廣告商與媒體的態度

　　在2005年3月，美國的行銷傳播媒體研究機構PQ Media發表一份研究報告Product Placement Spending in Media，報告指出在近幾年置入性行銷大受重視，尤其是電視最為明顯。置入性行銷的經費從1976到1999年間複合成長率為10.5%，1999到2004年則為16.3%，到了2004年更增加到30.5%，達到34.6億美元，其中最主要的來源是電視的成長，電視的置入性行銷經費成長從1999到2004年複合成長率為21.5%，另一

類媒體電影反而稍遜一籌為14.6%（蔡樹培，2005）。

美國Ad Age（Advertising Age）在2005年發表的報告也指出，美國市場約176億美元的行銷傳播經費中，置入性行銷所占比率愈來愈高，排名前十大之行銷傳播集團也愈來愈重視並仰賴置入性行銷（蔡樹培，2005）。因此，置入性行銷對於廣告商、企業來說絕對是相當重要的宣傳手段。

在新聞媒體的態度部分，國外對於商業訊息置入新聞多半有明文禁止，新聞媒體也都有其專業態度而較少有新聞置入的狀況，但在台灣，商業訊息置入新聞雖也受國家通訊傳播委員會規範，但媒體間卻以各種方式和手段，或遊走規範的邊緣，或找尋規範的不足，不斷的將商業、政策等訊息置入到新聞中，雖然這和新聞理念是互斥的，也同時不斷的被民眾和學者批評，但台灣的媒體環境太過競爭，新聞媒體亦同，在這樣的環境下，生存成為媒體的優先考量，也因此專業與生存成為台灣新聞媒體長期以來一直無法解決的難題。

在電視、電影或相關媒體節目等部分，商業性的置入已屢見不鮮，從好萊塢的電影到美國各大電視台的戲劇，再到台灣的偶像劇、本土劇、電影等，置入性行銷也成為更多元的內容呈現。以「痞子英雄」為例，在劇中置入了高雄市的各個景點，成功的替高雄市做到城市行銷，帶動其觀光和旅遊發展，美國電影「慾望城市」則用四個成功女性的故事來塑造出紐約、時代廣場的時尚感和現代感。當導演、編劇在創作劇本或討論劇情時，商業置入也成為他們考量的重要因素，哪個場景該放什麼商品，而主角該如何拿著這項商品，要能置入得順暢、符合邏輯。

三、各國對商業訊息置入的規範

商業訊息置入新聞由於違反新聞專業，因此在許多國家都是被禁

止或是批判的。但商業置入節目或電影、電視劇則爲有條件的開放，如徐振興（2010）的研究整理中指出，2007年歐洲議會和理事會通過《電視無國界指令》的翻修版本，並爲因應科技變化而將法律名稱改爲《影音媒體服務指令》（Audiovisual Media Services Directive），此次翻修，歐盟一改過去對商業言論的保守作風，有條件的放寬了置入性行銷，並首次把隨選視訊也納入規範，新指令中原則上仍然禁止置入性行銷，但正面表列出可開放的節目種類，包括電影、劇集、體育和娛樂節目，但兒童節目仍禁止，新聞和時事節目更嚴格規定不得接受贊助，當然也包括置入行銷。在有條件的開放下亦須符合四項要求：(1)不能影響節目內容和檔次自主；(2)不能直接鼓勵購買產品或服務；(3)不能過度呈現商品；(4)閱聽人須被告知節目中有置入性行銷。

(一)各國規範比較

表10-3爲美國、英國和日本對置入法規之比較。

(二)我國的規範

我國法規規範基本上是禁止商業等各種廣告置入節目，也就是我國有法源依據，但管理上的嚴格與否則端看主管機關；同時在置入性行銷的認定上，根據《廣播電視法》第2條的定義，節目是指廣播與電視台播放有主題與系統之聲音或影像，內容不涉及廣告者；而廣告則是指廣播、電視或播放錄影內容爲推廣宣傳商品、觀念或服務者；因此置入性行銷被認定是廣告的一種。

表10-3　美國、英國和日本對置入法規之比較

國家	美國	英國	日本
立場	有限度的置入性行銷，須以揭露為原則。	禁止任何置入，節目要和廣告區分。	禁止置入，且廣告要明示為原則。
政府法令	1.《1934傳播法》： (1)第317條：置入揭露原則。 (2)第507條：賄賂條款（告知原則）。 2.《綜合撥款法》： 政府部門不得將撥款用於未經國會授權的宣傳，並禁止從事隱藏性宣傳。 違法宣傳類型：隱藏式宣傳、純政治目的之文宣。	1.《傳播法》第321條第4項：「節目與廣告應完全分開。」 2.《傳播法》第320條第2項：「不得在爭議性議題中藉由廣告的方式左右民意」。 3.《廣電規範》第十部分「商業資料與其他」：「業者在提供服務時，應確保節目與廣告完全分開。」	《放送法》第50條第2項：「廣播電視業者在播送收受報酬之廣告時，必須設法讓收視者得以明確分辨其為廣告。」
業者自律	1.美國廣告聯盟倫理公約：真實原則 2.專業記者協會倫理準則：新聞與廣告應區分		日本民間廣播業者《廣播基準倫理》第十四章 廣告之處理「廣告播放須依據商業廣告行為，明示此為廣告內容。」
最新進展	1.教育部收買評論人士宣傳事件： (1)媒體與民主中心：呼籲調查與裁罰。 (2)GAO（2003）：教育部隱藏式宣傳，違法，須向國會與總統提出報告。 2.五角大廈操控名嘴事件： (1)媒改團體：訴請國會調查、人民有知的權利、宣傳資訊應揭露。 (2)國會與GAO調查：未違法。	2010年初，OFCOM（Office of Communication）根據歐洲指令提議放鬆管制，計劃開放四類節目（電影、電視劇、體育、娛樂）之置入，諮詢各方意見。但廣告主協會（Incorporated Society of British Advertisers, ISBA）及媒改團體反對開放。理由：廣告費提高；反效果；廣告將入侵節目之中；降低英國影視產業水準，長期不利國際競爭。	

資料來源：台大新聞所「政府訊息呈現研究」團隊（2011）；轉引自「卓新論壇&記協充電講座：置入性行銷對新聞工作的影響」會議資料。

　　而根據《廣電法》第33條、《有線廣播電視法》第42條與《衛星廣播電視法》第19條的規定，節目和廣告應該明顯做區分，違反時主管機關可給予警告或罰鍰等。而新聞局在2001年則公告《節目廣告化或廣告節目化認定原則》，指出了相關的判別標準類型，如第三種指出，「節目主持人、主講人或來賓所拍攝之廣告與節目內容有關聯性者，或雖無關聯性但未以其他廣告前後區隔播送者」；第十五種則指出，「節目中有推介特定商品之使用方式、效果，不論有無提及該商品名稱者」等情形。因此我國的規範大致原則是以若有廣告之嫌疑，就須明示閱聽人此為廣告。

　　《衛星廣播電視法》在2009年的修訂中，第22條第2項則規定，衛星廣播電視事業和境外衛星廣播電視事業之分公司或代理商不得於新聞及兒童節目為置入性行銷；第7項規定，新聞、兒童、運動賽事及藝文活動節目之認定、節目與其所插播之廣告明顯辨認與區隔、置入性行銷置入者與贊助者訊息揭露之方式、限制及其他應遵行事項之辦法，由主管機關定之；而除上述相關法規，在和食品、醫藥、化妝品保養品、美容瘦身等有關的媒體內容還須參考《食品衛生管理法》、《藥事法》、《醫療法》、《化妝品衛生管理條例》、《健康食品管理法》、《瘦身美容業廣告規範》等相關法規（徐振興，2010）。

　　《衛星廣播電視法》在2009年的修訂，一部分也放寬了對置入性行銷的限制，除新聞和兒童節目外，節目可自然呈現特定觀念、商品、商標或相關資訊、特徵之行銷與宣傳，但須在節目前後明顯的揭露提供者訊息，但相關法令草案也須等待立法院通過方能定案（王泰俐、蘇蘅，2009）。

四、《中國時報》記者黃哲斌辭職事件

　　在《中國時報》待了十六年又五個月的資深記者黃哲斌於2010

年12月辭職離開《中時》，辭職信上寫著：「台灣報紙業配新聞領先國際潮流，自認觀念落伍告老還鄉」，黃哲斌同時將部落格改名為「【圖解】第一次買新聞就上手」，並發起連署反對政府花費公帑置入行銷。並非資遣或跳槽，黃哲斌在自己的部落格公布辭職的理由，他說，因為無法接受業配新聞的滲透和置入，破壞了新聞專業與倫理而辭職（高捷，2010年12月13日）。

黃哲斌的大動作辭職，反映出新聞內容變成論字計價的商品，公關稿取代新聞稿，使得記者們也認為失去熱情和應有的專業。黃哲斌自己提到並非針對《中時》，而是針對所有媒體環境，並提到馬英九在當選時曾向記協、媒改團體簽署一份「反政治性置入性行銷」的承諾書，痛批總統的誠信和承諾。

此事件引起全台媒體、傳播學界和政界的重視，對此國內128名新聞、傳播學術界教師隨即發表聯合聲明，表達對黃哲斌的支持，呼籲政府應立即停止置入，媒體自律。而連署名單中也包括4位新聞傳播學院、社會科學院院長及15位新聞傳播系系主任、所長（高捷，2010年12月27日）。

此外，對於外界批評民進黨是置入的始作俑者，民進黨也為此道歉，而前國民黨秘書長金溥聰也表示執政者會致力改革，禁止政府訊息置入。隨後在2011年1月，立法院三讀通過「反置入法條款」的預算法第62條之1修正案，禁止政府以置入性行銷方式進行政策宣傳。日後政府各機關暨公營事業、政府捐助50%以上之法人及政府轉投資事業，基於中立、維護新聞自由及人民權益，編製及執行政策宣傳預算時，不得以置入性行銷方式為之，也不可以進行含有政治性目的的置入性行銷。各機關執行政策宣導廣告，應載明機關名稱，並明確標示其為廣告（謝莉慧，2011年1月12日）。

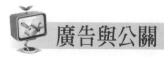

廣告與公關

Grunig和Hunt（1984）定義公關為：「組織和其有關的公眾間溝通及管理的功能。」在行銷的概念中除了廣告之外，另一個概念就是公關，而公關即公共關係，英文為public relationship，簡稱PR，主要是針對組織或是企業機構去做訊息上的傳達，以及關係上的協調，包括形象管理、諮商、策略、服務等等；換言之，公關是指機構組織對其內部人員或是外部對象的關係管理，內部人員包括對內的企業文化形塑、組織理念，對外包括媒體溝通、顧客服務、形象維護等。

因此，公關的定義可以說比行銷更為廣泛，行銷的目的在於推廣組織的理念或產品，但公關可以廣泛到組織本身對內對外的協調和經營，而組織內部每個人員都是公關的推手，雖然現今企業都有公關部門，但大多是針對新聞、媒體而設立，或是統一對外發言，事實上公關的推動在基層的客服等層面都包含了。

和廣告相比，則廣告可以說是公關的一種操作方式或策略，因為廣告的目的或目標較單一，或是為特定要點去製作廣告，單一廣告所能達成的有限，也無法完全實現公關的意涵，這是因為廣告受限於承載的媒體，有時間、版面、空間、地形等各種限制，而且在製作上需要一定的成本，在觸及率或是效果上的統計也有難度。但比起廣告，公關的操作更為廣大多元，且層面更多，上至董事長、總經理，下到基層員工都可以是公關的一員，操作方式除了廣告，也包括議題上的操作、顧客關係管理、危機處理等各個面向。

公關是由溝通、管理、社會責任、善意關係四個基本概念組成，公關的角色是協助個人或組織，透過多樣且公開的溝通管道與溝通策略，與不同的公眾建立良好的關係，在危機發生時公關也能蒐集資

訊，提供決策者回應方式（孫秀蕙，1997）。Grunig和Hunt在1984年提出四種公共關係溝通的模式，分別是新聞代理（press agency）、公共資訊（public information）、雙向不對等（two way asymmetric）、雙向對等（two way symmetric），其中雙向對等被認為是最理想的模式。

公關的定義也可整理如下（黃懿慧，2001，2003；Hutton, 1999）：

1. 組織、公眾、管理、溝通和傳播、關係等概念，是許多學者所共同認為公關所應有的基本要素。
2. 公關有六種實際上的功用，包括說服（persuasion）、倡議（advocacy）、公眾資訊（public information）、因素關係（重視公眾的說服，cause-related）、形象管理（image management）、關係管理（relationship management）。
3. 公關在組織中可以解決溝通、傳播、語藝、行銷、危機、衝突等問題。

 問題與討論

1. 你認為新聞和兒童節目絕對不可以做置入性行銷是否合理？為什麼？
2. 你認為戲劇、一般節目開放有限的置入性行銷是否合理？為什麼？
3. 你能分辨出電視或電影中的置入橋段或產品嗎？如何分辨？
4. 試舉出你認為可能違反我國法律的置入性行銷例子（節目廣告化、廣告節目化認定）。
5. 若你是廣告主，你認為置入性行銷對你宣傳商品或是服務、品牌有幫助嗎？為什麼？

參考書目

一、中文部分

王泰俐、蘇蘅（2009）。〈電視新聞商業置入廠商身分揭露、產品類型以及置入策略對新聞可信度的影響〉，《廣告學研究》，32：27-53。

王毓莉（2005）。〈政府運用「置入性行銷」從事菸害防制工作之初探性研究〉，《中華傳播學刊》，8：115-159。

台大新聞所「政府訊息呈現研究」團隊（2011）。轉引自「卓新論壇&記協充電講座：置入性行銷對新聞工作的影響」會議資料。

成露茜（2005）。〈專題主編的話 批判、維護、妥協、或？：反思「置入性行銷」〉，《中華傳播學刊》，8：xii-xiv。

林昆練（2005）。〈新聞局停止置入性行銷〉，《動腦》雜誌，351：53-54。

林照真（2005）。〈「置入性行銷」：新聞與廣告倫理的雙重崩壞〉，《中華傳播學刊》，8：27-40。

孫秀蕙（1997）。《公共關係：理論、策略與研究實例》。台北：正中。

徐振興（2010）。〈電視新聞商業置入性行銷呈現型態與規範原則〉。宜蘭：佛光大學傳播學系第二屆傳播與發展學術研討會「民國百年傳播與發展研討會」。

徐振興、黃甄玉（2005）。〈產品訊息疑似置入電視偶像劇之研究〉，《中華傳播學刊》，8：65-114。

高捷（2010年12月13日）。〈新聞置入太嚴重 中時記者辭職抗議〉，《新頭殼》。上網日期：2010年11月13日，取自http://newtalk.tw/news_read.php?oid=10579。

高捷（2010年12月27日）。〈傳播學界大動作發聲明 反政府置入行銷〉，《新頭殼》。上網日期：2010年12月27日，取自http://newtalk.tw/news_read.php?oid=10900。

許安琪（2005）。〈置入？植入？製入？智入？——從多元面向觀點檢視置入性行銷〉，《中華傳播學刊》，8：161-178。

陳朝政（2005年10月6日）。〈置入性行銷必須立法禁止〉，《中央日報》，第9版。

彭賢恩、張郁敏（2008）。〈政治置入性新聞對新聞可信度之影響〉，《新聞學研究》，95：55-110。

黃國師（2005）。〈「置入性行銷」是電視媒體的甜點還是雞肋〉，《中華傳播學刊》，8：17-25。

黃懿慧（1999）。〈西方公共關係理論學派之探討──90年代理論典範的競爭與辯論〉，《廣告學研究》，12：1-37。

黃懿慧（2001）。〈公共關係之「關係」研究──研究方向的省思與展望〉，《廣告學研究》，17：21-44。

黃懿慧（2003）。〈台灣公共關係學門及研究：1960-2000年之回顧〉，《廣告學研究》，20：13-50。

廖淑君（2006）。〈政府從事電視置入性行銷法律規範之研究〉，《廣告學研究》，26：83-107。

劉昌德、羅世宏（2005）。〈電視置入性行銷之規範：政治經濟學觀點的初步考察〉，《中華傳播學刊》，8：41-62。

樊志育（1990）。《廣播電視廣告專業》。台北：三民。

蔡樹培（2005）。〈電視新聞性置入行銷：行銷視野之探討〉，《中華傳播學刊》，8：3-15。

鄭自隆（2003）。〈置入式行銷不是毒蛇猛獸〉，《動腦》雜誌，324：70-71。

謝莉慧（2011年1月12日）。〈預算法禁新聞置入　立院三讀通過〉，《新頭殼》。上網日期：2011年10月26日，取自http://newtalk.tw/news_read.php?oid=11291。

羅文輝、劉蕙苓（2006）。〈置入性行銷對新聞記者的影響〉，《新聞學研究》，89：81-125。

二、英文部分

Cameron, G. T., & Ju-Pak, K. H. (2000). Information pollution? Labelling and format of advertorials. *Newspaper Research Journal*, 21(1): 65.

Galician, M. L. (2004). *Handbook of product placement in the mass media: New strategies in marketing theory, practice trends, and ethics*. New York: Haworth Press, Inc.

Grunig, J. E., & Hunt, T. (1984). *Managing public relation*. New York: CBS College Publishing.

Gupta, P. B., & Lord, K. P. (1998). Product placement in movies: The effect of

prominence and mode on audience recall. *Journal of Current Issues and Research in Advertising*, 20(1): 41-58.

Hutton, J. G. (1999). The definition, dimensions, and domain of public relations. *Public Relations Review*, 25(2): 199-214.

第十一章

從媒體發展趨勢看媒體企劃

- 知識管理與內容管理
- 媒體科技趨勢和媒體產業變化

本章導讀

從報紙、雜誌等印刷媒體，到廣播、電視等電子媒體，最後來到網路、電信等新科技媒體，我們可以發現一個不變的真理或趨勢，那就是媒體主流或科技不停地在變，而且這樣的變化愈來愈快，間距愈來愈短。但面對這樣快速的變化，作為一個新聞媒體工作人員，或是作為一個媒體管理者，甚至是媒體經營者，是否該隨著這樣的變化而不斷的跟進，亦或是在跟進之下，也有些不變的原則或策略，都值得一一探究。

從商業管理的角度看，經營媒體就像經營企業一樣，尤其現在的媒體是社會責任與商業利益並重，現實來看，已經不再是過去「文人辦報」的時代，台灣也不像歐洲國家是以公共電視或公廣集團為主，但社會仍然期望媒體在商業邏輯運作下能有其應負的責任，因此員工和人才的管理就相當重要，媒體老闆在賺錢之餘，也應讓媒體工作者能夠發揮所長與責任。

因此，本章以內部管理和外部產業兩部分，來探討未來媒體企業該如何因應這樣的變化。內部管理包括了知識和內容管理，因為媒體最大的目標和重點在於生產內容，而內容的產出需要創意和知識；此外，內容傳送的平台需要科技，也需要知識，因此知識和內容的管理，會是媒體企業優先要考量的。而內容生產需要適當與優秀的人才參與，因此工作人員的培養、選用和管理就成為重點，尤其媒體的內容是傳達給一般社會大眾，換言之，媒體的資訊會讓社會大眾相信並接收，一旦媒體傳達錯誤或不當的訊息，大眾也就會有錯誤的觀念或認知，影響層面非常廣泛。因此從社會責任的角度看，媒體生產的內容有不可誤導或錯誤的壓力在，而這層壓力也就落在第一線內容生產者——如新聞記者、編劇或是節目製作人等

身上，是以人才的管理不只是為媒體或企業賺更多錢，而是有其最初的媒體責任在。

再者，媒體因為每天都在生產內容，包括新聞、節目或是戲劇，即使現在各電視台重播率高，各報紙新聞差異性也不高，但不可否認的是從時間軸來看，媒體內容是不斷的再生產，甚至是以每天、每小時為單位在生產，因此內容的管理和資料庫的建構就是一個要點，將好的內容保存，作為更多用途，如好的節目可以用在學校教育或是學術研究上，一方面讓內容的生產利益極大化，一方面也讓媒體能做到更多層面的社會回饋和影響。

另一部分，外部環境上，科技的變化和產業的變化，本章節也會對目前的媒體科技和產業做概括性的介紹，以及未來可能的趨勢和走向，除了傳統的大眾媒體，在新媒體如電信產業或是資訊產業、網路等也會加以描述，希望能從內部和外部兩個面向構建出媒體企業、管理的藍圖。透過這樣的大環境認識，了解媒體管理的趨勢，進而能勾勒出媒體企劃的前提。

 ## 知識管理與內容管理

一、重估媒體組織的資產價值

早期的會計報表中有一張非常重要的就是「資產負債表」，這張表格以左右兩欄區分出企業的資產面和負債面的各項數字。所有的管理者、投資大眾在看一家企業營運的好壞時，首推資產負債表。不

過，因應企業無形資產也是企業重要的競爭力概念（例如專利、商譽），以及無形資產也可以量化計價買賣（例如品牌、商標），許多管理者也開始重視企業無形資產的價值。

事實上，傳統的財務報表不僅無法列出許多企業的無形資產，甚至二十世紀以來所重視強調的企業人力資源，在報表上不但無法顯現，甚至人力項目是被視為「成本」，列為費用項目，而不是視為「資源」成為有價資產。不過，財務報表與會計原則涉及複雜的環節，在此不做分析。但是，將企業人力資源視為資產的管理觀念，早已深植一般管理者的觀念中。例如以前強調「人事管理」，現在則稱「人力資源管理」。

以媒體而言，如果必須列舉媒體的資產項目，則以媒體整合生產、文化、廣告等各產業，所能列舉的資產項目相當多元，但是如考量到媒體相較於其他產業所特有的有形與無形資產，相信人才與產品（訊息內容）都是考量的焦點。因為媒體產業的利潤來源之一，是來自於人力資源所創造的產品（訊息內容），而這些媒體的訊息內容主要價值，乃是由人力資源所創造出來的知識，所以人才與內容知識密不可分。

(一)媒體組織的資產核心：知識

近年來，組織概念愈來愈強調人力資源的發展，藉由各組織成員不同能力、技術的結合，進而產生出各種形式的綜效，「知識」的產出即是如此，而這在媒體產業特別明顯。因此，在知識經濟時代中，企業管理的核心是所謂的知識工作者。放眼未來，什麼是掌握二十一世紀的競爭利器？「知識管理」無疑是最熱門的話題，繼勞力、資本之後，知識已經成為二十一世紀最主要的競爭利器。

當代管理學大師彼得‧杜拉克（Peter Drucker）在《後資本主義

社會》（*Post-capitalist Society*）一書中即指出，人類社會正處於一種變動的過程中，未來的社會是後資本主義社會，在此種社會型態中，知識則成為最具關鍵性的資源。以知識創造社會財富的觀點而論，人類已經歷了工業革命、生產革命與管理革命等三個階段，而在此過程中，知識的重要性與關聯性則是與日俱增。在工業革命中，知識的應用導致新產品與新工具的產生，例如大型製造廠；而在生產革命中，知識與工作相結合，泰勒的科學管理展現出高效率與高生產力的科學邏輯；在第三個階段管理革命中，知識與知識相連結，其特徵為知識與專門知識的集中運用，以及系統而有目標的解決問題，這也正是人類當前正身處的階段（Drucker, 1993; Nijhof, 1999）。

(二)媒體組織的人力資源日益重要

　　媒體組織的人力資源，尤其是新聞部門，就是一種知識工作者的型態。知識工作者的特色是不需要依賴組織層級或設備生存，他的價值可以很容易地在不同的組織間移轉。例如媒體記者依賴本身的採訪專業、日益累積的人脈資源與新聞路線等，媒體記者的知識生產方式，並不需要特別依賴如筆記型電腦、印刷設備、網際網路、組織招牌等，其間均有不同的替代方式可以達到生產目的；甚至只要換個媒體工作、申請一個新的電子郵件帳號、一台筆記型電腦，媒體記者就可以開始發揮生產力，建立他的工作價值，繼續生產他的知識。因此，媒體產業的人員流動變得輕而易舉，而媒體也必須學習在訊息產製流程中，將部分人力資源轉化成的知識價值繼續存留於組織中，以維持組織的運作。這股動力，帶動企業對知識及智慧資產的重視，相對的，如何引進、累積、保有、保護及不斷再生企業的知識及員工的知識，就成了一個重要的課題。

　　因此，媒體組織必須更為重視的無形資產，應該包括了人力資

源、訊息內容，以及兩者綜效而產生的知識價值等。

二、媒體組織的知識管理觀

媒體組織迫切需要知識管理，究其成因，在於媒體產業就是一個知識生產行業，媒體的人力因素如新聞路線的培養與建立、經驗的傳承等；產品因素如新聞資料庫的內容管理與再運用等；市場因素如市場競爭與生存的法則、經銷管道與分銷系統等；另外如技術因素等，皆是媒體組織可產生與運用的無形知識價值。所以媒體管理者更需要具備知識管理的觀念。而一個知識管理型的組織，也是一個不斷創新求變的組織實體。

(一)知識管理概念

知識管理是一個十分熱門的話題，當今企業管理領域最熱門的顯學乃是「知識管理」（knowledge management, KM）。這就好像過去工業時代注重「生產管理」，龐大的組織注重「財務管理」，消費時代重視「行銷管理」，或晚近二十年注重「資訊管理」一樣。近來科技發展與網際網路帶動的新經濟浪潮，讓世人體會到經濟的動力，正由以往的資本及企業組織，移轉到知識及創新精神，所以知識管理在近年成為一門顯學。

一般而言，廣義的知識包含資料（data）、資訊（information）、知識（knowledge）及智慧（wisdom）等不同層次，有助於決策的資訊及能力。這些知識也許見諸文字或檔案格式的報告或表格中，也許深埋於往來的電子郵件，或者是資深管理者與組織人力資源者的腦海中。而知識管理就是將企業內的知識，當成一個資產加以管理，以期對企業價值發揮最大的用處。在知識經濟中，企業如能有效引入、累

積、流傳及善用知識，對企業價值將會有很大的助益。

(二)媒體導入知識管理的思考點

　　既然知識管理的重要性毋庸置疑，且媒體的產業特性使管理者更須有知識管理的概念，那麼媒體組織如何導入知識管理呢？可以考慮應用管理技巧中常用的5W2H法，進一步仔細思考如何導入與建置知識管理系統（鐘裕堯，2003）：

　　1.why：

　　　(1)為何要導入知識管理系統？主要目的為何？策略意義為何？

　　　(2)企業或部門導入知識管理系統的戰略性目標為何？戰術性目標為何？降低成本？提升競爭力？或是改善作業流程品質？

　　2.what：

　　　(1)應該由企業中的什麼部門或什麼領域開始實施知識管理？

　　　(2)知識管理系統應具備哪些功能？哪些功能應最先導入？

　　3.how / how to：

　　　(1)如何導入知識管理系統？優先順序如何？

　　　(2)組織及作業流程應如何調整，以配合知識管理系統的實施？

　　4.how much：

　　　(1)企業或部門對於知識管理系統所編列的預算為何？

　　　(2)導入知識管理能產生的價值為何？

　　5.who：

　　　(1)應由誰或什麼部門負責規劃及導入知識管理系統？

　　　(2)最先實施知識管理的對象，應該是企業中的哪些部門或成員？

　　　(3)企業中負責知識管理的組織型態和層級為何？如何調整？

　　6.when：

　　　(1)導入知識管理系統的時程為何？

(2)優先緩急次序為何？

7.where：

  (1)應該由什麼部門最先導入？

  (2)實施知識管理的組織所在的實體位置，與組織在網路中的虛擬環境，如何相互搭配？

而在微軟的「實踐知識管理」白皮書中，提出四個知識管理運作時所要考慮的四大要素（張建清，2000）：

1.企業策略：知識管理必須配合企業策略及長期目標，並依不同企業的策略目的，進行不同規劃。知識管理的目的，就是達成企業策略目的。

2.組織：知識管理必須配合企業組織的結構及動態，也要考慮員工的特性加以規劃。主要的目的，是形成一個分享及鼓勵創新的組織。

3.流程：企業管理的目的，是增進企業現有的工作流程，以提供更好的服務或產品給顧客。知識管理的重點，是改善流程，而不是新增獨立的工作流程。

4.科技：善用資訊科技，可讓企業的運作更有效率。但科技的運用也必須配合使用者習性、行動力及現有架構才行。

安達信顧問公司也就知識管理提出一個知識利用的流程：

1.知識的彙集與再利用：企業現有的知識，必須要有一個很好的分享機制或系統，讓需要的員工可以找到。

2.發掘問題與透過運用知識以解決問題：對於企業的問題，有一個很好的系統，可以協助員工透過有系統的方式，很有效率地找到問題及解決之道。

3.組織學習與累積知識：在企業運作中，有一個機制可以促進整

個企業，持續地、自發地學習及累積知識，以累積企業的知識庫。

4.革新與創建知識：最有價值的知識是從創新中而來，也就是所謂能增加附加價值的能力。企業必須要有一個機制，尋找跳躍式的進步，才能勝出。

知識管理在知識經濟時代的重要性是無可置疑的。不過，從實用的角度來看，知識管理的一些手法，應用在一般企業仍會有許多障礙及問題。在企管領域中，有所謂先合理化再標準化的觀念。在知識管理上，也是相同的，除非企業經營者及員工都先成為知識工作者，否則要推行更多的知識管理活動，還是會困難重重；尤其如果沒有先將企業為何要推展知識管理的目的定義清楚，到頭來很可能會讓原本有用的資訊，成了一堆雜亂無章的資料。因為知識管理的重點，並不在於技術層面的問題，或執著於狹隘的單一業務與流程整合，而是組織上下成員是否徹底了解知識管理的目的，是否了解知識管理與企業核心業務之間的密切關係，以及規劃知識管理系統所需要的整合性思維。

三、媒體組織的內容管理

近年來企業e化正如火如荼的進行，如何將企業最重要的知識傳承、運用並創造價值，以增加企業競爭力，正是每個企業現階段刻不容緩的工作。而未來知識管理將成為企業e化的核心，知識內容的管理流程，通常是將企業所蒐集、觀察到的各種「資料」（數據、紀錄、文件等），透過文字化描述、分類、計算、調整、精煉等過程轉變成「資訊」，經過處理後的資訊再經由比較、驗證、關聯、溝通轉變成「知識」，於實務應用中展現其價值。對於媒體而言，最重要的莫過

於內容管理（content management），但在傳播領域，早期對於內容管理的論述不多，晚近則因應網路化與科技發展，而有所謂的出版數位化革命或報業自動化等論述。

(一)內容管理的重要性與日俱增

由於知識經濟時代的來臨，知識對企業來說是產生客戶價值的重要因素。雜亂無章的資料無法產生企業的競爭力，因此舉凡公司內部的各式技術文件、上百種產品資訊、即時訊息、常見問題與解答（FAQ）等，都是提供給客戶的重要服務內容，若能對這些內容做一有效且妥善的管理，不僅可以節省公司處理的時間及人力，且使內容具重用性、彈性和即時性，更可為客戶提供正確且即時的服務，以因應網際網路時代的即時需求、即時回應的特性，也將會為公司降低成本，創造更多的商機，獲得更高的利潤，更可為客戶創造更高的價值，提高整體顧客價值鏈的滿意度。因此內容管理將是成功客戶關係的重要步驟，可以作為電子商務的基礎，也是企業提升整體競爭力的第一步。

媒體是一個生產訊息內容的產業，所以內容產品勢必隨著時間的累積，而形成龐大的各式內容資料庫，例如新聞資料庫、影像資料庫、各式調查資料庫、文字資料庫、訂戶資料庫、經銷資料庫等；尤其產品數位化的技術日新月異，使資料的保存、整合、再製變得更為容易與廉價。因此，媒體的內容管理日益重要，而媒體要實踐知識管理，首要在於建立內容管理系統。

(二)內容管理的概念

但內容管理究竟是什麼？哪些內容需要管理？又應如何管理呢？內容管理不只是文件管理（document management），也非傳統的資訊

管理範疇而已，目前內容管理也尚無統一的定義，嘉德集團（Gartner Group）從內容管理的範圍及形式進行分類，認為內容管理包括企業內部內容管理、Web內容管理、電子商務交易內容管理和企業外部網路信息共享內容管理。而內容是指任何類型的訊息，可以是文件、檔案、圖形、影像、Web網頁、資料庫表格、聲音、視訊等等。整體而言，內容可以是任何訊息的集合。管理是指在內容上進行處理的過程，包括蒐集、切割、分類、權限、審核、轉換、公布、更新、刪除、儲存、版本控制、版權宣告等，目的是使內容能夠最正確、最即時的傳遞給適當的人，因此內容管理即是協助企業或個人，將所有混亂的訊息內容進行管理，使達到內容的即時性、正確性、重用性、安全性及彈性，並因此為企業提升競爭力，對顧客創造新價值的過程（陳貞期，2003）。

　　內容管理是知識管理的基礎，但是一般談論內容管理的書籍，多是以網路化的內容管理為主軸，以電子商務為切入點，因此還會論述相關的資訊管理系統，或資料探勘、XML等技術性協定。而以媒體組織為焦點的內容管理則尚未有專書論述。但是，內容管理的概念應該為媒體管理者所重視與作為組織發展的要項之一。

(三)內容管理流程

　　內容管理（content management）是一種結合人的活動與各式傳統及先進技術的綜合運用，包括internet、intranet、extranet技術與最新的xml、metadata等等。內容管理的目的是使內容可以正確、即時傳遞給適當的人，因此內容管理即是企業或個人，將所有混亂的訊息內容進行管理，使達到內容的即時性、正確性、重要性、安全性及彈性，並因此為企業提升競爭力，對顧客創造新價值的過程。內容管理並進一步被認為知識管理的基礎（陳貞期，2003）。因此，一個好的內容管

理系統應具備下列原件（引自陳貞期，2003）。

1. 蒐集系統（collection system）：對資料進行蒐集、取得、分節、編輯、整合及轉換內容等工作，並可對內容元件進行定義及搜尋（metadata）。

2. 管理系統（management system）：管理系統負責元件、內容及公布模版的存取管理，並可記錄內容的版本、工作流程的狀態、權限的設定及更新處理等等，也可說是快速提供蒐集系統與出版系統正確及有效內容的管理系統。

3. 出版系統（publishing system）：出版系統負責將內容從資料庫中快速且自動的，依所建立的出版模式（發布模式）送至各種出版媒體上，如Web、電子出版品、PDA、WAP、印刷品、XML資料交換等等。

4. 資訊流處理系統（workflow system）：資訊流處理系統能確保從蒐集、儲存及公布整個內容可以有效及正確地運行。

企業龐雜無章的內容經由此四大系統的蒐集、儲存、管理、發布處理，在建立及整理初期，雖會花費較多的人力及時間，但只要一切上軌道，將可對客戶或員工，做到即時需求、即時反應的最大效能，並因而加速企業內部知識的形成及獲得，進一步提升企業對外的競爭力。

(四)媒體的內容管理

如以一般論述電子商務的內容管理理論對照於媒體組織，則是以網際網路為主要發布媒體的新聞電子報資料庫。但通常有發展電子商務的企業談及的內容管理指的是網際網路內容管理（網站內容管理）。但媒體若定義出知識管理與內容管理的範疇，則所結合的「內

容」，將不會僅局限於網站內容資料庫，而是知識化的、資訊化的、產品化的，進而資產化的各式內容。以下試舉幾個例子說明內容管理的範疇與觀念：

1. 產品化的知識：包括各式由媒體工作者產製出來的內容，例如新聞媒體的新聞內容，如報紙、廣播、電視、雜誌、網路等媒體記者採訪而來的新聞資料，以及新聞資料整合而成的相關新聞資料庫。媒體產品化的內容也包括非新聞資訊的各類內容。

2. 生財工具化的知識：例如經過網絡化的報社分銷系統、分類廣告的經銷系統、記者採訪寫作系統、數位化的作業流程等。

3. 無形資產化的知識：如同警察有特別的線民一樣，記者採訪新聞也有特別的消息來源。例如某些政治記者可以透過特別的管道取得特別的內幕消息、財經記者有特別的股市行情。記者通常因為有了媒體組織所賦予的光環，因此能特別容易取得某些資源，但是許多記者卻將這些透過媒體所取得的資源視為自己的財產，當跳槽或離職時，也一併視為個人資產而帶走。

　　舉凡對媒體內部與外部、管理或市場競爭，媒體的各種內容都可以透過再製、裁切剪輯、包裝、整合、改善作業流程等等，而使媒體的內容管理產生更廣泛的議題與發展。

　　內容管理並不只是一種技術，而是結合組織成員的活動、產品、知識與人力資源的綜合運用，不只在於技術層面，也在於規劃與管理、企業形象與公關、客戶關係，甚至影響市場與競爭者，牽動產業發展。所以談媒體的內容管理，在範圍上已遠遠突破了傳統對內容管理的界線。如果透過審慎規劃與管理，在效能上能更增加群效的結果，對媒體管理者而言，是相當重要的觀念。

 媒體科技趨勢和媒體產業變化

一、平面媒體

(一)數位出版

在報紙部分，電子報已經是必然的趨勢。有紙張印刷必然有電子版，也有完全以網路電子版發行的報紙，或者是網路原生媒體，如新頭殼（Newtalk）、今日新聞網（Nownews）等。雖然電子報是趨勢也是必經的過程，但從中獲利的方式卻仍然沒有找到，整體來說報紙經營仍走向下坡，在國外雖然有微型付款、小額付費的方式，即在網路電子報上，每個月或每則新聞的付費非常低，但以資訊有價的觀點來讓消費者願意購買這些資訊或新聞，而在台灣還沒有業者願意完全採用這種方式來經營。

數位媒體和電子紙也在雜誌部分造成了變化，如網站、電子雜誌、電子書、手機等多種方式與載具都成為新的局面。雜誌的特性在於目標明確，各類雜誌都有其清楚的分眾和定位，讀者特性和動向也容易掌握，電子書與數位出版更能符合讀者，且可以快速更新。但雜誌業要投入電子雜誌或數位出版，則必須考慮到版權的問題，雜誌本身若只是平台，就需要購買各類內容，以免版權的爭議（王逸麟、鄧雅文，2009）。

從數位出版來看，在生產流程上不同於傳統的排版與印刷，從設計軟體到多媒體的企劃應用，再到和讀者的互動上也從單向變成雙

向，是整個產業的變動，除了學習新流程中的「協同製作」方式，利用新科技、軟體和技術來加以配合，並以網路等方式來和讀者互動，實務上要整合數位編輯的製作流程，讓內容不受平台或形式限制，可以流通於各類的科技平台或載具（謝吉松，2010）。

(二)集團化

數位出版若是科技上的變化與策略，集團化則是在產業市場上較保險的做法。國內各大平面媒體、報紙或雜誌，警覺到環境變遷所帶來的威脅，因此積極改造經營模式，採多角化經營、運用資源朝新媒體或其他媒體轉型，希望能在新的空間和機會中發展，也讓自己避免被市場淘汰，無論是哪種媒體的經營，都必須朝多元且全方位來發展。

集團化或多角經營的方式，除了創造更多機會，也讓原有產出的內容有更多獲利的方式。例如一則新聞可以透過報紙刊登，也可以再深入做成專題，在雜誌刊登，一方面更能降低成本，讓資源有效運用；另一方面，在面對有線電視以及近年來蓬勃發展的網路媒體搶占市場的情況下，除了要以集團化、企業化的方式經營之外，更應該重新思考自己在市場中的定位。

二、電子媒體

(一)新聞台

在前面章節已談過電視數位化的前景和趨勢，但在內容上，其實是電子媒體更應該加以著重的地方。在新聞節目方面，我國有二十四小時不間斷播放的新聞台，且不只一個，這形成了新聞台間的競爭非

常激烈，數年以前更因為搶著報導選舉新聞，因而有灌票的事件，在總統大選中，新聞台報導的得票數超過中選會的公告。由此我們不難發現，搶速度跟時間，是新聞節目的關鍵因素。因為在成本和人力有限下，記者難去挖掘獨家或深入調查報導，多半需要透過公關稿、記者會或一些固定模式來發新聞，是以各台新聞多半大同小異，差異化的方式就是搶速度，誰先到達現場或先報導出某些畫面就能得到收視率。

再者，要讓新聞差異的方式就是報導各類奇特的新聞，如網路上的火紅文章、影片，或是某些奇人異事，甚至靈異傳聞也時而出現在新聞中。或許這樣的內容能短暫吸引觀眾的目光，但卻完全喪失媒體的社會責任，流於為收視率努力，為獲利而報導。新聞台的經營或改善並沒有一個萬靈丹，原則就是把握應有的新聞專業，有政治立場或許已是無可避免的，因為台灣的政治環境影響民眾太過深入，但新聞台至少應該提供正確、有用的資訊，而非一般網路上的傳言或故事，或為了競爭而沒有做好查證就播放新聞。

(二)戲劇節目

在其他的電視台或節目上，則開始購買外國節目，包括韓劇、日劇的入侵，也形成台灣近幾年流行文化的韓流或日流；此外，大陸劇的出現也在這一兩年開展台灣市場，這類國外進口的戲劇或節目收視都有一定水準，也成為電視台獲利的方式之一。而本土劇或鄉土劇則固定在某些電視台播放，也搶出自己的一塊本土市場，收視率更常常在前幾名，甚至也可以外銷到其他國家，或到大陸重拍製作。 整體而言，台灣戲劇節目雖然被國外產品占據，本土自製的節目卻並非沒有生存空間，仍有其一定的市場，但電視台考慮到成本，多不願完全投入自製。

事實上，自製的節目若有品質、有好內容，是可以為電視台本身

獲利，如「痞子英雄」，除了本身的收視外，在周邊商品、城市行銷和旅遊上都做出很大的貢獻，這使得高雄市政府更願意提供資源來協助其他電視劇拍攝，也能降低製作成本。因此本土節目的製作，要能和各類單位、產業合作，走多元多角的方式去經營，並創造各種可能的獲利，找到各行各業的合作機會。

三、網路與電信媒體

(一)網路產業

根據行政院2009年的「數位落差調查報告」發現，全國十二歲以上民眾的上網率為67.6%，因此可以合理推估我國網路使用人口約1,365萬人。另外，網路族上網時間愈來愈長，每日由2005年的2.3小時增為3小時，其中75.1%透過網路從事休閒娛樂活動， 28.9%使用過線上金融服務，59.3%的網路民眾則曾使用線上購物，比前幾年成長許多。

此外，根據台北市網際網路廣告暨媒體經營協會（Internet Advertising and Media Association, IAMA）統計，2009年台灣整體網路廣告市場約69.89億元，比前一年成長16.95%。其中網站廣告部分為41.07億元，占整體網路廣告市場的58.77%；付費關鍵字廣告則約23.99億元，占整體網路廣告市場的34.33%；最後網路社群行銷口碑廣告約4.82億元，占整體的6.9%。

從數據可以看出，網路產業的發展一直在上升，除了我們所熟知的遊戲、搜尋等，創造了更多廣告收益，在網路購物上，也愈來愈有所成長。網路購物除了大家比較常聽到的YAHOO、露天拍賣，現在更出現許多網路店家，或是網路化的實體店面，以及團購的風潮。透過

網路，除了可以降低交易成本，更能迅速的和顧客溝通，並讓顧客在家就能選擇產品並訂購，方便性和即時性強，再加上透過網路連結，能夠找到多人團購，以量制價，也讓消費者更樂於在網路消費，形成新興的市場。

(二)電信產業

在電信產業部分，這一兩年的智慧型手機、觸控式手機是最關鍵的發明，以蘋果的iPhone 3G為優先，帶起了智慧型手機、3G、多媒體應用的風潮，而在2010年更推出iPhone 4G，強化了原有的功能，讓手機中的照相、上網和多媒體應用更為廣泛且強大。其他如HTC、NOKIA等也以智慧型手機為主打，開啟手機硬體上的戰爭。

整體來說，雖然智慧型手機、觸控式手機都是以iPhone為領導品牌，也以其市場所占最大，但其引發的不只是手機硬體、手機設備大廠間的競爭互動，也帶動內容產業的興盛。因為手機的功能廣泛，需要許多多媒體軟體或應用程式配合，蘋果的成功就是因為其有無數的民眾自己設計軟體、程式分享給其他人，除了設計者獲利，蘋果也抽成，並讓更多人參與其中，形成更大的社群。而國內的電信業者如中華電信、遠傳等，也在多媒體功能上不斷推陳出新，目的就是要在內容部分能跟上硬體的腳步，讓消費者選擇自己的門號或平台，因為一旦缺乏多元、有趣、吸引人的內容，手機本身功能再強也沒有用。

四、媒體匯流

數位匯流、科技匯流、媒體匯流，這些口號除了政府主管機關在大力推動，媒體企業本身也積極投入。但從觀察上可以看到，目前匯流最有成果的是網路與電信，平面媒體和電子媒體在參與度上並不

完全。網路和電信的匯流如手機上網，以及載具上的流通，從筆記型電腦到PDA、iPad、手機，各類載具都結合了電腦、網路和電信的功用。除硬體設備廠，內容、平台提供者也積極配合參與，從中華電信、台灣大哥大、威寶等幾家3G業者的積極廣告就可以看出其不斷創新來吸引消費者。

但在電視和平面媒體部分，平面媒體雖早已投入網路行列，卻無法找到一個有效的獲利方式，而和電信結合的未來也仍不明確，電子書及數位出版的環境仍然沒有非常完善，主因在於使用者的習慣，消費者對於閱讀仍然習慣紙本歸紙本，電子歸電子。看書或看報紙就以紙本的方式看，上網或用手機則是特定看某些內容，如影片、網誌等。這樣的習慣有好也有壞，好的是紙張短期內並不會消失，平面媒體仍有其生存空間，壞的是愈來愈多人習慣透過網路或手機找資訊，因為報紙有的網路上都有，書上有的網路上也有，若都能從網路上免費或低成本看到，大家便不願花錢購買實體內容，這樣的趨勢只會愈來愈明顯，因此平面媒體仍必須更積極的投入轉型或是多元平台的經營。

在電視部分，未能積極參與數位匯流的方式有兩大原因，一是政府推動上的無力，二是市場愈來愈走向寡占。原先推動完成全面數位化、回收類比頻道的時程，現在完全沒有做到，我國有線電視仍維持傳統的方式，無線數位的推動也只能在特定環境如車用等，雖然消費者的習慣是一大因素，但政府本身並沒有足夠的宣傳和完整規劃，而使業者白白投入成本，民眾也無法了解數位頻道的好處和趨勢。

此外，有線電視多系統經營管理（Multiple System Operator, MSO）的經營轉移，讓市場走向更集中與寡占，包括2010年富邦併凱擘，將占有全台近三分之一的有線電視市場，而旺旺集團也有意入主中嘉，可能形成內容與平台的壟斷。雖然在過程中均合法，但不可否認的是，若沒有充分的監督或但書，壟斷與集中會讓媒體集團掌握更

多優勢，數位化推動也更有可能難以進行，因為既有的獲利已非常龐大，業者是否願意多花成本進行全面的數位化則非常令人擔憂。因此電視的匯流，除了要有政府更盡完善的規劃，也要業者有更多為消費者服務的心態。

問題與討論

1. 你認為媒體發展有什麼原則是不會變的？有什麼是會隨時改變的？

2. 網路和手機的出現對媒體產業有什麼影響？

3. 網路和手機的出現對閱聽人的生活有什麼影響？

4. 如果你是報紙或是電視台的老闆，你會如何讓你的媒體在新科技的影響下賺錢，並能同時保有媒體的社會責任或是新聞專業？

5. 如果你是一家剛成立的網路公司老闆，你要如何賺錢？

參考書目

一、中文部分

王逸麟、鄧雅文（2009）。〈電子雜誌發展趨勢與營運經驗——以《科學人》為例〉，《中華民國出版年鑑》。上網日期：2010年3月10日，取自http://info.gio.gov.tw/Yearbook/98/c3.html。

張建清（2000）。〈實踐知識管理白皮書〉。微軟。

陳貞期（2003）。〈提升企業競爭力的第一步——內容管理（Content Management）〉，取自http://www.iiiedu.org.tw/knowledge/knowledge20030331_1.htm。

謝吉松（2010）。〈從數位製作看「數位出版」解決方案〉，新聞局《出版年鑑》。上網日期：2010年10月30日，取自http://info.gio.gov.tw/Yearbook/99/c2.html。

鐘裕堯（2003）。〈知識管理淺談〉，資策會教育訓練處，http://www.iiiedu.org.tw。

二、英文部分

Drucker, P. F. (1993). *Post-capital society*. New York: Harper Business.

Nijhof, W. (1999). Knowledge management and knowledge dissemination. In Academy of Human Resource Development (AHRD) Conference Proceedings. (ERIC No. ED 431 948).

第三篇

媒體企劃個案研究與解讀

本篇共分四章，主要目的是透過不同的形式、不同的規模、不同的角色和不同的階段，來剖析媒體企劃該如何進行。分別是第十二章〈政府公標案的整合行銷〉範例，說明政府單位的標案該如何認識和著手。第十三章〈魚市媒體企劃案〉範例，說明公辦民營的機構如何開始進行整套的媒體行銷企劃案，這套媒體企劃十分詳盡，從發想構成，到執行細節都很清楚，甚至連不同階段的公關新聞稿都羅列，非常值得同學參考。第十四章〈搶進上海灘〉網頁專區規劃，是一個新聞網站的行銷專區該如何設計的企劃案。在媒體整合時代，網路行銷是十分直接且有效率的，因此，該如何設計一個企劃案？要考量哪些？要注意哪些？是一件重要的事。第十五章為〈媒體愛心向前衝〉，這是一個標準的媒體內部行銷企劃案。本章的目的是要讓同學知道在媒體組織中，如何發揮媒體的競爭力，因此本案不但加上行銷管理中的SWOT分析法，還有加上活動辦法的規劃與設計，這件標準的媒體企劃案有專業判斷、有規劃的細節，對同學在學習媒體組織中的行銷、宣傳很有幫助。

　　每一章均有詳細解讀，讓同學不只是看到企劃案的內容，更看到精闢的分析與解讀，告訴同學為什麼要這樣執行？企劃者所要考慮的重點是什麼？這才是以實例為基礎、以經驗為支柱的最佳典範。

第十二章
政府公標案的整合行銷

■ 認識政府公標案和解析企劃書撰寫

本章導讀

　　所有的理論都來自於實踐！在我們了解了所有的各種媒體特性與行銷效應，也清楚了企劃的目的與執行之後，本章要的介紹的目的有二：第一個目的是，在看了這麼多的文字敘述之後，我們來看一下整合行銷在現在媒體計劃中所占有的重要位置，因此，筆者選擇了三種型態的媒體行銷企劃案格式，分別是如何去標政府的公家標案，其次是媒體搶進上海灘的企劃概要，最後是在民間單位與公家單位如何合作進行的企劃案。由於這些都是實例，因此在部分名稱上以代稱出現，但並不影響這些實例的全貌。第二個目的是，筆者所希望呈現出來的，並不是粗看一個企劃案的格式是如何？內容要寫什麼？更重要的是希望大家能了解，當初在實際執行企劃時企劃者為什麼要這麼處理？他的著眼點為何？進行的步驟為什麼要這樣處理？這樣才能讓同學學到實質的內容。

認識政府公標案和解析企劃書撰寫

　　報禁開放，跨媒體平台整合，平面媒體在擁有網路通路後，跨業經營廣播電台與電視台；電子媒體一方面經營網路，一方面也收購平面媒體；而有線電視業者更逐步擴大系統通路，並取得無線電視台的經營執照。因此，部分媒體下轄電視、廣播、報紙、雜誌及網路等多媒體播送通路，具有「媒體集團」的經營規模。於此情勢之下，原本多由公關公司或者整合行銷公司所負責的媒體購買與執行的生態，產生巨大的變化，轉而由媒體內部的業務單位承攬、企劃及執行。

　　值此同時，台灣產業快速與國際接軌，服務業與娛樂經濟發展蓬

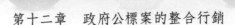

勃，對於整合行銷的需求大增。許多商品經過促銷活動的包裝加值，進而透過大眾傳播媒體通路而廣為周知，吸引消費者的目光，並進一步匯聚成為買氣。隨著傳統與新興媒體日眾，廣告大餅由更多新進者所瓜分，媒體市場呈現過度飽和的情況，競爭相當激烈，媒體經營無法再由訂閱或者廣告兩方面來獲利。因此，透過整合行銷獲取利潤，就成為媒體主要獲利的來源之一。

由媒體企劃的活動當中，主要分為媒體自行企劃與媒體接案兩種。媒體自行企劃的活動，主要由媒體內部企劃單位所提，依公司年度活動企劃需求審核。企劃活動的內容主要有：大型藝文活動，如畫展、文物展或大型音樂會等。此類活動多由媒體掛主辦單位，共同出資單位列為共同主辦，或掛協辦、贊助單位。

在媒體接案的部分，主要有民間一般活動接案，例如：大型遊樂園的活動文宣案以及政府公標案。其中，政府公標案因預算龐大，且若經得標，為媒體之穩定收入來源，因此吸引具有整合行銷能力的媒體競相參與投標。

在公標案中，一般又分為媒體預算執行與行銷活動兩大類。媒體預算執行，主要是政府為宣導重大政策，編列預算，委請媒體協助宣導；而行銷活動案，則是政府主辦活動，或委請民間辦理，敦請媒體協助宣傳；或者是全權交由媒體籌辦，並負責媒體宣傳。

依照活動的執行時間，分為短期與長期兩種。短期的宣傳活動，有以一天、三天至一星期為期。長期的宣傳活動，則可能長至月餘、半年，或擴至全年。

媒體參與公標案之投標，必須熟悉投標的流程以及應注意事項（參見附錄一）。從附錄一可以看到，投標流程的相關重點，但要注意並不是每一場投標會或需知都是完全按照此份附錄，要依據活動內容、需求的不同去做修改；而要注意的重點是，投標需知是給預計參與廠商的資訊，因此相關規定務必寫清楚詳細，以及公正，因為屆時

勢必會有多家廠商參與投標或競爭，在這樣的前提下，投標需知就類似比賽或大會守則，任何可能引起爭議的都要明訂清楚，像是時間、地點、須準備之文件等等。而作為媒體，最重要的當然就是詳細清楚的了解標案內容，並針對不清楚的地方向主辦單位提出疑問。

公標案因屬性與需求不同，對於媒體的執行方式也會有不同的規定，是為競標資格（參見附錄二）。在廣告規格方面，因為不同的媒體類型其廣告方式也不同，像是報紙與電視，報紙就分成版面、位置等，電視則分成秒數、時段，因此企劃中對於各類媒體的需求都要明訂，這部分也要考慮到預算如何分配，例如是否要依據地區或目標受眾的特性，把廣告集中在某一類型媒體。而作為媒體，也要了解主辦單位或組織在某些媒體方面是否希望特別強調，或是希望綜合性的使用，因此來做出企劃或是簡報時的重點，例如要加上本媒體集團的某些媒體類別特色，或是強調本集團在各個媒體上都相當強勢、資源豐富。

參與投標的媒體須視標案的規格，考量自身媒體屬性、整合能力及從預算規模推算獲利情況，方得決定是否參與競標，或得標。得標者須與政府委託單位簽訂契約條款，明訂雙方權利義務關係（參見附錄三）。在契約上，除明訂雙方權利義務，也是具有法律效力的文件，換言之，任何違反契約的行為都有可能導致法律上的糾紛，因此務必求詳細、清楚和共識，同時簽訂過程中，也務必請合法的律師、第三方在場，保障雙方的權益。

實際狀況則是，為使開標過程順利公平，政府主辦單位也會主動邀請符合基本資格的多家媒體參與標案，而為與政府單位維持良好的互動關係，部分參與投標的媒體會有「志在參加，不在得標」的情形。

從政府廣告文宣案公告上網，到開標作業流程啟動，通常時間緊迫。參與投標的媒體或者公關公司，必須在極短時間內了解標案內

容，評估獲利，決定競標與否。爲提高得標機率，也爲了給予主辦單位良好的印象，參與投標的業者通常透是過企劃書的撰寫，展現良好的公關能力、強力的整合能力，以及執行能力。根據投標者的經驗，企劃內容與得標與否未必有絕對關係。儘管如此，美化企劃書仍是競標者的必備功課。

一般而言，企劃書的撰寫主要包括幾個部分：

1.前言。

2.政策說明。

3.政策宣導目的。

4.廣告宣導重點。

5.目標族群分析。

6.媒體分析。

7.媒體廣宣策略。

8.宣導主軸。

9.媒體整合宣導計畫。

10.媒體廣宣內容。

11.廣告預算編列。

12.廣告執行時程規劃。

13.廣宣效益分析。

14.提案公司介紹。

15.提案人背景介紹。

16.專案執行團隊介紹。

17.以及相關附件。

媒體分析的部分應該包括：

1.目標受眾分析受訪對象。

2.目標受眾背景分析。

3.目標受眾媒體接受特性分析。

4.媒體效果分析。媒體整合宣導計畫應該包括電子媒體、平面媒體及網路媒體。

依據活動的需要，業者必須規劃制訂適合執行的媒體、宣傳期程以及露出的次數，以擴大宣傳效果。如爲即時活動宣告，以電視、廣播或跑馬燈最有效；如爲特定節慶專案，或爲加強報導深度，所需文字承載量較大，應以平面媒體較爲有效；如爲針對特定族群，則以廣播、報紙分版、雜誌、網路較爲合用。而除了入口網站，社群網站（部落格，網誌）等新興媒體（含電子郵件），如戶外大型廣告（含電子看板，跑馬燈）、捷運公車（含車內及車廂外）廣告；手機簡訊也是整合行銷常用的媒體露出通路。

因應成本考量以及執行效率，部分媒體在得標之後，會選擇將部分的廣告執行再外包給合作對象。

由單一媒體承攬及主辦活動的好處，在於確保訊息露出量。不過，倘若活動議題創造得宜，也能成功吸引競爭對手的媒體跟進報導，一樣可以達到宣傳效果。而在活動舉辦上，邀請名人參與活動，可以創造話題；不過也可能提高成本，降低獲利，此乃一體兩面。

值得注意的是，政府預算標列後須經民意機構審核，且須於年度內執行完畢，而活動執行的時間可能因預算審查而受到壓縮。換句話說，原定以一年爲執行期之專案，被壓縮在半年或更短的時間內執行完畢，考驗執行者的應變能力。

專案執行結束後，執行單位必須提供政府結案報告，詳細提列專案執行的諸多細節。而其中最重要的，也就是執行成效及檢討。

總之，承接政府委託媒體宣傳案，相對較爲單純。參與整合行銷公標案，主在流程管控，也在成本管制，更在危機管控。爲使活動

舉辦順利，維持公司獲得應有的利潤，專案執行者必須熟悉媒體的特性，熟悉各家媒體運作，更須熟悉舉辦活動的場地，相關人力、物力的運用，以及精確掌握舉辦活動的核心關鍵。精確掌握時間的同時，也必須嚴格掌握預算。倘若能建構議題，引導新聞報導，進而形成風潮，增加附加宣傳價值，則更能讓活動增色，同時提升執行媒體或公司的專業形象。

附錄一：投標須知

○○○○協會
○○○○宣導廣告　廠商投標須知

一、本採購適用政府採購法（以下簡稱採購法）及其主管機關所訂定之規定。

二、本標案名稱：○○○○宣導廣告標案一。

三、採購案號：○○○○。

四、本採購屬勞務採購，採購標的為：「○○○○宣導廣告設計製作與刊登播放」。

五、本採購屬公告金額以上未達查核金額之採購。

六、本採購為非共同供應契約。

七、本採購預算金額○○○○元。

八、上級機關名稱：行政院○○○○。

九、本採購為未分批辦理。

十、招標方式為公開招標。

十一、本採購不允許廠商共同投標。

十二、領標時間：即日起至○○年○月○○日下午○○時○○分

止。

十三、領標地點：電子領標http://www.○○○○.○○.tw。

十四、投標廠商應詳細閱覽本須知相關文件，如有疑義，得於公告日起向本會查詢（地址：○○○○，電話：○○○○○○○，傳真：○○○○○○○）。

十五、廠商須於○○年○月○○日下午○○時○○分前將相關投標文件封妥後，利用限時掛號郵寄（以當日寄達為憑）、專人送達方式送達本會，外封套須書明投標廠商名稱、地址、聯絡電話及招標標的。本會對廠商提送資料如有不清楚部分，得要求廠商提出說明或補正，廠商未依通知期限辦理者，視同放棄。

十六、開標時間為○○年○月○○日下午○○時○○分。

十七、本採購依採購法第三十三條第三項：不允許廠商於開標前補正非契約必要之點之文件。

十八、本採購依採購法第三十五條：不允許提出替代方案。

十九、投標文件有效期：自投標時起至開標後三十日止。

二十、廠商應遞送投標文件份數：一式一份。

二十一、投標文件使用文字：中文，但特殊技術或材料之圖文資料得使用英文。

二十二、採購內容

　　　(一)目標：透過各類媒體通路宣傳○○○○○○○○。

　　　(二)需求：

　　　　　1.電子媒體

　　　　　　(1)電視：含括台視、民視、TVBS三家電視台，主時段時間AM11-PM13點、PM18-21點，檔次比例占總檔次40%以上，次時段時間AM10-

11點、PM13-18點，檔次比例占總檔次40%以上，其餘為副檔次，播出20秒總檔次132檔次以上（含）。

(2)廣播：於中廣、正聲公司或其他地方性廣播電台（須以台灣中、南、東部縣市為主要收聽範圍），於上午六時至下午八時的時段，播出30秒×520檔次以上。

2.平面媒體

報紙：於《中國時報》、《自由時報》版面刊登商業廣告（含設計及廣編），刊登版位至少為報紙A落彩色全國版，總計三全版面（三全7.5×34.4cm）四則以上全國版。

3.網路媒體

刊登於YAHOO奇摩或Hinet網站Text Link 12字規格，至少刊出四週以上。

(三)本案所需之電視宣導片及廣播宣導帶，由得標廠商設計製作，本會僅提供業務資料。

(四)於各項宣導主題刊登後，須提出效益評估報告及電視（廣播）監播紀錄、報紙網路刊登證明等有關資料，作為驗收核銷之依據。

(五)本案執行期間，得標廠商須隨時配合提供媒體執行概況資料，並在不影響全案總經費下，依本會政策宣導之實際需要，適度調整媒體項目內容。

二十三、公開開標案件之開標地點為○○會議室。

二十四、公開開標案件有權參加開標之每一投標廠商人數二人（開標時廠商應派代表到場以備減價，若未到場視同放

棄此減價權利）。

二十五、本採購開標採不分段開標。

二十六、本採購免押標金。

二十七、無押標金之理由為：勞務採購。

二十八、決標原則：最低標。

二十九、本採購採：非複數決標。

三十、本採購決標方式為：總價決標。

三十一、投標廠商之基本資格及應附具之證明文件如下：（一）登記或設立之證明：與本案性質相關之公司執照、營利事業登記證、設立或營業登記證、行業登記證、執業執照、開業證明、立案證明或其他由政府機關或其授權機構核發該廠商係合法登記或設立之證明文件影本。

（二）具備最近二期營業稅納稅資料影本。

三十二、廠商所提出之資格文件影本，本機關於必要時得通知廠商限期提出正本供查驗，查驗結果如與正本不符，係偽造或變造者，依採購法第五十條規定辦理。

三十三、投標廠商標價幣別：新台幣。

三十四、全份招標文件包括：招標投標及契約文件；投標須知；投標廠商聲明書；契約條款；規格及說明。投標廠商應依規定填妥（不得使用鉛筆）本招標文件所附招標投標及契約文件、投標廠商聲明書，連同資格文件及服務企劃書，密封後投標。

三十五、投標文件須於○○年○月○○日○○時前，以郵遞、專人送達至下列收件地點：本會。

三十六、廠商對招標文件內容有疑義者，應以書面向招標機關請求釋疑之期限：自公告日或邀標日起等標期之四分之

一，其尾數不足一日者，以一日計。

三十七、機關以書面答覆前條請求釋疑廠商之期限：投標截止期限前一日答覆。

三十八、本須知依採購法第七十五條，受理廠商異議之機關名稱：○○○○協會；地址：○○○○；電話：○○○○○○○。廠商對於採購異議之處理結果不服，得於收受異議處理結果之次日起十五日內，以書面向採購申訴審議委員會申訴。

三十九、依採購法第七十六條及第八十五條之一，受理廠商申訴或履約爭議調解之採購申訴審議委員會名稱、地址及電話：行政院公共工程委員會，台北市松仁路三號九樓，電話：(02)87897530。中央採購稽核小組聯絡方式：行政院公共工程委員會中央採購稽核小組，電話：(02)87897548，傳真：(02)87897554，地址：台北市松仁路三號九樓。檢舉電話及信箱：法務部調查局檢舉電話：(02)22918888，檢舉信箱：新店郵政60000號信箱。台北市調查處檢舉電話：(02)27338888，檢舉信箱：台北市郵政60000號信箱。各廠商對於招標機關之異議，請同時提出具體事證、招標機關名稱、廠商名稱、地址、電話等，以利辦理。

四十、未載明之事項，依政府採購相關法令。

附錄二：廣告規格說明

規格及說明

一、案號：○○○○宣導廣告標案一。

二、勞務名稱：○○○○宣導廣告設計製作與刊登播放（包含電子媒體、平面媒體、網路媒體等廣告宣導）。

三、各式廣告媒體製作方式（可與執行單位檢討後進行更動）：

1.電子媒體

　(1)電視：含括台視、民視、TVBS三家電視台，主時段時間AM11-PM13點、PM18-21點，檔次比例占總檔次40%以上，次時段時間AM10-11點、PM13-18點，檔次比例占總檔次40%以上，其餘為副檔次，播出20秒總檔次132檔次以上（含）。

　(2)廣播：於中廣、正聲公司或其他地方性廣播電台（須以台灣中、南、東部縣市為主要收聽範圍），於上午六時至下午八時的時段，播出30秒×520檔次以上。

2.平面媒體

　報紙：於《中國時報》、《自由時報》版面刊登商業廣告（含設計及廣編），刊登版位至少為報紙A落彩色全國版，總計三全版面（三全7.5×34.4cm）四則以上全國版。

3.網路媒體

　刊登於YAHOO奇摩或Hinet網站Text Link 12字規格，至少刊出四週以上。

四、本案所需之電視宣導片及廣播宣導帶，由得標廠商設計製作，本會僅提供業務資料。

五、於各項宣導主題刊登後，須提出效益評估報告及電視（廣播）監播紀錄、報紙網路刊登證明等有關資料，作為驗收核銷之依據。

六、本案執行期間，得標廠商須隨時配合提供媒體執行概況資料，並在不影響全案總經費下，依本會政策宣導之實際需要，適度調整媒體項目內容。

七、期限：○○年○月○○日前完成。

八、本規格及說明部分，如有未盡事宜得於開標前補充說明之。

附錄三：契約條款

○○○○契約條款

契約編號（與計畫編號相同）：○○○○宣導廣告標案一

○○○○協會　（以下簡稱甲方）為「○○○○宣導廣告設計製作與刊登播放」，特委託＿＿＿＿＿＿＿＿＿（以下簡稱乙方）負責執行，經雙方協議同意訂立本契約書共同遵守。

第一條、乙方應依本契約完成甲方委託之○○○○宣導廣告設計製作與刊登播放（包含電子媒體、平面媒體、網路媒體等廣告宣導）。

第二條、契約總金額新台幣　　　　元整，由甲方在97年度「○○○○」計畫經費預算項下列支。

第三條、經費之撥付方式與條件（視決標後再行訂定）

經費由甲方分三期撥付乙方。

一、第一期款：合約簽訂契約生效後五日內擬具執行
方案及廣宣設計稿送甲方審核通過後撥付總金額
20%，計新台幣○○○○元整。

二、第二期款：甲方審查執行率達60%後，撥付總金額
40%，計新台幣○○○○元整。

三、第三期款：全部執行完成並經甲方驗收通過後，
撥付總金額40%，計新台幣○○○○元整。

第四條、執行期限：中華民國○○年○月○○日前完成。

第五條、執行內容：本案之採購內容詳如附件，由乙方負責執
行，所需媒體刊登內容，均須甲方審核通
過，惟可定期依需要召開前置會議修正內
容，並依決議執行，雙方不得再有其他異
議；如影像、圖、文有涉及智慧財產權者，
由甲方取得全部權利。

第六條、執行方式：

一、乙方於簽約後五日內擬具執行方案及廣宣設計稿
送甲方審核通過後據以辦理。

二、乙方依據本案完成各項採購及服務，甲方僅提供
必要之協助（乙方執行本案或應用之資料如有涉
及著作權糾紛時，應由乙方負全部責任，概與甲
方無關）。

三、乙方於合約生效後應即著手執行，執行期間如甲方
有需要了解工作進度情形，乙方應向甲方說明。

第七條、驗收辦法：製作過程中，甲方（或甲方代理人）得隨時
查驗；乙方於完工後，電子媒體部分應檢附

電視播放及監播紀錄證明單、廣播播放證明單、平面媒體刊登報紙及網路媒體每日訊息存檔紀錄等文件，且須經甲方（或甲方代理人）簽收完始視驗收完成。

第八條、罰則：除人力不可抗拒或不可歸責乙方之事由外，乙方如不依照合約規定期限完成作業，或乙方未履行合約規定條款，甲方得追索先前支付予乙方之款項，乙方不得異議。

第九條、本合約如有未盡事宜，悉依中華民國有關法律規定辦理。

第十條、雙方對合約條款或其履行發生任何爭執時，得交付仲裁、調解或訴訟，調解或仲裁之地點為台北市，第一審訴訟管轄法院為台灣台北地方法院。

第十一條、本合約及其附件自簽約日起生效，至執行完畢並驗收完成之日失效。

第十二條、本合約正本貳份，甲、乙雙方各執乙份；副本貳份，由甲方分別陳轉備用，如有誤繕，以正本為準。本合約附件計有：招標投標及契約文件；投標須知、規格說明、開標／決標記錄表及其他相關資料全份。

立合約書人：
甲　方：○○○○協會
代表人：○○○
地　址：○○○○
電　話：○○○○○○○

乙　方：

負責人：

地　址：

電　話：

中　華　民　國　　　　年　　　　月　　　　日

第十三章

魚市媒體企劃案

■ ○○魚市媒體宣傳企劃個案

本章導讀

　　這是一個很好的企劃範例，有非常具體的目標，以及針對地方去做規劃，目標很簡單，就是讓民眾接觸平價漁產，也讓漁業者可以有更多販賣和行銷管道，而其中又以○○魚市為示範地點；而產品明確，就是以魚為主體，因此可以針對各類漁產海鮮去做特色上的規劃，尤其海產一直是國人相當重視的飲食，但一般市中心受限於地理位置，難以吃到新鮮海產，多半要到市場或是港口，是以魚市場更要打出特色，才能讓民眾願意遠道前來。

　　除了海產特色，本企劃也配合地區和節慶、促銷去做推廣，當然這些活動都需要媒體去做宣傳，但活動本身如果有特色，除了宣傳時能夠吸引眾人的注意力，甚至有機會讓新聞媒體報導，成為議題，就變成免費宣傳。

　　在地區上，很清楚的運用了地理位置、環境來做規劃以及宣傳，包括市場、咖啡區、展示區等等，結合觀光休閒，而不單只是賣魚，消費者到這兒來也不只是吃海產，也是遊憩。再者結合節慶，就能吸引媒體報導，也能招攬民眾前來，因為節慶本身除了是假日，也有許多家庭會購買食材做祭拜，或者是全家出遊、聚餐，自然就會比平常注意相關的資訊，此時若配合宣傳，則更有機會打中消費者。

　　在企劃後也附上了相關活動的新聞稿或採訪稿，雖然不是每個活動都能吸引大量媒體採訪，但新聞稿發出後，地方媒體的採訪或是配合節慶、時間點，也都有機會讓媒體報導。

　　本篇針對企劃也做了評估，包括在活動執行上的成功，以及相關的缺點或未來應改進的地方，這也是企劃的重點。很多企劃往往在執行後就事過境遷，沒有做後續的規劃或評估，因此都不知道

企劃成功在哪或失敗在哪，待下一次活動時，便無法承接上次的成功，反而重複上次的失敗。

　　本篇企劃僅是供讀者做一參考，並非一成不變的固定標準格式，但其中的重點前述都已提及，下面則做細讀，讓讀者了解企劃中的重點如何表達。

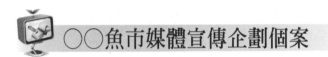

○○魚市媒體宣傳企劃個案

一、前言

　　為了推廣養殖漁業相關產品，政府輔導成立中華民國養殖漁業發展協會，協助各縣市的養殖戶整合產業鏈。而為了加強推廣，讓一般消費者更容易接觸到平價海鮮，發展協會特別援用公辦民營的方式，將原以拍賣漁獲為主的○○魚市改頭換面，成立漁產品示範銷售點，委請民間協助經營。在○○魚市的硬體包括以下幾個部分：(1)漁業走廊；(2)休憩咖啡區；(3)水族生態展示區；(4)特產與特展區；(5)專業生魚片處理專區；(6)水產區；(7)代客殺魚服務區；(8)代客烹飪區。

　　○○魚市兼具了文化、觀光、休閒、教育、販售等多元化功能，並以推廣食魚文化為宗旨，為一處複合式的專業性魚鮮賣場，現場清潔衛生，聞不到魚腥味，很適合安排假日休閒，並且以新鮮、平價的直銷漁貨吸引市民及觀光客。

　　然而，○○魚市遠離市中心區，周遭圍繞傳統市場，定位必須明確區隔，且須有適當的媒體行銷輔助，將訊息傳遞給社會大眾。同

時，○○魚市成立之初，大部分國人對於如何選購及食用水產產品較無了解，因此，魚市也接受政府委託，扮演重要的教育功能。

二、專案執行狀況描述

　　○○魚市媒體企劃工作在組織編制中屬於幕僚聯繫單位，主要的工作為蒐集外界訊息並適時反映給經營團隊、協助企劃相關促銷活動、媒體聯繫與宣傳、廣告預算執行，及負責月刊編輯工作等等。

　　○○魚市採複合式賣場經營模式，開市之初為打響品牌，提升品牌露出度，即將媒體宣傳之功能含括在經營項目之內，因此編列人力及預算，輔助賣場之營運。在2000年底開幕首日，藉媒體報導宣傳之力，一炮打響，讓○○魚市成為魚鮮市場中的領導品牌。

　　此後，○○魚市的媒體企劃多運用鮮少的人力、精實的活動預算，及機動彈性的企劃執行，因應時令節慶（如春節、端午節、母親節、中秋節）、官方政策（海鱺、秋刀魚、牡蠣、虱目魚、文蛤、石斑等產品的促銷推廣）、應時產品（大閘蟹、帝王蟹火鍋）、促銷策略（會員回饋）等需要，利用電視（如記者會及民視漁樂fun輕鬆節目）、廣播（如與飛碟電台的廣告合作）、報紙（如北海道帝王蟹廣告）、雜誌（《養殖漁業雙月刊》）、不定期DM等傳媒工具，組成多方面的傳播網絡，運用整合行銷傳播（integred marketing communication, IMC）概念，來達到配合政府政策、照顧養殖業者、提升魚市來客數、建立魚市品牌形象、進行媒體聯絡，及對外公關等立體行銷效果。

　　媒體企劃含括之活動，結合了賣場主題商品，兼具促銷、吸引買氣、服務消費者、創造營收等功能。舉辦的形式有：魚市產品推廣試吃活動、主管官署交辦之「食魚文化」推廣活動、硬體落成啟用儀式；此外，還有以睦鄰為主的公關活動等等。總計魚市開市以來的媒

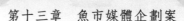

體宣傳，稀鬆時期至少三月一次，頻繁時期則可達一月三次，也有專案執行時間長達月餘以上。

　　藉由活動的帶動，每每創造媒體感到興趣的話題，如「首創低價大閘蟹之流行風潮」、「帶領台灣民眾品嚐日本北海道帝王蟹腳」、「展示國人首次研發之螢光基因魚」、「北部地區首次展示公牛白眼鮫標本」等等。

　　其中，舉辦富有教育及文化功能的媒體活動，提升了魚市正面形象，與周邊鄉里保持互助競合的關係。此外，同時也支援國小的戶外教學活動，培養潛在消費客戶，透過媒體活動強化賣場行銷，所獲得的效果可謂一舉數得。

　　值得一提的是，上述的媒體企劃活動，多半在人力及預算有限的情況下執行。為達到預期的宣傳效果，除了靈活的企劃發想外，還需要具體執行的能力，也就是媒體聯絡的工作。當然，透過溝通協調，讓原本沒有媒體經營概念，也沒有行銷經驗的魚市各部門同仁了解專案的效益協助，讓原本不諳媒體行銷的賣場工作人員，也可以全力配合，在橫向的溝通上尤為重要。

　　事實上，魚市媒體計畫之執行，需要各方條件的配合；也就是說，必須讓「賣場經營領導有法，媒體企劃規劃有方，相關部門配合執行有力」等天時、地利、人和諸多因素環環相扣，緊密結合。因此，儘管有時企劃案的提出與發想因應市場變化及消費者的迫切需要，以致提出時間匆促，但都能在克服各項困難後，於要求的時間內順利完成。

　　以下即針對各項配合要素逐一說明。

　　首先是賣場經營領導有方。媒體傳播成功的主因，可歸功於魚市草創時期，對其經營定位及主力產品規劃的看法獨到所致。在日後進行媒體公關時，類似「複合經營模式」、「多功能服務項目」、「清潔衛生明亮的購物環境」、「產品多樣化、區隔化」、「產地直銷，

保證新鮮」等定位與機能皆可清楚發揮，有助媒體宣傳及推廣工作的進行。換句話說，對媒體聯絡工作而言，倘使賣場定位不清，經營不善，則傳播工具無法順利推展，公關人員對外說明時相當不易，事倍功半。

其次，為媒體企劃規劃有方。簡言之，就是媒體企劃者清楚熟悉媒體特性及操作的方式，了解魚市產品的特質，將兩者做意念與形象上的連結，再依不同媒體的需求（電子、平面或網路媒體）包裝產品，一方面傳達產品之優點，讓顧客了解；一方面利用媒體宣傳，將訊息快速擴散，讓大眾傳播與口耳傳播同時發效，以形成風潮。

然而，媒體企劃須經周延的評估和規劃，訂定計畫宜從寬，執行計畫則須從精、從巧。進一步說，打從事前的組織、人力規劃、經費編列到聯繫工作、產品調度、活動地點設計與確認，加上所有參與同仁都能建立共識，整體配合一以貫之，才能呈現出最完美的一面。

更精確地說，在經費來源固定，也可預期的情況下，應於事前編列年度計畫，預先召集相關人員進行溝通，透過會議進行分工才是。從規劃的角度來說，所有的問題應經過事前的沙盤推演，狀況模擬，障礙排除，防患於未然，而不是事發之後匆促以對。假使能夠如此，效果必定加乘，給參與來賓的印象必定大不相同。

最後，是相關部門配合執行有力。所有企劃活動的執行，活動當天的呈現是最重要的。媒體聯繫部門人力原本有限，加以活動本身產品具有專業性（如須專業解說，如宰殺、烹調等等），此非媒體企劃之人力所能支應，況且，活動現場尚有來賓、媒體記者與消費者需要接待，因此，各部門專業人士的支援顯得格外重要。而從多次活動的經驗來看，活動傳遞了魚市訊息、活動帶出了產品特色、活動提升了買氣是具體且實際的，因此，在活動的同時，洽請各部門同仁協助，亦是提升營運的良方，活動應列為例行的工作內容，宜加入各部門的工作範圍之中。

　　不過，在每場媒體企劃活動上，多少都會面對執行上的困難：第一，舉辦媒體活動面對的劣勢首推空間與場地的限制。魚市賣場在原始規劃之時，並未將舉辦活動所需的空間設計在內，而使得活動多遷就場地，因地制宜，且常須另外設計背板，租用擴音設備或其他硬體，美中不足。中庭廣場原為一適合舉辦活動之場所，卻因管理權隸屬於市政府，有所不便，應再加以溝通。

　　現有經常使用之場所有兩處：一為利用漁業走廊舉辦試吃活動，但挑高不足，光線昏暗，視線不佳；一為使用入口處之海水水族箱前舉辦說明會，可是，此處深度不夠，易影響顧客的購買行為。

　　再者，為賣場產品品質及價格未臻合理穩定。此點應為魚市經營之最大障礙，急待努力改善加以突破。直言之，比之傳統市場，魚市的水產品在鮮度、價格上均難以與傳統市場之小販競爭，而市區內的「現撈仔」餐廳又紛紛設立，以其交通便利性逐步瓜分市場，○○魚市身處其間，還不用和富基、碧砂等漁港性質相近者比較，即已遭到夾殺，略遜一籌，過往常以「產地直銷，價格公道」作為宣傳核心，久之，竟有難以自圓其說之感。

　　深入分析魚市的集客誘因，應在於高級漁貨現場採買與代客料理的結合。但以現今有限的桌數，在硬體提升工程完成後反倒降低的輪轉率觀之，僅由代客料理區所需之魚品，加上代客料理的收入兩者總合作為營收主體，收益有限。

　　因此，站在媒體宣傳的角度觀之，往後若能在價格、鮮度及產品多樣化上再求精進，才是對外宣傳的重要利基。

　　其三，人員流動頻率過高，人力培訓制度不健全。專業人力乃專業化賣場經營之本，專業的員工能提供親切、翔實的服務。在台灣企業經營策略轉入「以客為尊」、「以服務為導向」後，魚市所提供的應該是「無論從上到下，人人都有服務的概念」，並深以服務為榮（日本服務業所展現的常是這種特質）。倘若真能這樣，則魚市內的

工作同仁個個都是媒體服務者，人人都是宣傳機制。不過，人浮於事常使經驗流失難以傳承，服務品質不能維持一貫，在此情形下，舊客戶的感受就有如洗三溫暖一般，忽熱忽冷；而新客人則更難了解經營者所投入的心神，甚為可惜。

其四，客服機制未落實。魚市投入精神製作會員卡，也曾發送會員聯絡信，舉辦週年慶活動，贈送回饋禮，假如再稍加設計，也是傳播良方，一來可以抓住核心客源，二來可藉由問卷分析購買模式及消費行為，作為賣場經營的參考。可惜該制度未再落實，予人中途停辦的感覺，之前的努力也白費了。

經過長期反覆的操作及修正，媒體企劃活動也獲得許多寶貴的經驗，包括：長期累積的經驗。藉由媒體聯繫工作的推行，多次活動操演下來，已累積相當的執行經驗，擁有預作規劃的能力。不過，當面對賣場內部的不穩定和調整，整體經營策略未確定，人、事、物未達定位，媒體工作經常僅能配合漁業署的要求被動因應，無法推動大型的促銷活動，有些無奈！倘使賣場管理一切到位，後勤支援同時也能夠配合，加之各部門主管齊心齊力，這樣的經驗一定可以再度發揮出來。

充分授權及溝通。由於管理階層對於媒體企劃的熟稔，使得過往所提之媒體企劃活動都能得到支持，從事媒體企劃工作時能與各部門之資源充分結合，讓預期成效發揮，此亦為魚市最大之優勢。

政府機關的信賴。舉凡所企劃的活動的邀請主管機關參與，鑑於以往舉辦活動的熱絡，對於食魚文化推廣遊刃有餘，間接照顧相關業者生計，主管機關對於魚市所辦的活動多表贊同。政府機關的站台和認同，可以回饋到媒體的宣傳及對外公關本身，相得益彰，政府官員的熱心參與，友情贊助，可視為魚市不可多得的優勢。

累積媒體的認同。透過長期的媒體新聞聯繫、佳節贈送禮品、提供專業資訊、魚市近況導覽、專題企劃參訪活動等，媒體朋友對魚市

多保有正面的印象，並曾多次主動表達對魚市訊息的關心，在企業界與商場人士和媒體互動的過程中，類此情況甚爲少見。

三、結論

藉由過往的行銷經驗發現，媒體的宣傳與促銷活動和銷售業績、來客數、品牌形象的提升、公共關係的維繫有著密不可分的正向關係，是一需要永續經營，持之以恆，且不能短視近利的投資。

與媒體建立良好的關係誠屬不易，但要讓其產生不良印象，就容易多了。假使關係打壞，要修補雙方的歧見，改變其既有印象，所需投注的就不僅是金錢，而是更難以計數的時間和精力。例如，某報的某知名美食記者，在活動期間曾多次邀請到場採訪，然均未應允，後來藉機詢問緣由後方知，對方雖曾在開市之初到訪，不過，經與其他賣場多方比較後，她產生了「○○魚市販售的魚新鮮度不佳，價錢太貴」的印象，反成負面宣傳。

再者，有優質的產品，媒體促銷與整合行銷方有著力點，否則「愛之適足以害之」，頻於造勢適足讓「家醜外揚」，「醜媳婦終見公婆」，果眞如此，爲避免災情擴大，媒體預算的花費、媒體企劃活動的執行不如省也。

附錄一：媒體配合活動一覽表

日 期	媒體配合宣傳活動	備 註
20xx.01.13	消除牡蠣污染疑慮 市長賣蚵記者會	
20xx.01.18-23	○○魚市年貨大街促銷活動	
20xx.03.16	「阿拉斯加暨澎湖水產特展」 品嚐會	協辦單位：阿拉斯加在台辦事處
20xx.03.30	「將太壽司聯合宣傳促銷」 試吃記者會	協辦單位：○○企業股份有限公司、○○股份有限公司
20xx.03.31-04.08	春假漁產品聯合促銷推廣活動	
20xx.04.28-05.21	「○○魚市5月品鮮」相關活動	
20xx.05.12	「溫馨5月掌中情 孝心傳遞盡在○○魚市」相關活動	
20xx.05.26	「挪威水產特展」 推廣試吃記者說明會	協辦單位：挪威在台辦事處
20xx.06.01-30	「東港三寶」特賣活動	
20xx.07.01-31	「公牛白眼鮫暨最大淡水慈鯛魚90天使」特展	
20xx.09.07	「專業生魚片處理區」啓用暨日本北海道帝王蟹特展活動	協辦單位：○○○○美食籌備委員會
20xx.11.23-25	西南沿海暨小琉球養殖漁業、漁港風情記者參訪企劃	邀請之記者名單：
20xx春節	「日式帝王蟹海鮮鍋」促銷活動	
20xx.01.19-20	「龍膽石斑暨秋刀魚特賣」活動	
20xx.03.17-04.17	「文蛤試吃暨特賣」活動	
20xx.05.03	「○○魚市黑鮪魚季」記者招待會	
20xx.06.15	「端午濃情濱江心，愛心粽，大家送」活動	協辦單位：社區健康營造中心、○○○○地區發展促進會、青年社會服務協會
20xx.07.14-31	虱目魚、蚵仔試吃活動	

註：除上述活動之外，媒體聯繫的相關活動尚有記者禮品贈送活動，如「母親節記者發送」、「2001年中秋節禮品記者發送」、「2002春節記者禮品發送」等等；及相關建議，例如「○○魚市志工招募暨訓練辦法」、「○○魚市烹飪比賽草案」等等。

附錄二：媒體宣傳文稿

吃海鮮就到○○魚市代客料理區

硬體設備高雅，廚師手藝精湛，價格便宜公道，各種美味彙集，平日聚餐及週休二日打牙祭的最佳選擇

坐在燈光明亮，陳設典雅，環境清潔美觀的餐廳中品嚐美食，是現代都會人在忙碌之餘慰勞、犒賞自己、家人及朋友的最佳享受。而在國人逐漸重視「健康管理」與「飲食智商」，且台灣經濟發展陷入低潮的同時，選擇一處俗又大碗，並能兼具品味健康美食的料理場所，是忙碌生活中不可缺少的調劑。

○○魚市在多元化的經營概念下，結合觀光與休閒等功能，打通產銷通路，讓來到魚市放鬆心情的民眾能夠現場挑選、現場品嚐，滿足消費與口慾的雙重快感。因此，在硬體的設計上，結合時下流行的「現撈仔」代客料理概念，設有代客料理區服務民眾。

在日前的硬體整建工程完成後，○○魚市的代客料理區進一步提升專業形象與內涵。不但在外觀、內部隔間、裝潢、燈飾、桌椅、地板等方面重新改建而顯得讓人耳目一新，更規劃出五間烹飪教室，未來將不定期推出烹飪教學課程，提供家庭主婦研習料理美味海鮮的機會。

來到代客料理區，即進入完全免您動手的一貫作業程序。客人們只要將手中甫在現流台所選購的海鮮材料，交給服務的人員，決定了料理的方式（或由點餐人員建議最能凸顯原味的做法），即可移駕到餐桌上等待一道道香噴噴、令人垂涎欲滴、食

指大動的佳餚上桌。而不論是處理較複雜的龍蝦、螃蟹、翻車魚，或是簡單的炒海瓜仔、炸蚵仔、清蒸魚等，心細且熟能生巧的大廚們，總能比家庭主婦們更別出心裁的導引出每一樣食材的獨到風味。

　　為進一步提升服務的功能，以與一般的路邊餐廳做出區隔，經理洪○○精益求精，在去年冬天推出平價的「日式北海道帝王蟹海鮮鍋」，不惜成本以八人份的大鍋只要590元，四人份的中鍋只要380元的低價，秉持真材實料、品質保證的待客之道來回饋消費者。在舊曆年前後推出年菜系列，諸如金雞起舞、恭喜發財、龍鳳呈祥、年年有餘、金錢滿地、金翅滿盤等精緻佳餚，每道僅以500元的超低價格嘉惠準備團圓的民眾，不但可現場即點，也可外帶回家，曾讓吃過的人都說讚。而往後這樣的貼心設計也會不定期依各種海產的時令特性陸續推出，以饗顧客。

　　相較於新北市石門附近的富基漁港、基隆附近的八斗子漁港、碧砂漁港，及市區內的各式海鮮料理餐廳，您在○○魚市代客料理區所買到的材料因產銷合一而可獲取較低的價格，廚師現場提供了一流的海鮮料理服務，且廚房與人員皆納入魚市的管理機制當中，衛生、品質有保障，再加上坐落於市區，提供地下停車交通便利等等優勢，消費者選擇時，○○魚市不但較之其他遠距離的新北市同業較具有便利性，比起市區的其他海鮮餐飲業者的服務也不讓鬚眉。

　　若您稍加留意近期筵席上所陳列的餐飲內容將不難發現，往昔的豬蹄膀、人蔘雞等油膩，易造成身體負擔的料理已不多見。在國人飲食習慣改變（平時已大量攝取以豬、牛、羊、雞、鴨、鵝為主的食品）及健康觀念提升下，如今偏好的菜色多轉以海鮮為主，如冷盤中的海蜇皮、龍蝦、烏魚子、蠑螺。主菜的內

容也多見烏參、魚、九孔、鮑魚、鱔魚、干貝、螃蟹、魚翅、蝦等。再加上漁政單位長期推廣「食魚文化」的健康觀念，台灣的養殖漁業發達，提供了大量的便宜魚、蝦、蟹、貝，在台灣品嚐海鮮美味，可說是得天獨厚，躬逢其盛。

在週休二日的新生活型態下，若您來到○○魚市，僅需準備2,000多元的材料費，再加1,000多元的代客料理費，總共3,000多元即可提供十人左右、比擬辦桌品質的佳餚，且烹調過程透明化，新鮮看得見。如此沉浸在與一般飯店、餐廳等質的美味氣氛下，對提升生活品質，增加與家人進行情感交流、和同事交換工作體驗，提供一個絕佳的機會，而選擇就在○○魚市的代客料理區。若您因為事業忙碌而忘記了這裡所曾帶給您的難忘回憶，建議您找個時間，邀集家人或朋友，一起到○○魚市來。

順便預告一下，即將來臨的「東港鮪魚季」活動，○○魚市代客料理區將推出黑鮪魚生魚片套餐，價格便宜公道，內容精采豐富，敬請饕客們密切留意期待。

附錄三：報紙專欄

曼波——海中之冰冰蒟蒻

在「花蓮曼波季」將翻車魚正名為「曼波魚」後，我們與曼波的約會，可不只有欣賞牠曼妙舞姿那麼簡單喔！可進一步體驗有如蒟蒻般的美味風情。

曼波屬於翻車魚科，與河豚是親戚，為表層迴游魚類。其體型大可至直徑三到五公尺，世界紀錄最重達兩噸多。曼波頭

小，吻圓鈍，相對於身體眼睛也很小，上下兩端有兩片長長的背鰭和臀鰭，尾鰭退化而成舵形。顏色有黑灰色、焦油色，或夾雜著斑點，腹部則呈現白色。名稱五花八門：「頭魚」、「太陽魚」、「月亮魚」。在台灣，依其肉質的近似干貝，又稱「干貝魚」，「哲魚」源於愛吃水母的特性，以台語則稱為「魚過（「截」的諧音）」。

其食物主要為小魚、甲殼動物、浮游生物、海藻及水母。曼波產於世界各大洋，台灣的曼波主要在花蓮海域，種類有：翻車魚、黃尾翻車魚、矛尾翻車魚。主要以魚槍標獲，或以定置網捕獲。

根據漁民的描述，曼波在天氣好時，會將背鰭露出海面當風帆，隨風漂浮，並曬太陽；當天氣變壞時，則側身平浮於水面，以背鰭與臀鰭滑水游動。或許是個性溫和，易受其他魚類的攻擊，研究指出，曼波一次最多可以生產三億個卵，哇！粉多！

曼波肉含水量高，取肉率僅約四成左右，花蓮三國一餐廳負責人莊○○表示，為避免水分流失，處理大塊肉片時可以手刀來分解。常年現流市場行情，肉每台斤零售220至250元，皮140至160元，軟骨100元，廣受行家喜愛的龍腸為每台斤880至1,000元（冷凍曼波魚價格另計）。

曼波魚肉質鬆軟，沒有魚腥味，很適合調味入菜，口感有如蒟蒻般的香滑爽口，部分饕客形容甚至比豆腐鯊還好吃；而涼拌魚皮吃起來有如涼拌鴨掌，脆中帶勁，風味獨特；龍腸的風味則更是一絕。

在烹調手法上，對白色間有咖啡色紋路的魚肉可加蒜苗及豆瓣快炒。魚皮可火炒（炒後呈透明狀）或涼拌，涼拌程序為切條，氽燙，泡冰水，瀝乾，加入小黃瓜，五味醬調味（因曼波

含水量高，涼拌時宜適量，勿隔餐）。魚軟骨可做三杯。龍腸簡易烹調程序為：切薄片，汆燙，以蔥、薑、蘿蔔絲、魚露等佐料做蔥油龍腸。快炒龍腸可佐以芹菜或九層塔（久炒則老）。龍腸也可汆燙後沾五味醬。此外，味美但料理難度高的煙燻龍腸則較不建議家庭主婦採用。

　　在陳昇輕揚的「寶島曼波！曼波寶島！」歌聲中，小魚建議，來塊透明香滑的曼波魚肉，可體驗完全不一樣的品魚享受喔！

附錄四：採訪通知傳真稿

範例一

TO：○○電台　○○○

FAX：○○○○○○○

敬邀參加「阿拉斯加暨澎湖水產特展」品嚐會，歡迎蒞臨指導，謝謝！

主辦單位：○○魚市、阿拉斯加在台辦事處

輔導單位：

活動時間：20XX年3月16日下午3:00-4:30

活動地點：○○魚市（地址）

聯絡電話：

親愛的記者朋友們：

　　感謝您這段時間對於○○魚市的報導，讓食魚文化的種子散播在每一角落。

　　為表達我們的敬意，○○魚市與美國阿拉斯加海產行銷協會特別舉辦海產品嚐會，邀請您蒞臨指導！阿拉斯加在台辦事處並將致贈記者朋友阿拉斯加紅鮭與大甜蝦，以表達感謝之意，希望大家共襄盛舉，慶祝這個歡欣的結果。

　　由於過去幾個月傳播媒介的大力介紹，使得○○魚市全體工作同仁深受鼓勵，將於今後每月推出特展，展品內容包括國內各大漁港漁品及國外漁獲的介紹推廣。內容包括五大洋與全球十大漁場的新鮮漁獲，規模可說國內僅見。

　　以3月分來說，主要的展出內容為阿拉斯加漁獲與澎湖海產。阿拉斯加的漁獲以長約70公分大型比目魚，野生紅鮭，甜蝦為主。澎湖特展部分有箱網養殖區的高經濟魚種——海鱺相關產品試賣，另有澎湖的野生撈捕小卷、丁香魚、海菜及花枝丸等。

　　希望各位記者先進共襄盛舉，讓我們表達感謝之意。

敬祝　業安

　　　　　　　　　　　　○○魚市
　　　　　　　　　　　　阿拉斯加在台辦事處

敬邀

範例二

To：○○○報　　○○○

敬邀參加「專業生魚片處理區」啟用暨日本北海道帝王蟹特展活動，歡迎蒞臨指導，謝謝！

主辦單位：○○魚市

輔導單位：行政院農委會漁業署

協辦單位：XXXX美食籌備委員會

活動時間：20XX年9月7日下午2:30

活動地點：○○魚市（地址）

聯絡電話：

【活動通知】

　　為將國內首屈一指的生魚片處理設備展現在國人面前，並同時展出享譽國際的日本北海道帝王蟹，○○魚市將於9月7日下午2:30，舉行「專業生魚片處理區」啟用及日本北海道帝王蟹特展記者會，邀請農委會副主委李健全蒞會指導，現場並有免費試吃活動，歡迎蒞臨指導。

　　「吃得好不如吃得巧！吃得巧也要兼顧健康！」在一片景氣低靡的情況下，消費者無不看緊荷包，精挑細選。○○魚市為了推廣食魚文化，提高服務品質，替消費者做好把關的工作，讓每一分錢都能花得實在，吃得健康，在不景氣中不惜鉅資打造「專業生魚片處理區」，將高品質的魚鮮管理，看得見的新鮮保證，展現在消費者面前。

　　生魚片處理區的大小長為10.2公尺，寬為3.1公尺，高為2.7公尺。現場請到專業生魚片料理師親自操刀，全天提供新鮮生魚

片,販售魚種包括台灣箱網養殖驕傲的海鱺、紅魽,與撈捕的鮪魚、鮭魚、魷魚、旗魚、鰆魚等等。除零售、針對餐飲業者的魚磚量販外,還提供宅配服務,適合喜愛生魚片的民眾現場親嚐與在家享受,價錢保證公道實在。

為了讓民眾吃得安心,處理區採用鮮流冷藏設備、自動包裝設備,全區與外界隔離,溫度常保16至18度,符合GMP(優良產品製造規範)和HACCP(食品安全管制系統)標準,安全規格與日本冷凍生鮮櫥櫃標準相同。

9月分○○魚市並同步展售北海道的精緻漁產,引進包括帝王蟹、干貝、鮭魚子、Hokke(福氣魚)、昆布等北海道的海鮮勝品,讓難忘北國海鮮風味的民眾省下往返日本的機票錢,就近大快朵頤。

此外,屬於台灣人驕傲的「邰港一號」──全球第一條螢光基因魚將自9月7日下午3:20起,在○○魚市首度展出,歡迎大家一起來為牠取新名字。

記者招待會流程如下:

2:30-2:35	主持人暖場,介紹與會來賓
2:35-2:40	來賓致詞
2:40-2:45	○○醫院○○○主任談健康魚食
2:45-2:50	主辦單位致詞
2:50-2:55	生魚片處理區破冰典禮,提供記者拍照
2:55-3:00	北海道海鮮特展說明會
3:00	「全球第一條螢光基因魚、將魚教育特展」開幕剪綵
3:10-	記者試吃

附錄五：硬體修繕新聞稿

除舊布新迎新春
○○魚市硬體提升工程完竣　歡迎民眾休憩賞玩

「工欲善其事，必先利其器。」經過一番整修，○○魚市於歡度一週歲的同時，提升了硬體的結構與機能，重設參觀與購物的動線，把更精緻的外觀展現在所有民眾的面前，同時也凸顯休閒、觀光及教育的功能，以推展食魚文化。

在理事長○○○的規劃下，○○魚市甫於歡度成立一週年後，為迎接嶄新一年的到來，同步整修了硬體建設，以呈現全新風貌，增強服務機能與品質，讓到場的民眾們都能有賓至如歸的特殊感受。

○○魚市坐落的地點，原本僅為提供漁貨批發交易之用。因此在樓板建築、供電、排水，甚至廁所等各方面的硬體設備上都嫌簡陋與缺乏。○○魚市成立後，因使用目的不同而逐漸顯現出硬體配合上的問題，間接影響到了服務的品質。有鑑於此，經過多次的評估與溝通，楊○○做成決議，在軟體經營一段時間交出亮麗成績之後，在硬體的規劃上再下一成，調整腳步，重新朝精緻化與服務化的方向出發。

此番整建完工日期訂在舊曆年前，配合年貨大街的推出，新的布置期待讓到魚市逛年貨大街的民眾有不同的心靈感受。當然，秉持觀光、休閒、教育與販售的功能，此次的硬體提升計畫也讓觀光、休閒及教育的功能更加彰顯。

原本位於魚市兩棟建築中的中庭廣場，過去規劃有停車格，作為卸貨或地下停車場的入口，但因為缺乏管理，顯得髒

亂。如今廣場上方加上造型特殊的雨篷，地上鋪滿具有海洋風味的磁磚拼畫，兩側擺上數個咖啡座，配合地上的投射燈，如在咖啡吧點杯飲料，一種適合談情聊天的氣氛馬上就暈染開來了。同時，在需要活動配合時，中庭廣場也可舉辦大型的戶外活動，可說功能多元，設計高雅。而廣場末端的廁所，設計有自動沖水設備、能在夏天消暑的空調，保證您不再視到魚市上廁所為畏途。

而步入賣場的穿堂，則規劃為漁業推廣走廊，在牆上的燈箱與櫥窗內布置有漁業相關資訊的介紹，走廊的屋頂經由投射波紋效果加以美化，讓消費者走進○○魚市的第一印象就如同進到水晶宮一般的神奇，適合留下倩影紀念。新增的服務台，除了有專人解說服務，更播放如民視製作的「漁樂fun輕鬆」等電視節目；旁邊兩部電腦提供即時資訊的查詢，讓您在輕鬆休閒之餘，享受一趟不一樣的知性之旅。未來，漁業推廣走廊將陸續推出更多台灣漁業發展、時魚介紹的資訊，歡迎學校老師和小朋友參觀教學。

代客料理區則規劃出五間烹飪教室，提供家庭主婦學習烹調美味可口海鮮料理的好處所。此外，現流區的排水系統也經進一步的改善，將過去消費者在傳統市場感受的溼、臭一掃而空。

經過這樣的設計後，未來的經營方向上，○○魚市希望能吸引更多中、南部北上旅遊的民眾及國外觀光客的蒞臨，讓台北不只有首善之都的風華、便捷的交通網路，更有令人眼睛一亮的觀光休閒魚市。

全新的○○魚市，等著您喔！

附錄六：母親節活動稿

親做掌中缸──林志穎母親節最佳獻禮

　　藉祈福卡祈福，掌中缸贈送母親，今年○○魚市提供的母親節活動別具新意

　　每一年的母親節，是天下每個欲盡孝道的子女表達心意的最好機會，也是所有的母親們充分休息，接受社會各界尊崇的時候。○○魚市水族生態館基於回饋之心，於5月12日當天邀請代言人林志穎到場抽出藉由魚鱗卡表達對母親敬意的幸運民眾，致贈獎品，並與民眾同做個人造景缸，送給母親作為特別的母親節禮物。

　　活動當天下午2:00一到，林志穎風塵僕僕的出現在大家的面前。集合現場的林志穎fans，賣場受到吸引的魚市消費者，在一連串精采的活動過程中可說是熱鬧滾滾，輕鬆又有趣。

　　活動中，林志穎從民眾所貼的魚鱗祈福卡中抽出三位幸運的民眾，由主辦單位致贈精美的贈品。這三位幸運的民眾分別是黃○○、馬○○及小楚。黃○○獻給母親的祝福是：「媽媽我ㄓㄨˋ您深ㄊㄧˇㄐㄧㄢˋㄎㄤ。」雖然字顯得歪歪扭扭，部分並以注音符號表達，但卻充分顯現小朋友天真無邪，孝順母親的心意。抽出的第二位民眾馬○○則寫到：「親愛的母親！祝您股票天天漲停板，算錢算到手抽筋！」內容十分的寫實有趣，但字裡行間，依然不脫對於母親的關懷。第三位民眾小楚所寫的心願是：「就請老媽別再逼我結婚了！雖然我已到結婚的年齡了，但時機未到。」這張祈福卡的文字雖然僅就子女的心意做一表達，

但也看出母子間無話不談，充分溝通的互動模式。

至於林志穎本身，則寫了一張特大的魚鱗祈福卡，祝福他的母親在佳節身體健康，生活愉快。從中也可見到這位忙碌的天王巨星為人平實，不失赤子之心的一面。

隨後，活動的重頭戲──掌中缸製作於焉展開。由林志穎帶領現場的大、小朋友，藉由便宜的材料，創意的設計，完成專屬具個性化的掌中缸。

掌中缸的製作須以五顏六色的底沙為基礎，再加上相關的配件，依據自己的需求和喜愛製作；卻不須特別的技巧，不論是小朋友或上班族都可輕易上手製作。且掌中缸的價格便宜，完成後配以賞心悅目的燈科魚類，是休閒觀賞的最佳良伴。

林志穎表示，這份別出心裁的禮物，於母親節當天贈送給自己的母親，以感謝母親的辛勞。從母子互動的角度來看，自行動手製作的母親的禮物，可說極富教育的意義。

林志穎長期以來從事社會公益事件不遺餘力，根據林志穎表示非常喜愛魚類和海洋，對於擔任水族生態館的代言人表現出極高的意願和興趣。

附錄七：黑鮪魚季採訪通知

敬邀蒞臨「○○魚市黑鮪魚季」記者招待會

主辦單位：○○魚市漁協館

輔導單位：行政院

活動時間：20XX年5月9日（星期五）下午2:00

活動地點：（代客料理區）

聯絡電話：

（現場進行200多公斤東港黑鮪魚分解，分解過程可拍攝）

【活動通知】

　　○○魚市為許北部地區民眾一個美麗的盛夏，特與「屏東東港黑鮪魚文化觀光季」活動同步，販售令人食指大動的海中黑金──黑鮪魚；今年並和愛買板新店策略聯盟，於新北市、台北市提供服務。

　　首先登場的「○○魚市黑鮪季」記者招待會，時間為5月9日（星期五）下午2:00，地點在漁協館代客料理區，將引進一尾來自東港，重達200多公斤的黑鮪魚進行現場分解，並邀請記者品嚐生魚片的美妙風味，藉此宣告「東港三寶」正式進駐台北。現場也將邀請到行政院農委會漁業署署長○○○，為大家介紹黑鮪魚的特色和品鮮方法。

　　儘管今年的黑鮪魚產量較去年少，不過○○魚市魚協館本著為民眾看緊荷包、為健康把關的立場，仍然於黑鮪魚季到來的時刻，壓低價格，舉辦黑鮪魚促銷活動，便利消費者就近選購。目前的售價：上脂每100g，800元；中脂每100g，600元；下脂每100g，400元；赤身每100g，120元，期盼消費者吃得安心，增強抵抗力。

　　黑鮪魚生魚片的獨特，在於細嫩甜美的口感中帶有一股濃濃的香氣，有如品嚐過茶葉後的香氣縈齒，久久不散，而5至6月分迴游於台灣近海的黑鮪魚，體內富含油脂，有別於其他魚種。魚肉入口後，油分分解即充滿整個口中，所謂入口即化的滋味，的確屬魚鮮一絕。無怪乎以品嚐魚生自豪的日本民眾，向來視台

灣東港夏季捕獲的黑鮪魚為生魚片中的上品，所費不貲就為一親
芳澤。

此外，○○魚市漁協管代客料理區也提供「黑鮪魚曼波桌
餐」接受預定，菜色包括：黑鮪魚生魚片、五彩鮪魚柳、XO醬
曼波、日月鮪魚羹、京都曼波骨、香烤黑鮪魚、椒鹽鮪魚排、黑
鮪魚飯、黑鮪魚跳曼波、干貝扒綠竹、曼波燕窩等等，內容豐
富，每桌十人份共12,000元。訂購電話：XXXXXXXX。

附錄八：黑鮪魚季活動新聞稿

讓生魚片豐富您的人生
○○魚市黑鮪魚進駐　民眾請保握機會品嚐

**現場分解師傅刀功令人歎爲觀止，278公斤大魚瞬間肢解，民
眾直呼不可思議**

隨著「屏東東港黑鮪魚文化觀光季」活動進入高潮，○○
魚市為許北部地區民眾一個美麗的盛夏，舉辦「○○魚市黑鮪魚
季」記者招待會，引進一尾278公斤的黑鮪魚進行現場分解，邀
請記者品嚐生魚片與手握黑鮪魚壽司的美味。○○魚市並與OK
便利連鎖商店策略聯盟，提供低溫黑鮪魚生魚片。

活動當天邀請到行政院農委會漁業署署長○○○，現場為
大家介紹黑鮪魚的特色和品鮮方法。儘管當日的相關活動很多，
然分解過程精采仍吸引許多的民眾及記者的圍觀報導。

每一年黑鮪魚季到來時，現場分解黑鮪魚是整個活動的重
頭戲。今年○○魚市引進的黑鮪魚比去年重50公斤，在移送過程

中動員數名彪形大漢，耗費九牛二虎之力方才搞定。

　　儘管體積龐大，但在操刀師傅純熟的技巧下，真有如《莊子‧養生主》中所描述「庖丁解牛」般的神乎其技。師傅根據魚體的結構和紋理輕鬆又靈巧的運刀，刀口順著魚肉和魚骨間的縫隙遊走。在陣陣崩裂聲中，一塊塊令人驚艷，有如豬腹肉，又有如霜降牛肉的上等黑鮪魚上脂、中脂，便一一呈現在大家的眼前，讓現場的圍觀者垂涎欲滴。

　　黑鮪魚生魚片的獨特，在於細嫩甜美的口感中帶有一股濃濃的香氣，有如品嚐過茶葉後的香氣縈齒，久久不散。而5至6月分迴游於台灣近海的黑鮪魚，體內富含油脂，有別於其他魚種。魚肉入口後，油分分解即充滿整個口中，所謂入口即化的滋味，的確屬魚鮮一絕。無怪乎以品嚐魚生自豪的日本民眾，向來視台灣東港夏季捕獲的黑鮪魚為生魚片中的上品，所費不貲就為一親芳澤。

　　經過去年的平價推廣販售，許多民眾已經分享到黑鮪魚所帶來的驚奇。今年○○魚市同樣引領風騷，不惜成本將此高單價、得天獨厚、專屬於台灣民眾的產品推廣販售，希望勾起大夥去年物超所值的記憶。

　　今年的黑鮪魚季盛大熱鬧，但部分留意環保問題的人士也提出呼籲：漁業資源應永續運用發展。對於尚未產卵迴游，或體型過小的黑鮪魚，不宜太早或過度的捕撈。漁民們應遵守國際捕魚公約，勿越界侵犯他國的漁區。如此，可讓黑鮪魚季年年精采，漁民及消費者皆大歡喜。

　　此番○○魚市黑鮪魚的現場分解販售活動也同步宣告生魚片季節的到來。○○魚市「生魚片處理專區」新鮮衛生，價格低廉，所販售魚種包括台灣箱網養殖驕傲的海鱺、紅魽，與撈捕的

鮪魚、鮭魚、魷魚、旗魚、鰆魚等，歡迎民眾前往選購。

此外，○○魚市母親節致贈會員回饋禮活動自5月4至5月13日母親節當天，憑會員卡消費贈送70公克的旗魚酥一包，會員消費滿1,000元及贈送價值95元的虱目魚肚微波無菌包一包，會員消費滿1,500元即送價值180元重300公克的旗魚酥一包。○○魚市的代客料理區也將出黑鮪魚的高級料理，以饗饕客。

附錄九：冬令火鍋推廣新聞稿

冬天驅寒祭五臟廟　火鍋來報到！
○○魚市推出「日式帝王蟹海鮮鍋」

價格便宜，內容豐富實在，歡迎家庭圍爐，同事聚餐，朋友聚會

冬天來了，在陣陣寒風吹拂下，火鍋有如慰藉人心的暖流，也是拉進彼此距離的良伴。而在眾多的火鍋料理中論起湯頭的鮮美，內容豐富，應屬海鮮火鍋最讓人回味無窮了。○○魚市為讓消費者能以平價、新鮮、多樣的火鍋內容來祭祭五臟廟，即日起推出以北海道海鮮聖品為主的「日式帝王蟹海鮮鍋」，保證內容豐富，新鮮看得見，人人吃得起。

儘管經濟不景氣，生活照樣要過下去，宴會請客也少不了。這時候，聰明的消費者要維持一貫的生活品質，就要精打細算，考量自己的荷包。由此，便宜卻不失精緻，可以宴會、交際、談生意卻又不顯得小氣，擺得上檯面的平價海鮮火鍋，就是最好的選擇，○○魚市代客料理區經驗豐富的師傅們依此需求推出海鮮鍋來提供服務，溫暖消費者的心。

　　經濟實惠的海鮮鍋，八人份的大鍋一份只要590元，四人份的中鍋一份只要380元，火鍋以特製的湯頭為底，內容包括帝王蟹、紅蟳、干貝、九孔、鯛魚片、鱈魚丸、花枝、魚板、文蛤、鮮蝦及蔬菜等十數種精緻配料。此外，為了增添火鍋料理的美味，大廚們並精心調配多種提味爽口的日式沾醬供消費者選擇，為海鮮的原味增色。

　　除了單點的樣式外，並推出適合六到八人品嚐的A、B兩種內容略有不同的套餐。A鍋以帝王蟹海鮮鍋為主，配菜包括綜合生魚片、烤福氣魚、清蒸時魚、椒鹽排骨，並附贈炒青菜與水果，每份2,800元。B鍋仍以帝王蟹海鮮鍋為主，配菜包括清蒸時魚、三杯排骨、龍鳳拼盤、炒青菜與水果，每份2,200元。

　　在火鍋加料部分，帝王蟹腳一份250元，紅蟳一隻200元，沙蝦一份150元，干貝一份220元，花枝一份100元，鯛魚片一份100元，鱈魚丸一份100元，文蛤一份100元，蚵仔一份100元，魚板一份100元，冬粉一份30元，茼蒿一份50元，大白菜一份50元。

　　今年冬天○○魚市代客料理區所推出的海鮮火鍋以價格平實化、內容多樣化、海鮮高級化為重點，在「日式帝王蟹海鮮鍋」上市後，並將陸續針對顧客的需求推出其他精緻具變化的火鍋樣式，敬請已經食指大動的民眾期待。

附錄十：教育宣傳新聞稿

品嚐生魚片　小心病從口入！
處理過程衛生　民眾才能吃得安心健康

經過東港鮪魚季的推廣，一陣品嚐黑鮪魚生魚片的熱潮有如炫風般席捲整個台灣，足見國人對於生魚片的鍾愛。但是，消基會的一項調查報告同時提醒我們，在品嚐新鮮魚生時，要注意處理環境的衛生，才不會壞了健康。

9月6日的《中國時報》、《聯合報》、《自由時報》、《中央日報》都報導了有關消基會的「市售生魚片檢測」結果。依衛生署所公布之「生食用食品類衛生」標準，受檢測的二十件樣品在「大腸桿菌群」檢測結果中都不及格，「生菌數」有六成不及格，消基會並呼籲消費者在購買生魚片時多加注意，以免病從口入。

消基會副董事長○○○、《消費者報導》雜誌總編輯蘇○○表示，「生菌數」過高，「大腸桿菌群」過高都是食物容易腐敗的主要原因，而會產生這樣的情形為餐廳人員處理品質與過程有關。例如使用木製砧版卻沒有經常清洗，手、刀、抹布、餐具置放不當易造成細菌的滋生；此外，工作人員的衛生習慣不良，餐廳中病媒的傳播等因素，也有直接的影響。如何避免這樣的情況？衛生局官員指出，應多注意環境衛生，常常清潔處理生食的工具，並以改善廚房及作業人員的衛生習慣來避免危險，提高食用的安全性。

為了呼應這樣的需要，○○魚市推出了「專業生魚片處理區」，採用鮮流冷藏設備、自動包裝設備，全區與外界隔離，溫

度常保8至16度，並遵照優良產品製造規範（GMP）及食品安全管制系統（hazard analysis critical control point, HACCP）標準，安全規格與日本冷凍生鮮櫥櫃標準相同。

　　食品安全管制系統是未來食品產業管理的世界潮流，強調事前監控勝於事後檢驗，是為降低食品安全危害顧慮而設計的。目前輸美水產品業已強制實施食品安全管制。

　　各國共同認定食品安全管制系統，為食品安全最好的管制方法，著重在危害管制與預防工作上，從原料、運輸、貯存與消費之環境與管理層面全面考量，已蔚成為一種國際趨勢，並成為國際間相互認證的管理基準。

　　新鮮美味漁產已逐漸成為國人的最愛。在台灣四面環海，漁業資源豐富，在得天獨厚的食魚環境中，要品嚐生魚片並不困難，但如何吃得滿意又吃出健康，才是我們所要關注的重點。這次的生魚片檢測結果提醒我們「病從口入」，不論消費者或是業者都應以新的觀念與新的做法來面對生魚片的製作與保存。

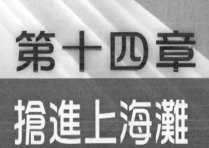

第十四章

搶進上海灘

■ 搶進上海灘企劃概要

本章導讀

　　本章節企劃，以設計一個介紹上海的網站專區為範例，在這個網頁專區中，使用者可以充分了解上海各方面的資訊，除了吃喝玩樂，也包括食衣住行；另一方面了解上海在經濟、產業、和台灣的關係、歷史脈絡中的角色與定位、政治的結構和影響。

　　當然，除了基本的豐富資訊，像是請專業記者報導、各類多媒體運用、各類資料蒐集等，最重要的，就是透過這樣的網站專區行銷上海後，增加獲利以及合作的機會。因為作為媒體，上海當地勢必有廠商、店家會希望透過媒體來宣傳，因此本網站專區若能有一定數字的點擊率，就能讓更多廠商願意合作、下廣告或是提供更多資訊，有更多資訊，就會有更多使用者造訪網站，形成大者恆大。

　　但萬事起頭難，在一開始的知名度和形象塑造上是最為艱難的，也並非一份企劃書或是教科書能夠完整指導，但基本的原則是可以掌握的；像是找出目標使用者的群眾，上海市的地區情報、資訊蒐集跟整理，而這一些是在企劃之前就要做準備的，透過新聞資料、網路資料等的蒐集才能了解上海地區的特點和概況，才能在企劃中提出關鍵的要點。

搶進上海灘企劃概要

一、主旨

因應台灣加入WTO及兩岸直航後，台灣與大陸的關係益形密切，每天由台灣前往上海觀光和經商的人，常常讓航班一位難求，而上海乃台商前進大陸市場的前哨站及重要商業都市。本專區設立的主要目的在於橫切上海政經社會等面向，綜觀上海萬種風華及傳奇，讓網友能更深入了解上海灘的現況與未來。

二、目的

(一)增加閱覽率

本專頁的產生除了增加網站的內容可看性以外，如何藉此網頁的經營與設計，可以讓更多的網友從網站主頁面中連接進入本專頁；反之亦然，因為本專頁的設計與規劃具有知識、娛樂性和商業性，也能帶來更多的點閱率，創造更大的容量。

(二)結合業務空間

網路無國界！如何利用本專區可以增加業務的收入，當然是本專區設置的最高原則；而利用本專區的知識性、娛樂性和商業性的連串，在提高點閱率後，讓更多的商業有意進入，是本專區所要經營的

重點。

(三)提供行銷切入點

在商業需求上,如何利用網路快速的連接和建構方便的電子商務系統,設計並提供兩岸業者具體的行銷切入點,使其可以利用本專區直接且快速的為網友提供服務,亦為本專區的重點工作。

(四)營造實體話題,提升網站形象及曝光度

妥善利用新聞網站的曝光優勢與塑造話題、設定議題的能力,營造話題讓網友可以專注在本專區所提供的訊息上;換言之,如何讓本專區增加曝光度,使網友、廠商均能雙贏。

三、上線時程

暫訂○月○日上線,得視行銷、業務或內容製作狀況,酌予調整。

四、計畫分工

1.內容:由編輯部新聞、理財、生活跨頻道規劃、整合,由新聞中心總成。
2.設計:委由數位設計中心製作。
3.業務:提供企劃綱要,視需要配合業務部進行微調。
4.行銷:由行銷部進行評估後,發動相關行銷企劃、活動。
5.系統:視內容及行銷需求,委請中網數位系統部專案合作。

五、內容來源

1.新聞資料庫。

2.與三家出版商尋求內容授權。

3.各單位有關專題。

4.向專業路線記者約稿。

六、內容規劃

(一)首頁

設計動態網頁，輔以一篇導言，標示上海在世界、在中國的地理位置、歷史位置和經濟位置；最後定格於一幅上海地圖，地圖上顯示重要地理區域（如外灘、黃浦灘、張江工業區……），並以連結資訊小視窗，構成大上海的鳥瞰速覽。

(二)產業面面觀

1.台商上海投資里程碑。

2.西進上海超成功台商。

3.上海官方重點培植產業。

4.專家觀點／台商利基／未來眺望。

(三)股市縱橫談

1.深滬股市簡介／前景。

2.中國證監會重要政策投資。

3.深滬股市需知／如何投資深滬股市。

4.深滬股市基本面／產業面分析。

(四)直航商機

1.大小三通現況。

2.直航對兩岸經貿影響。

3.兩岸直航對上海影響。

(五)台勞移民潮

1.台灣人回流大陸現狀。

2.移民門檻及限制。

3.配偶及子女問題。

(六)法令大全書

1.大陸投資及移民相關法令。

2.台灣投資及移民相關法令。

(七)名人談上海

略。

(八)政治上海幫

1.兩岸政治性互動。

2.「上海幫」介紹及權力結構。

(九)懷舊老上海

1.上海文學及名作家相關介紹與回顧。

2.上海娛樂圈及電影介紹。

3.上海老歌風華錄。

4.上海發展簡史、黑幫傳奇及民初上海灘經典故事。

5.台灣人在上海：生活資訊、經驗談、求生十八招……

6.上海風在台北：道地小吃館、百樂門舞廳、霞飛路、商界「上海幫」。

(十)吃喝玩上海（以台灣人去上海的觀點及使用手冊）

1.上海觀光景點及旅遊路線介紹。

2.上海的吃、土產介紹。

3.兩岸投資、住居、工作、移民等相關法令。

(十一)互動區

1.民調討論。

2.相關研討。

3.推薦書單、機構、網站。

七、專區特色

1.本專輯將活用圖表、照片、地圖資料。

2.蒐集相關法律如：就學、移民、護照辦理等列表。

3.將從台灣觀點出發，強化各種實用資訊。

八、經費預算

略。

九、聯絡窗口

略。

第十五章

媒體愛心向前衝

- ○○媒體愛心向前衝專案

本章導讀

　　在本章節所提出來範例，是媒體內部為增加與校園互動和增強媒體本身社會形象的一份標準媒體企劃案。在這份企劃案中，除了有標準的企劃案格式寫法，還把相關的辦法都一併呈現。這些階段與過程，就是一位企劃者如何針對媒體本身的需要，這其中包含了對新聞內容的需要和業務相關配合的需要所擬訂的企劃行銷案。

　　撰寫這份企劃案的企劃人員，必須對媒體有很深刻的了解，對編輯行政與編務有全盤的認識，同時本身也需要具備市場與行銷的概念，因此，這是一份很值得參考的企劃案範例。

○○媒體愛心向前衝專案

一、校園記者專題報導徵稿辦法

(一)宗旨

1. 鼓勵學子發揚台灣精神，發掘生活周遭的小人物，不畏環境艱困，不懼生活磨難，仍能力爭上游、振奮人心（「搶救貧窮大作戰」的真實新聞）。

2. 與學校同學進行互動式教學，讓學生步出校園，走進社會，讓同學有更積極的精神與態度，發揮學校所學，擴大參與面，不再虛擬，體驗真正記者的工作內容。

(二)活動對象

台灣各大學院校傳播學院／新聞科系學生。

(三)參與媒體

略。

(四)活動辦法

1. 本比賽分為平面組（含網路部分）與電視組。
2. 徵稿時間每年分兩次舉行。春夏組：每年5月截稿，6月審查，7月公布。秋冬組：每年11月截稿，12月審查，次年元月公布。
3. 參加比賽以校（或系）為單位報名。每則新聞為二至三文（限2,000字內），二至三圖。若須表格配合，亦請自行處理。
4. 電視部分為三分鐘之完整新聞帶。
5. 本徵文由學校指導老師擔任初選委員（指導老師填具基本資料）。
6. 初選部分：由各校自行進行內容審查（在甄選辦法中應訂明不得造假、不得傳布不當訊息、不得抄襲等規定，一旦遭檢舉或查出，取消資格）。本部分另行訂定規則、施行辦法。
7. 複選部分：由本媒體各單位主管組成評審小組進行。
8. 入選者由本媒體提供版面，經專業編輯處理刊登。
   (1)甄選新聞一旦登出，被報導者由愛心基金會提供兩萬元慰助金。
   (2)新聞報導者由本報提供獎助學金以示鼓勵。
9. 經甄選合格刊登之新聞，採訪記者與攝影記者本媒體可擇優聘為校園種子記者，持續保持供稿資格，並登列本媒體人才儲備

庫，俟本集團招生時優先錄用。

10.參加學校均以通信方式報名，將參選作品寄送特定網址。

11.本媒體收件後，進行資格審查與內容審查，本媒體有刪改權利，一經刊登，著作權亦屬本報。

(五)經費預估

1.經費部分：包含(1)慰助金（愛心基金會提供）；(2)獎助學金；(3)事務費用。

2.獎助學金部分：入選一、二、三名，每組獲獎助學金○○○○元。另有優選作品若干件，亦提供獎助學金○○○○元。

3.事務部分：如宣傳海報、評審費用等。

(六)作品規格

1.平面組：文字分數則，總數2,000字內，照片數幀，投稿版面依媒體規格。版面完成後須另製pdf檔，提供中時電子報使用。新聞與攝影均須註明記者姓名，在報名表上亦須填明指導老師姓名。

2.電視組：須製作片頭、相關字幕、工作人員名單等相關資料。

(七) SWOT分析

1.S（strengths）：強化本媒體關心社會弱勢形象，有效區隔市場，將本媒體定位為關心國家、關心社會弱勢、鼓勵奮發進取、提振社會善能的中道主流媒體；且透過此次與大學合作的機會，強化與校園關係，對廣告業務或發行，長時間下來均會有一定的回饋。

2.W（weaknesses）：

(1)本活動誘因不強,且爲經常性供稿,在稿量、稿質上均有疑
慮。因同學平時還有課業在身,本報或學校並無一定的強制
力,縱有,亦無法控制品質,草率交稿應付,只會讓本報工
作人員疲於奔命。另,同學有寒暑假之天險,同學在假期中
或出外旅遊,或出外打工,屆時可能根本找不到人,對於供
稿是一人警訊。

(2)本媒體在過去並未積極與校園結合,因此在部分新聞關係上
不如其他競爭媒體,實有再加強之必要性與迫切性。

3.O(opportunities):增進本媒體與學校關係、拓展新聞來源。
爲彌補上述問題,此活動確有與校園拉近關係之作用;另一方
面,亦可利用學生資源拓展新聞來源與內容,同時,相信對社
會觀感也有一定程度之提升。增加本媒體在校園關係的推廣與
影響力,並可藉此讓發行部門有路可循。利用本比賽增進本媒
體與學界的關係並開拓和業界的聯繫。加強校園學子對本媒體
的認同與好感,甚至可以考慮得獎同學擔任本媒體校園記者,
俾吸收人才。

4.T(therats):其他媒體亦可以其既有之知名度進行。例如
《○○報》很早以前即有「校園U種子」計畫,《○○日報》
一向爲年輕學子所喜愛,《○○時報》挾其廣大發行量,也大
受本土讀者喜愛,此部分本媒體已經荒廢一段時間,須急起直
追。

二、建議

1.以區域爲範圍,與各校進行建教合作關係,並與課程配合,在
學校老師指導下進行,會較可行。原因如下:如果只是讓學生
自行投稿,本媒體或學校並無強制約束力,且新聞科系功課很

多，如果保持一定時間的供稿進度，屆時，不是交不出稿，就是隨便交稿，本計畫便很難持久。所以，將全台劃分為北、中、南三區，分階段各與若干學校建立關係，這樣不但供稿可以較正常，該校也可把這項計畫列入例行作業，推行就會比較省力。待同學稿件刊出，勢必會引起其他學校注意，再循序納入。

2.分區建教合作的另一結果是，新聞來源可以多地域、多面向。同學投稿勢必依其學校、居住所在範圍為主要考慮，所以，如全省各校分區徵稿，也可以展現出不同的地緣性。

3.重賞之下必有勇夫，此一道理仍是王道。依現階段同學之價值觀，較有分量的稿酬仍是一個很大的誘因。理由無他，同學必須利用時間外出採訪，其交通費用及一些因採訪而支出的費用，如果有經費支應，會更具有說服力。此一部分可以視狀況再討論。當然，前述所提之：(1)納入校園記者，使其有表演舞台，且作品亦有助將來尋找工作；(2)納入本媒體人才儲備庫，讓其將來就業會有最多希望，都是另一種非實質的鼓勵方式。

4.換個角度思考，我們可以和學校討論，把將要去媒體實習的同學納入固定供稿團隊。此舉不但讓同學有更多的時間在媒體工作，也有更多的實戰經驗，以應付將來職場所需。入選稿件電報頭均可冠上○○特約記者、○○校園記者、○○實習記者以增加同學榮譽感。

5.經再討論，建議以每年分兩季，配合學校學程方式處理。其優點為：(1)可與學校、同學保持固定的熱度；(2)可免本報勞師動眾；(3)可保障來稿品質。